離婚事件
財産分与実務処理マニュアル

編集 弁護士法人エートス

新日本法規

は　し　が　き

　離婚事件は、多くの弁護士が経験する事件であり、しかも、新人弁護士が最初に一人で任されることが多い事件の一つです。新人弁護士であっても任されることが多いのは、離婚が、比較的身近な問題であるがゆえに、新人弁護士であっても依頼者の状況が理解しやすいのではないかと考えられていたり、協議や調停により事件が解決することが多く、訴訟に至るケースが必ずしも多くなかったりすることなどが影響していると思われます。

　しかしながら、離婚は、解決すべき法的問題が多岐にわたることが多く、また、当事者にとって離婚後に歩む人生に大きくかかわってくる深刻な問題であるがゆえに依頼者の弁護士への期待も大きく、離婚事件を依頼される弁護士にとって処理が容易なケースは皆無であるといっても過言ではありません。

　多岐にわたる離婚にまつわる法的問題の中でも、「財産分与」は、難解な論点だといわれることがよくあります。財産分与に難解なイメージがつきまとうのは、理論面が難しいということもあると思いますが、例えば、オーバーローンの自宅が唯一の分与対象財産である場合に、依頼者の希望を踏まえつつ、依頼者のためにどのような解決をするのがよいのかという実務家ならではの難しい問題に直面することが多いこともその原因の一つでしょう。

　しかしながら、弁護士が受任するほとんどの離婚事件で財産分与の問題を避けて通ることはできません。依頼者の利益実現のためには、弁護士が、財産分与に関する正確な法的知識を身につけていることは大前提ですが、事案によっては、ただ闇雲に判決・審判を求めるのではなく、実態に合った柔軟な対応が求められることもあり、高い交渉能力も要求されます。

　本書は、「財産分与」のみに焦点を当てたマニュアル書です。前述のとおり、離婚事件については、新人弁護士時代から一人で任される傾向が強いという実態を踏まえ、弁護士登録年数が浅い弁護士の方であっても理解しやすい内容を目指しました。

　まず、第1章では、財産分与に関する法律相談を受けた弁護士の初期対応の仕方を解説しています。

　第2章では、財産分与の対象となる財産の確定作業を解説し、第3章では当事者の取得分額の算出方法や分与方法を解説しています。この第2章及び第3章では、財産分与の3要素のうち、清算的財産分与を中心に解説をしています。これは、実務において、他の2要素、つまり、扶養的財産分与や慰謝料的財産分与が問題となるケースが決して多くはなく、逆に、清算的財産分与が問題にならないケースはほとんどないからです。

第4章では、財産分与を請求する際の手続についての解説を離婚時に行う場合と離婚後に行う場合に分けて解説しています。

　第5章では、財産分与において分与対象財産として特に取り扱うことの多い財産ごとに解説をしています。財産ごとの解説では、その財産の特性に言及しながら、実務において考え得る様々な解決方法の提示をしています。提示した解決方法の中には、審判や判決になった場合には実現不可能な解決方法も含まれていますが、合意による解決ができる場合に取り得る選択肢をできる限り多く提示しました。なお、財産分与とは別制度ではありますが、財産分与と趣旨が共通している離婚時年金分割制度についても便宜上第5章で解説しています。

　そして、最終章の第6章では財産分与と税金の問題について、財産分与の際に特に問題になり得る贈与税及び譲渡所得税の税金について解説をするとともに、分与対象財産ごとの税務面からの検討事項等についても解説をしています。

　本書では、理論面の問題と実務で直面する問題の双方の観点から、可能な限りの解説をいたしました。本書が離婚事件に関わる弁護士をはじめとした方々の解決の一助となれば、幸いです。

　末筆にはなりますが、本書の発刊にあたり、第6章の税務面の執筆を快くお引き受けいただき、熱心にご執筆に取り組んでくださりました税理士坂本理子先生と税理士日下一郎先生には、深く感謝申し上げます。そして、本書の企画、編集の全般にわたってご尽力いただきました新日本法規出版株式会社の宇野貴普氏をはじめとした同社編集部の方々に、この場を借りまして、厚く御礼申し上げます。

　平成28年2月

編集者
弁護士法人エートス
弁護士　久保田　有子

編集・執筆者一覧

≪編　　集≫
　弁護士法人エートス

≪編 集 者≫
　久保田　有子（弁護士）

≪執 筆 者≫（五十音順）
　江 村　純 子（弁護士）
　香 川　朋 子（弁護士）
　日 下　一 郎（日下税理士事務所　税理士）
　久保田　有 子（弁護士）
　黄　　大 洪（弁護士）
　近 藤　信 幸（弁護士）
　坂 本　理 子（庵章税理士事務所　税理士）
　式 森　達 郎（弁護士）
　武 田　宗 久（弁護士）
　檜 山　洋 子（弁護士）
　福 岡　恵 太（弁護士）
　宮 藤　幸 一（弁護士）

凡　例

＜本書の内容＞

　本書は、離婚事件における「財産分与」に焦点を当て、その処理方法をマニュアル化したものです。各項目の冒頭で業務の進め方を図示した上で、業務遂行上のポイントをまとめ、さらに関係する書式を紹介することにより、一通りの実務処理ができるように編集しています。

＜本書の体系＞

　本書は、次の6章により構成しています。

第1章　相談・受任

第2章　分与対象財産の確定（清算的財産分与を中心に）

第3章　取得分額の算定と分与方法の決定（清算的財産分与を中心に）

第4章　財産分与請求手続

第5章　財産別の評価・具体的分与方法の検討

第6章　分与に伴う税金等

＜表記の統一＞

1　法令等

　法令等を根拠として（　）囲みで示す場合は、次の要領で略記しています。

　　【例】家事事件手続法第260条第1項第6号→（家事260①六）

　　　　　財産評価基本通達178→（評基通178）

　なお、法令等の略語は次のとおりとしています。

会社	会社法	所税規	所得税法施行規則
家事	家事事件手続法	人訴	人事訴訟法
家事規	家事事件手続規則	人訴規	人事訴訟規則
厚年	厚生年金保険法	税通	国税通則法
厚年規	厚生年金保険法施行規則	相税	相続税法
戸籍	戸籍法	相税規	相続税法施行規則
借地借家	借地借家法	租特	租税特別措置法
所税	所得税法	租特令	租税特別措置法施行令
所税令	所得税法施行令	租特規	租税特別措置法施行規則

宅建	宅地建物取引業法	民訴	民事訴訟法
地税	地方税法	民保	民事保全法
登税	登録免許税法	所基通	所得税基本通達
弁護士	弁護士法	相基通	相続税法基本通達
民	民法	措通	租税特別措置法関係通達
民執	民事執行法	評基通	財産評価基本通達

2 判 例

判例を根拠として（ ）囲みで示す場合は、次の要領で略記しています。

【例】最高裁判所平成2年7月20日判決、判例時報1403号29頁

　　　　→（最判平2・7・20判時1403・29）

なお、出典の略語は次のとおりとしています。

判時	判例時報
判タ	判例タイムズ
家月	家庭裁判月報
下民	下級裁判所民事裁判例集
民集	最高裁判所民事判例集
民録	大審院民事判決録

目　次

第1章　相談・受任

ページ

＜フローチャート〜相談・受任＞……………………………………………3

1 法律相談予約　*4*

(1) 事案概要の把握　*4*

(2) 持参資料等の指示　*5*

(3) 利益相反確認・法律相談料の説明　*6*

2 法律相談の実施　*8*

(1) 相談を受けるときの基本的な姿勢・心構え　*8*

(2) 相談者からの聴取事項　*9*

(3) 持参資料の確認　*10*

3 手続・費用の説明　*11*

(1) 事件の見通しの説明　*11*

(2) 手続についての説明　*11*

(3) 事件を受任する場合の弁護士費用・実費の説明　*14*

(4) 相談者の意向確認　*15*

4 事件の受任手続　*16*

(1) 委任契約の締結・委任状の授受　*16*

(2) 法テラスの利用　*17*

(3) 事件への着手と相談者への報告　*17*

【参考書式1】法律相談予約票　*19*

【参考書式2】法律相談時確認事項チェックシート　*20*

【参考書式3】委任契約書　*22*

第2章　分与対象財産の確定（清算的財産分与を中心に）

＜フローチャート～分与対象財産の確定＞……………………………*27*

1　財産の調査・特定　*29*

（1）　財産分与の法的性質と内容　*29*

（2）　分与対象財産の範囲　*31*

（3）　分与対象財産確定の基準時　*32*

（4）　内縁関係の場合　*34*

2　夫婦名義財産の検討　*36*

（1）　特有財産・共有財産・実質的共有財産　*36*

（2）　別居時に一方当事者が持ち出した財産の取扱い　*41*

（3）　一方当事者名義の事業用財産　*42*

3　第三者名義財産の検討　*43*

（1）　第三者名義財産の分与対象性の検討が必要な場合　*43*

（2）　子供名義の財産　*44*

（3）　家族共同経営により形成された夫婦以外の親族名義の財産　*45*

（4）　法人名義の財産　*46*

4　債務の考慮　*47*

（1）　考慮される債務の範囲　*47*

（2）　財産分与において考慮すべき債務がある場合の分与対象財産額の計算　*50*

5　分与対象財産の評価　*51*

（1）　財産評価の方法　*51*

（2）　財産評価の基準時　*52*

（3）　財産総額の計算　*52*

【参考書式4】婚姻関係財産一覧表（ひな形）　*57*

【参考書式5】婚姻関係財産一覧表（初回作成例）　*59*

【参考書式6】婚姻関係財産一覧表（完成例）　*61*

第3章　取得分額の算定と分与方法の決定（清算的財産分与を中心に）

＜フローチャート～取得分額の算定と分与方法の決定＞……………65
1　分与割合の確定　67
(1)　分与割合の基準　67
(2)　2分の1ルール適用を修正すべき諸事情の有無の検討　68
2　具体的取得分額の算定　70
(1)　基本的な算定方法　70
(2)　未払婚姻費用の考慮　71
(3)　慰謝料的財産分与・扶養的財産分与についての考慮　72
3　具体的分与方法の決定　77
(1)　金銭による分与　78
(2)　現物による分与　79
(3)　利用権の設定　82

第4章　財産分与請求手続

第1　離婚時の財産分与
＜フローチャート～離婚時の財産分与＞………………………………87
1　協議による財産分与　89
(1)　財産分与の具体的内容の確定　89
(2)　分与に伴う税金・諸費用の計算　90
(3)　合意内容の確認　91
(4)　財産分与条項を含む離婚協議書の作成　94
2　調停による財産分与　95
(1)　申立手続　95
(2)　調停手続　97
(3)　調停成立に向けての検討事項　99
(4)　調停手続の終了　100
3　離婚の訴えの附帯処分としての財産分与　102
(1)　申立手続　102

（2）　手続上の問題　*103*

（3）　訴訟の終了　*105*

　　【参考書式7】離婚協議書　*107*

　　【参考書式8】離婚協議書（公正証書の場合）　*109*

　　【参考書式9】離婚届　*110*

　　【参考書式10】夫婦関係等調整調停申立書　*112*

　　【参考書式11】管轄合意書　*114*

　　【参考書式12】調査嘱託申立書　*115*

　　【参考書式13】調停調書（調停条項部分のみ抜粋）　*116*

第2　離婚後の財産分与

　＜フローチャート～離婚後の財産分与＞……………………………*117*

　1　離婚後に請求を行う場合の注意点　*118*

（1）　除斥期間　*118*

（2）　離婚時の協議内容の把握　*120*

　2　協議による財産分与　*120*

（1）　財産分与の具体的内容の確定　*120*

（2）　分与に伴う税金・諸費用の計算　*121*

（3）　合意内容の確認　*121*

（4）　財産分与に関する合意書（財産分与契約書）の作成　*121*

　3　調停による財産分与　*122*

（1）　申立手続　*122*

（2）　調停手続　*123*

（3）　調停成立に向けての検討事項　*123*

（4）　調停手続の終了　*124*

　4　審判による財産分与　*125*

（1）　審判の開始　*125*

（2）　審判手続　*125*

（3）　審判手続の終了　*126*

　　【参考書式14】財産分与請求書　*127*

　　【参考書式15】財産分与契約書　*128*

　　【参考書式16】財産分与請求の調停申立書　*129*

　　【参考書式17】調停調書（調停条項部分のみ抜粋）　*132*

第5章 財産別の評価・具体的分与方法の検討

第1 不動産

1 自 宅

ア 持家を売却

＜フローチャート～持家を売却＞……………………………………*135*

1 自宅売却額の査定 *137*

 (1) 査定の必要性 *137*

 (2) 評価の基準時 *137*

 (3) 査定方法 *138*

2 住宅ローン債務がある場合の検討事項 *138*

 (1) 住宅ローン債務残高の確認 *138*

 (2) オーバーローンかどうかの検討・残債務の支払者 *139*

 (3) 配偶者が連帯債務者・連帯保証人になっている場合 *140*

 (4) 債権者（ローン債権者）との交渉 *140*

3 媒介契約の締結 *141*

 (1) 不動産業者の選定 *141*

 (2) 媒介契約の種類と仲介手数料 *141*

 (3) 媒介契約の締結 *142*

4 売買契約の締結 *142*

 (1) 購入希望者との交渉 *143*

 (2) 物件情報の開示義務 *143*

 (3) 売買契約書の作成 *143*

5 売買の決済 *143*

 (1) 決 済 *144*

 (2) 引渡し *144*

 (3) 登記手続 *144*

6 売買代金の分配 *144*

 (1) 売買代金からの諸費用・税金の控除 *144*

 (2) 頭金を特有財産から出している場合の分配時の考慮 *146*

  【参考書式18】専任媒介契約書 *147*

イ　持家を維持

＜フローチャート～持家を維持＞……………………………………………*155*

1 自宅の資産価値の確認　*157*

(1) 査定の必要性　*157*

(2) 評価の基準時　*157*

(3) 査定方法　*157*

2 住宅ローン債務がある場合の検討事項　*158*

(1) 住宅ローン債務残高の確認　*158*

(2) オーバーローンかどうかの検討・残債務の支払者　*159*

(3) 配偶者が連帯債務者・連帯保証人になっている場合　*159*

(4) 債権者（ローン債権者）との交渉　*159*

3 所有名義の検討　*160*

(1) 単独名義にする場合　*160*

(2) 夫婦共有名義とする場合　*161*

4 住宅ローン債務が残っている不動産を夫か妻のいずれかが
単独取得する場合　*161*

(1) ローン債務者が取得する場合　*162*

(2) ローン債務者ではない者が取得する場合　*165*

(3) ローン債務者の変更を行って新たにローン債務者となる居住
者が単独取得する場合　*167*

5 住宅ローン債務がない不動産を夫か妻のいずれかが単独取
得する場合　*168*

(1) 代償金の支払等及び名義変更の要否の検討　*168*

(2) 単独取得者ではない者が居住する場合の注意点　*168*

(3) 登記手続・代償金の支払等・引渡し　*169*

6 不動産を共有名義とする場合　*169*

(1) 共有名義のリスク　*169*

(2) 代償金の支払等・名義変更が必要になる場合　*170*

(3) 居住者の決定とそれに伴う検討事項　*170*

(4) 登記手続・代償金の支払等・引渡し　*170*

【参考書式19】登記申請書・登記原因証明情報（財産分与による
所有権移転）　*171*

ウ　自宅賃借権を分与

＜フローチャート～自宅賃借権を分与＞………………………………………*173*

1　自宅敷地が借地の場合　*175*

(1)　分与方法の決定（現物分与か売却による金銭分配か）　*175*

(2)　借地権と借地上建物の査定　*175*

(3)　売却する場合　*176*

(4)　現物分与の場合　*177*

2　自宅建物が借家の場合　*178*

(1)　借家権の査定　*178*

(2)　借家権を財産分与する場合の検討事項　*179*

(3)　貸主との交渉　*180*

(4)　賃貸借契約の締結　*180*

(5)　引渡し　*180*

【参考書式20】賃借権譲渡の承諾についてのお願い　*181*

2　収益不動産

＜フローチャート～収益不動産＞………………………………………………*182*

1　資産価値の確認　*183*

(1)　査定の必要性　*183*

(2)　評価の基準時　*183*

(3)　査定方法　*183*

(4)　収益不動産に抵当権が設定されている場合の検討事項　*184*

2　分与方法と実行　*185*

(1)　単独名義にする場合　*185*

(2)　共有名義にする場合　*186*

(3)　売却する場合　*187*

3　賃借人への連絡　*189*

(1)　連絡が必要な場合　*189*

(2)　連絡の内容　*189*

第2　預貯金・動産・その他の権利

1　預貯金

＜フローチャート～預貯金＞……………………………………………………*190*

1　財産分与の対象となり得る預貯金の検討　*192*

　(1)　名義の問題　*192*

　(2)　基準時の問題　*192*

2　預貯金口座の把握　*194*

　(1)　預貯金の種類　*194*

　(2)　調査方法　*194*

3　分与方法の検討　*195*

　(1)　金銭による分与　*196*

　(2)　預貯金債権の譲渡　*196*

2　自動車

＜フローチャート～自動車＞……………………………………………*198*

1　資産価値の把握　*199*

　(1)　査定の必要性　*199*

　(2)　評価の基準時　*199*

　(3)　査定方法　*199*

　(4)　自動車ローンが残っている場合の検討事項　*200*

2　分与方法の決定　*200*

　(1)　名義変更しない場合　*201*

　(2)　名義変更する場合　*201*

　(3)　売却する場合　*202*

　　【参考書式21】譲渡証明書　*203*

3　株　式

＜フローチャート～株　式＞……………………………………………*204*

1　資産価値の把握　*205*

　(1)　上場株式　*205*

　(2)　非上場株式　*205*

　(3)　評価の基準時　*206*

2　分与方法の検討　*206*

　(1)　現物を分与する場合　*207*

　(2)　売却をして金銭で分配する場合　*207*

3　分与の実行　*207*

　　　(1)　名義変更しない場合　*208*

　　　(2)　名義変更する場合　*208*

　　　(3)　売却する場合　*208*

　　　【参考書式22】株式名義書換請求書　*209*

4　生命保険

　　＜フローチャート〜生命保険＞…………………………………*211*

　　1　資産価値の把握　*212*

　　　(1)　貯蓄型　*212*

　　　(2)　掛け捨て型　*213*

　　　(3)　調査方法　*213*

　　2　分与方法とその実行　*213*

　　　(1)　契約を継続する場合　*214*

　　　(2)　解約して金銭分配を行う場合　*215*

　　　【参考書式23】生命保険の名義変更請求書（契約者名義変更請求

　　　　　　　　　　書）　*216*

5　退職金

　　＜フローチャート〜退職金＞……………………………………*217*

　　1　分与対象性の検討と資産価値の評価方法　*219*

　　　(1)　既払の退職金の場合　*219*

　　　(2)　将来の退職金の場合　*221*

　　2　具体的な分与額の考え方　*223*

　　　(1)　勤続年数と婚姻（同居）期間　*223*

　　　(2)　寄与率　*224*

　　3　分与方法　*224*

　　　(1)　既払の退職金の場合　*224*

　　　(2)　将来の退職金の場合　*224*

6　学資保険

　　＜フローチャート〜学資保険＞…………………………………*229*

1 資産価値の把握 *230*

(1) 保険内容の把握 *230*

(2) 資産価値の評価方法 *230*

2 分与方法の検討 *231*

(1) 契約継続か解約かの検討 *231*

(2) 契約を継続する場合 *232*

3 分与の実行 *233*

(1) 契約継続の場合 *233*

(2) 解約して金銭分配する場合 *234*

7 ゴルフ会員権・リゾート会員権

＜フローチャート～ゴルフ会員権・リゾート会員権＞……………*235*

1 資産価値の把握 *236*

(1) 会員権の内容の把握 *236*

(2) 資産価値の評価方法 *236*

2 分与方法の検討 *237*

(1) 売却しない場合（現物分与する場合を含む） *237*

(2) 売却して金銭で分配する場合 *238*

3 分与の実行 *238*

(1) 名義変更しない場合 *238*

(2) 名義変更する場合 *239*

(3) 売却する場合 *240*

第3 債 務

＜フローチャート～債 務＞……………………………………………*242*

1 財産分与において考慮される債務の範囲 *243*

(1) 債務の発生時期 *243*

(2) 債務の発生原因 *244*

2 財産分与における債務の考慮方法 *247*

(1) 資産総額＞債務総額の場合 *247*

(2) 債務総額＞資産総額の場合 *248*

第4　離婚時年金分割制度

<フローチャート〜離婚時年金分割制度>……………………………*252*

1. 離婚時年金分割制度の概要　*254*
   - (1) 離婚時年金分割制度の創設　*254*
   - (2) 離婚時年金分割制度の内容　*255*
   - (3) 財産分与との関係　*257*
2. 年金の調査　*257*
   - (1) 夫婦が加入している年金の把握　*258*
   - (2) 年金分割のための情報通知書の入手　*258*
3. 合意分割　*259*
   - (1) 合意分割を行うために必要な手続　*259*
   - (2) 当事者間での話合い　*259*
   - (3) 当事者間で合意が成立しない場合　*260*
   - (4) 標準報酬改定請求（年金分割請求）・標準報酬改定通知　*262*
4. 3号分割　*264*
   - (1) 3号分割を行うために必要な手続　*264*
   - (2) 標準報酬改定通知　*264*
   - (3) 合意分割との関係　*265*
     - 【参考書式24】請求すべき按分割合の調停・審判申立書　*268*
     - 【参考書式25】請求すべき按分割合を合意する条項例（公正証書）
       270

第6章　分与に伴う税金等

第1　贈与税

<フローチャート〜贈与税>……………………………………………*273*

1. 贈与税が課税される場合　*274*
   - (1) 財産分与により財産をもらった場合の贈与税　*274*
   - (2) 贈与税が課税される場合　*274*
2. 税率と計算方法　*275*
   - (1) 贈与によりもらった財産の価額の算定　*275*

（2）　贈与税の基礎控除　*275*

　（3）　税　率　*276*

　3　離婚前に分与する場合　*278*

　（1）　離婚前に分与する場合の効果　*278*

　（2）　離婚前の分与を検討する場合　*278*

　4　配偶者への居住用不動産の贈与の特例　*279*

　（1）　特例の概要　*279*

　（2）　特例を受けるための適用要件　*279*

　（3）　適用を受けるための手続　*279*

第2　譲渡所得税

　＜フローチャート～譲渡所得税＞……………………………………*281*

　1　譲渡所得税が課税される場合　*282*

　（1）　譲渡所得税が課税される場合　*282*

　（2）　所得税法の資産の譲渡として除かれる資産　*283*

第3　不動産

　＜フローチャート～不動産＞………………………………………*284*

　1　時価の算定　*285*

　2　譲渡所得税　*285*

　（1）　譲渡所得税が課税される場合　*285*

　（2）　税率と計算方法　*286*

　（3）　居住用財産譲渡の課税の特例（譲渡益）　*288*

　（4）　居住用財産譲渡の課税の特例（譲渡損）　*292*

　（5）　分与した住宅についての住宅借入金等特別控除の適用　*293*

　3　登記関係費用　*295*

　（1）　登録免許税　*295*

　（2）　司法書士報酬　*296*

　4　財産分与を受けた者に課税される税金　*296*

　（1）　不動産取得税　*296*

　（2）　固定資産税・都市計画税　*296*

第4　株式、投資信託、有価証券

 ＜フローチャート～株式、投資信託、有価証券＞……………298

 1 　時価の算定　*299*

  (1)　財産分与時の時価の算定　*299*

  (2)　株式、投資信託、有価証券の種類と評価方法　*299*

 2 　取引相場のある株式　*300*

  (1)　銘柄と株式数の確認　*300*

  (2)　金融商品取引所の判定　*300*

 3 　取引相場のない株式　*300*

  (1)　原則的評価方式と特例的評価方式の確認　*300*

  (2)　原則的評価方式　*302*

  (3)　特例的評価方式　*303*

 4 　譲渡所得税　*305*

  (1)　譲渡所得税が課税される場合　*305*

  (2)　株式等の譲渡所得の計算　*305*

  (3)　税　率　*305*

第5　その他の財産（書画骨董、絵画、宝石、自動車）

 ＜フローチャート～その他の財産（書画骨董、絵画、宝石、

 自動車）＞……………………………………………307

 1 　時価の算定　*308*

 2 　譲渡所得税　*308*

  (1)　譲渡所得税が課税される場合　*308*

  (2)　税率と計算方法　*309*

第6　生命保険

 ＜フローチャート～生命保険＞………………………………313

 1 　解約返戻金の把握　*314*

  (1)　保険の種類の確認　*314*

  (2)　解約返戻金の確認　*314*

 2 　解約による分与か名義変更か　*315*

  (1)　名義変更の場合　*315*

(2) 解約する場合　*315*

(3) 契約者と保険料負担者が異なる場合　*316*

③ 金融類似商品の該当条件の確認　*316*

(1) 金融類似商品に該当するかどうか　*316*

(2) 源泉分離課税　*317*

④ 一時所得　*317*

(1) 一時所得の計算　*318*

(2) 申　告　*318*

第 1 章

相談・受任

2

第1章 相談・受任

<フローチャート～相談・受任>

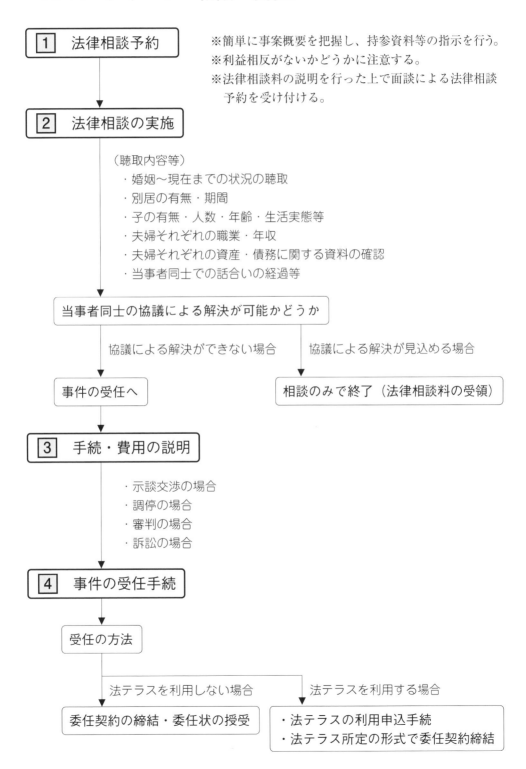

1 | 法律相談予約

(1) 事案概要の把握
(2) 持参資料等の指示
(3) 利益相反確認・法律相談料の説明

(1) 事案概要の把握

　財産分与は、離婚後も2年以内であれば請求することができますが（民768②）、財産分与に関する相談は、その多くがこれから離婚をする当事者から離婚に附随する問題として相談されることがほとんどです。したがって、離婚に関する法律相談を受ける際には、財産分与の法律問題があり得ることを常に念頭におかなければなりません。

　法律相談の予約は、通常、電話連絡で入ります。電話連絡を受けた際に、単に予約日時を決めるだけではなく、事案の概要や争点が予想できる程度の事情を簡単に尋ねておくとよいでしょう。具体的には、離婚前か後か、婚姻後に取得した財産にはどのようなものがあるか、自宅は持家か賃貸か、どちらが自宅に住み続けるか決まっているか、ローンは残っているか、相手方の財産をどの程度把握しているか、などですが、要は相談者が何を心配しているのかを知ることが大切ですから、そこのところを端的に尋ねてみるのがよいでしょう。

　なお、本人（離婚問題の当事者）から直接予約電話がかかってくることが通常でしょうが、離婚問題に関しては、本人ではなく、親や兄弟姉妹等の親族から相談予約の電話がかかってくることも他の法律問題に比べると多いように思われます。法律相談予約を受ける際には、誰の離婚問題であるかを正確に把握するようにしましょう。そして、親族からの法律相談予約の電話の場合、面談による法律相談実施の際には本人にも来てもらうよう伝えるべきです。なぜならば、当事者本人がいない席では、そもそも当事者本人の離婚に関する意向が確認できませんし、具体性のない相談に終始してしまいます。ただ、どうしても、最初の相談に本人が同行できない場合には、先行して親族から事情を聴くこともやむを得ないと思われますが、離婚問題はあくまで本人の問題であり、本人が自分の意思で決断することが大切であることを親族にはよく理解してもらいましょう。

第1章　相談・受任　　5

> ケーススタディ

Q　財産分与請求を受けているという男性の母親から、相談の申込みを受けました。男性本人は仕事が忙しくて相談に来られないと言っています。どうすればいいでしょうか。

A　原則として、相談者本人から直接相談を受けるべきです。本人でなければわからないことがありますし、結局最終的な解決により利益・不利益を被るのは本人自身だからです。本人が相談に来られる日時で相談の予約を入れましょう。

　ただ、事案が急を要していて、本人が相談に来るのを待っていると大変な損害を被るようなこともまれにありますので、母親から事情をよく聴き、臨機応変に対応するようにしましょう。

(2)　持参資料等の指示

　面談による法律相談の際に、相談者に持参してもらいたい資料を指示しておきましょう。資料を持参してもらった方が相談も効率的に進められますし、事件の見通しの説明や方針の決定もしやすくなると思われます。

　具体的には、以下の例が考えられます。なお、先ほども述べたように、財産分与の相談は、離婚に附随する問題として、離婚そのものに関する相談の一部として行われますので、以下に挙げる資料の例は、財産分与に関係する資料のみではなく、離婚相談全般に関する資料として必要だと考えられる資料です。

① 　戸籍謄本（全部事項証明書）・住民票

② 　夫婦双方の収入がわかる資料（源泉徴収票・確定申告書等）

③ 　夫婦各名義の資産がわかる資料（自宅等の不動産登記簿謄本（登記事項証明書）・固定資産税の納税通知書・預貯金通帳・証券会社から送付される取引残高証明書等の資料・車検証・保険証券・保険契約書等）

④ 　夫婦各名義の債務がわかる資料（住宅ローンの契約書・その他債務に関する契約書・ローンの返済状況がわかる償還予定表等）

⑤ 　診断書・受傷部位の写真

　ドメスティック・バイオレンス（ＤＶ）事案である場合には持参してもらいましょう。

⑥ 　調査会社の調査報告書・メール等

不貞行為の証拠がある場合には持参してもらいましょう。

⑦　婚姻から現在に至るまでの経緯を時系列でまとめた資料

　この資料は、相談者に作成を依頼し、持参してもらいます。仮に、簡潔なものであっても、この資料があることで相談をスムーズかつ効率的に行うことが可能となります。

(3)　利益相反確認・法律相談料の説明

◆利益相反確認

　相談を受けるに当たっては、相談希望者との利益相反がないかを検討する必要があります。弁護士が、既に相手方からの相談あるいは事件を受任しているにもかかわらず相談を受けることは、弁護士法・弁護士職務基本規程に違反するおそれがあり、法律相談を受けることはできません。したがって、既にある夫婦の一方から夫婦問題について法律相談を受けたことがある場合に、その配偶者から離婚問題についての法律相談を希望されたとしても、法律相談を受けることはできません。特に、弁護士の数が少ない地域では起こりやすい問題ですから、うっかり相談予約を受けることのないよう相談予約が入った段階で利益相反確認については十分に注意するようにしましょう。仮に、相談予約時には気付かなかったとしても、相談中に利益相反が判明したら、その旨相談者に誠実に説明し、相談を打ち切るべきです。

○弁護士法

（職務を行い得ない事件）

第25条　弁護士は、次に掲げる事件については、その職務を行つてはならない。ただし、第3号及び第9号に掲げる事件については、受任している事件の依頼者が同意した場合は、この限りでない。

一　相手方の協議を受けて賛助し、又はその依頼を承諾した事件

二　相手方の協議を受けた事件で、その協議の程度及び方法が信頼関係に基づくと認められるもの

三　受任している事件の相手方からの依頼による他の事件

四～九　〔省略〕

○弁護士職務基本規程

（職務を行い得ない事件）

第27条　弁護士は、次の各号のいずれかに該当する事件については、その職務を行って

はならない。ただし、第3号に掲げる事件については、受任している事件の依頼者が同意した場合は、この限りでない。

一　相手方の協議を受けて賛助し、又はその依頼を承諾した事件

二　相手方の協議を受けた事件で、その協議の程度及び方法が信頼関係に基づくと認められるもの

三　受任している事件の相手方からの依頼による他の事件

四・五　〔省略〕

（同前）

第28条　弁護士は、前条に規定するもののほか、次の各号のいずれかに該当する事件については、その職務を行ってはならない。ただし、第1号及び第4号に掲げる事件についてその依頼者が同意した場合、第2号に掲げる事件についてその依頼者及び相手方が同意した場合並びに第3号に掲げる事件についてその依頼者及び他の依頼者のいずれもが同意した場合は、この限りでない。

一　相手方が配偶者、直系血族、兄弟姉妹又は同居の親族である事件

二　受任している他の事件の依頼者又は継続的な法律事務の提供を約している者を相手方とする事件

三　依頼者の利益と他の依頼者の利益が相反する事件

四　依頼者の利益と自己の経済的利益が相反する事件

◆法律相談料の説明

　相談予約を受ける場合には、法律相談料についてもあらかじめ説明しておきます。事務所で定める報酬規程に基づく法律相談料（税込金額）を説明しなければなりません。

　離婚の初回相談は、長時間になることが多いので、見込みの所要時間も伝えておき、相談者が予測を立てやすいようにしておくとよいでしょう。

アドバイス

○離婚に関する初回相談について

　初回の相談は、弁護士にとって、相談者と信頼関係を築くために重要な機会です。

　離婚に関する初回相談は、長時間を要することが多いです。婚姻前から現在までの事実経過や財産関係等の事実関係を把握するだけでもかなり時間がかかりますし、気持ちを弁護士にも理解してもらいたくて心情を切々と語られる方が多くいらっしゃいます。

　したがって、離婚相談の初回相談については、比較的長めの時間を取れる日時に入れるようにした方がよいでしょう。とはいえ、相談予約の電話が入ってからあまりに先に

相談日時を指定してしまうこともよくありません。相談者は、弁護士に少しでも早く相談をしたいと思っています。相談時間の確保と早期の対応を念頭におきながら、相談予約日時を決めるようにしましょう。

【参考書式1】　法律相談予約票

2 　法律相談の実施

> (1)　相談を受けるときの基本的な姿勢・心構え
> (2)　相談者からの聴取事項
> (3)　持参資料の確認

(1)　相談を受けるときの基本的な姿勢・心構え

　離婚で悩んでいる相談者は、それまで誰にも相談できず、悩みを1人抱え込んでいることがしばしばです。まずは、相談者が何に悩んでいるのか、慌てずゆっくりと聞いてみましょう。批判的な指摘や同感できないような態度には、相談者は敏感です。大切で有益な情報を引き出すためにも、相談者にしっかりと心を開いてもらうように意識して接しましょう。ただし、あまりにも過剰に同調してしまうと、後に相談者に耳の痛いことを告げにくくなるという危険もありますので、うまくバランスをとることが大切です。

　限られた相談時間内で相談者の悩みを聞き出し、それに端的に答えることは非常に難しいことです。初回相談は少なくとも1時間は相談時間を確保しておき、相談者の悩みにゆっくりと耳を傾けるようにしましょう。法律問題ではない悩みを相談されることも少なくありませんが、話を聞いてあげるだけで満足されるケースもありますので、法律とは関係がないことにも真摯に耳を傾けていると、次第に信頼関係が構築されていきます。

　相談者は、弁護士の元を訪れるまでの間、長い間孤独に悩み続けていることが多く、たくさんの細かい悩みにとらわれています。そのため、特に初回の法律相談ではうま

く弁護士に悩みのポイントを伝えられず、とりとめのない話になる可能性があります。相談を受けるときは、しっかりとメモをとって、相談者も弁護士も共に争点を明確化するようにしましょう。

(2) 相談者からの聴取事項

　相談者から効率的に聴き取りを行うには、相談者に一方的に話をさせるのではなく、弁護士が上手に会話を誘導して、以下の項目にあげるような事情を項目別に聞いていくとよいでしょう。

① 婚姻から現在までの状況の聴取

　夫婦の共有財産か否かを判断するため婚姻前のそれぞれの生活状況も把握しておく必要があります。婚姻後の状況のみならず、婚姻に至る経緯も聞いておきましょう。

② 別居の有無と期間

　財産分与の基準時として別居時が採用されることが多くみられます。そのため、相談者が別居しているかどうかを確認しておきましょう。また、別居期間の長さは、離婚原因そのもの（夫婦関係が破綻しているかどうかの判断材料）となり得ますので、その辺りもしっかり確認しておきましょう。

③ 子の有無・人数・年齢・生活実態等

　子の状況が財産分与に直接影響することはまれですが、離婚事件一般においては親権や養育費の額で争いが激化することがよくあります。相談者からは、初回相談時に子に関することをよく聞いておくべきです。

④ 夫婦それぞれの職業・年収

　財産分与の対象財産には、夫婦の固有財産は含まれません。夫や妻が婚姻前に就いていた職業に基づいて蓄えをしていたのであれば、それが財産分与の対象となることはありません。そういう意味で、夫婦の職歴や年収について早い段階で聴き取りをしておけば、効果的な主張や反論ができるかもしれません。

⑤ 夫婦それぞれの資産・債務に関する資料の確認

　財産分与の対象となるのは、資産だけではありません。債務についても分与の対象になります。聴き取りの際は、資産のみならず債務についても資料に基づいて確認をしておきましょう。

⑥ 当事者同士での話合いの経過等

　弁護士の元に相談に来るまでに当事者間でどのような話合いが行われたかについてもよく聞いておきましょう。争点の明確化に資すると共に、今後、弁護士や裁判所が

介入する必要があるかどうかの判断材料になります。

　当事者同士の協議で解決が可能である場合は、法律相談で終了します。あるいは、継続的に相談を受けることになる場合もあります。他方、当事者同士の協議での解決が困難であると見込まれるときは、事件として正式に受任することになります。

（3）　持参資料の確認

　相談者が関係書類を持参しているときは、弁護士が受任することになった後には、一見関係がないと思われるような資料であっても、できるだけコピーをとらせてもらいましょう。相談だけで終了するときには、むやみにコピーをとられることを嫌がる相談者もいますから、十分意思を確認してからコピーをとるようにしましょう。

　事件の受任後は、大切な証拠書類や預貯金通帳等を原本で預かることもあります。その場合は、預り証を必ず作成し、相談者と弁護士のいずれがその証拠等を持っているかを明らかにしておいてください。そして、相談者が返還を求めてきた場合には速やかに返還できるようにしておくべきです（ただし、事件解決後、相談者が報酬の支払を不当に拒んでいるような場合には、預かっている証拠等の返還を拒むことができます。）。

　調停の申立て等に必要な書類を、相談者自ら収集することが困難な場合には、相談者の代わりに収集してあげることも時には必要です。そうすることで、事件処理がスムーズに進むこともあります。

アドバイス

○法律相談の受け方
　　離婚問題に限られませんが、法律相談を受ける際は、相談者の発言をできるだけ遮らないようにしてじっくり耳を傾けるのが基本です。他方で、とりとめのない話で相談時間が過ぎてしまうのを避けることも必要ですから、うまく相談者を誘導して必要な情報を短時間で引き出せるような技術を習得することも求められます。慣れないうちは、聞くべきポイントを前もってメモしておくなどの工夫をしましょう。

【参考書式2】　法律相談時確認事項チェックシート

3 　手続・費用の説明

---

(1)　事件の見通しの説明
(2)　手続についての説明
(3)　事件を受任する場合の弁護士費用・実費の説明
(4)　相談者の意向確認

---

(1)　事件の見通しの説明

　相談者は、事件の見通しを踏まえて弁護士への依頼をするかどうかを決めるので、できるだけ具体的にわかりやすく事件の見通しを伝えましょう。相手方との主張の乖離状況によって解決までにかかる期間は当然変わってきますが、相談者が時間はかかっても調停等の裁判手続による解決を望んでいるのか、それとも手段は問わず早期の解決を望んでいるのかは、その都度意思確認をして進めていくことが大切です。

　その際、回収可能性や回収方法についても説明しておくと相談者は安心します。回収可能性の乏しい事案であるにもかかわらず、回収可能性についての見通しを全く立てずに事件を進めていくと、審判で有利な結果を得たとしても相談者の満足は得られません。回収可能性の乏しい事案では、調停で解決しておいた方が、相手方の任意の履行を期待しやすいことが多いので、そのようなことも相談者には説明しておきましょう。

(2)　手続についての説明

　事件の依頼を受けるときには、今後の手続の流れについて説明をしなくてはなりません。ここでは簡単に手続の流れについて解説しますが、詳しくは、「第4章」をご参照ください。

◆当事者間の協議・示談
　弁護士の元に相談に来ている時点で、そもそも、当事者間の示談交渉が決裂していることが多いのは事実です。しかし、中には、まだ相手方とは実質的な話合いをほと

んどしていないうちに、弁護士の関与を求めてくる相談者もいます。そのような場合には、その時点において裁判所の手続を利用する必要があるのかどうか、示談による解決の可能性があるのかどうかを判断するため、相談者に相手方との交渉経過をよく聞きましょう。また、相談者が調停の申立てを望んでいる場合でも、いまだに相手方と同居している場合には、調停申立てよりも先に別居をすることができるかどうか検討してもらいましょう。同居したままで調停手続を進めることは精神的に大変ですし、裁判所に提出する書面の作成等も相手方が同じ屋根の下にいると心置きなく進めることができません。また、財産分与は、別居時の財産を基準にその受領すべき金額が決められることが多いので、同居を続けたままだと分与すべき財産の特定が困難になるという問題点もあります。

なお、既に離婚が成立している場合でも、離婚から2年以内であれば財産分与請求は可能です。

◆調　停

示談交渉がほぼ不可能な場合は、速やかに調停の申立てを行います。調停では、申立てから1か月程度先に第1回調停期日が入ります。相談者の出頭も必要であることを伝え、期日の日程調整の際には相談者の予定も十分確認しておくことが必要です。調停期日には、依頼者も弁護士と共に出頭し、調停委員に事情を細かく説明します。調停委員は守秘義務を負っていますので、当事者の秘密が公になるおそれはありませんが、相手方にはその主張内容が伝えられます。ですから、もし、相手方には伝えてほしくないことがあれば、その旨調停委員に明確に伝えておきましょう。

調停は、相手方との合意が調えば成立します。調停成立により作成された調停調書は債務名義となり、相手方が任意に履行しない場合は調停調書に基づく強制執行が可能になります。

◆審　判

当事者間の合意が調わず調停が不成立になった場合、事件は審判に付されます。ただし、当事者の申立てなく自動的に審判に移行するのは、離婚後の財産分与を求めているときだけです。離婚請求の附帯処分として財産分与を求めているときは、審判に移行するのではなく、当事者が人事訴訟を提起することにより訴訟に移行します。

審判は、裁判の一種ですが、一般的な民事訴訟とは違って裁判所が後見的に関与する非訟事件です。財産分与請求は、家事事件手続法別表第二に定められた事件です。

家庭裁判所は、家事事件手続法別表第二事件の手続においては、申立てが不適法であるとき又は申立てに理由がないことが明らかなときを除き、当事者の陳述を聴かなければならず、当事者の申出があるときは、陳述聴取は審問の期日において行わなければならないとされています（家事68）。

　審判に不服がある場合は、2週間以内に即時抗告をします（家事85①・156五・86①）。

　財産分与を命ずる審判を得たときは、それに基づいて強制執行をすることができます。

◆訴　訟

　財産分与請求が離婚請求の附帯処分としてされているときは、調停が不成立となれば、財産分与請求も併せて人事訴訟の対象となります。人事訴訟は、当事者（申立人又は相手方）の住所地の家庭裁判所が土地管轄を有します（人訴4）。調停は原則として相手方の住所地の家庭裁判所が管轄裁判所となりますから（家事245①）、調停をしなかった家庭裁判所に訴えの提起がなされることもあり得ます。その場合は、調停をした家庭裁判所に移送の申立てをすることができます（人訴7）。また、調停の申立ては、当事者の合意した裁判所にすることもできます（合意管轄）ので、人事訴訟の管轄のない裁判所に調停が係属することがあります。人事訴訟の管轄のない裁判所で調停が行われ、その裁判所に訴えの提起があった場合は、管轄がないので管轄裁判所に移送されることになりますが、調停の経過、当事者の意見その他の事情を考慮して特に必要があると認めるときは、その家庭裁判所で人事訴訟についての審理をしてもらえることがあります（自庁処理）（人訴6）。

　人事訴訟では職権探知主義が採られていますが、調停において提出された資料等は当然には訴訟における資料とはなりませんので、改めて提出する必要があります。

　また、職権探知主義が採られている関係上、民事訴訟法上の弁論主義を前提とするいくつかの規定は適用されませんので、注意が必要です（人訴19）。例えば、擬制自白は成立しませんから、被告が欠席しても原告は証人尋問等により立証する必要があります。また、当事者本人が尋問期日に出頭しない場合でも、相手方の主張を真実と認めることはできません。

　離婚及びその附帯処分については、当事者間に協議が調った場合は、その旨を調書に記載することにより、請求認容の確定判決と同一の効力が認められ、直ちに離婚が成立します（人訴37①、民訴267）。ただし、その場合、当事者は必ず裁判所に出頭する必要があり、受諾和解等の出頭要件緩和手続を利用することはできません（人訴37②）。

財産分与等の附帯処分については定めず離婚のみについて和解を成立させることは可能で、その場合、残された附帯処分事項については受訴裁判所が引き続き審理及び裁判をします（人訴36）。家事審判手続に移行するわけではありません。

(3) 事件を受任する場合の弁護士費用・実費の説明

相談者にとっては、弁護士に依頼すると果たしていくら支払わなければならないのか、非常に気にかかるところです。最近では他の弁護士にも相談していることも多くみられますので、できるだけ早期に明確な弁護士費用の説明をすることが、顧客獲得のために非常に重要なポイントになります。

弁護士費用は、かつては各弁護士会の会則で定められていましたが、現在は、弁護士が各事務所に弁護士報酬規程を作成して備え置き、事件受任時に依頼者に詳細な説明をすることが義務付けられています。

したがって、各事務所によって報酬基準は異なるのですが、家事調停の申立てに当たっては、一定額の着手金と共に分与を請求する財産の額に応じた追加の着手金の支払を求めることが多いと思われます。ただし、相手方がどのような財産をいくら持っているのか全くわからず、裁判手続の中で相手方の財産状況を探っていこうという時は、とりあえず「相当額」の支払を求める調停を申し立てることになりますから、基本の調停申立てにかかる着手金のみを請求することが多いでしょう。

弁護士報酬のほか、調停申立費用や予納郵券代、裁判所までの交通費等がかかりますので、事件着手時に予想される費用の概略を伝え、予想される実費の予納をしてもらっておきましょう。この予納実費は、事件終了時にはきちんと精算し、残りがあれば返金しなければなりません。

相談者に見積書の作成を依頼されたときは、弁護士は、見積書を作成して交付するよう努めなければなりません。その際は、委任事項を明確にした上で見積り金額を提示するようにすべきです。

○弁護士職務基本規程
（受任の際の説明等）
第29条　弁護士は、事件を受任するに当たり、依頼者から得た情報に基づき、事件の見通し、処理の方法並びに弁護士報酬及び費用について、適切な説明をしなければならない。
2・3　〔省略〕

○弁護士の報酬に関する規程

（報酬基準の作成・備え置き）

第3条　弁護士は、弁護士の報酬に関する基準を作成し、事務所に備え置かなければならない。

2　前項に規定する基準には、報酬の種類、金額、算定方法、支払時期及びその他弁護士の報酬を算定するために必要な事項を明示しなければならない。

（報酬見積書）

第4条　弁護士は、法律事務を依頼しようとする者から申し出があったときは、その法律事務の内容に応じた報酬見積書の作成及び交付に努める。

（報酬の説明・契約書作成）

第5条　弁護士は、法律事務を受任するに際し、弁護士の報酬及びその他の費用について説明しなければならない。

2～4　〔省略〕

(4)　相談者の意向確認

　一通り事件の流れと弁護士費用等について説明した後は、相談者が依頼する意思があるかどうか確認し、依頼する意思が固ければ、早めに委任状をもらっておきましょう。

アドバイス

○手続の流れと弁護士費用の説明

　いずれも、相談者にとっては大きな関心事です。この部分の説明を怠ったり、説明をしたけれども不十分であったような場合は、いくら事件処理を誠実に行いよい結果が得られたとしても、相談者とトラブルになる危険性があります。結果の予測が立たないときには、正直にその旨説明し、決して相談者に過大な期待を持たせたり不要な不安感を与えたりしないよう、十分注意しましょう。

4 事件の受任手続

> (1) 委任契約の締結・委任状の授受
> (2) 法テラスの利用
> (3) 事件への着手と相談者への報告

(1) 委任契約の締結・委任状の授受

　弁護士は、事件を受任するときは、原則として委任契約書を作成し相談者と契約を交わさなければなりません。委任契約書を作成していないと、報酬をもらい受ける段階になってトラブルになることがあります。また、委任契約書を作成していないにもかかわらず報酬を請求して懲戒請求をされることもあります。委任契約書には、事件の受任範囲、弁護士費用の内訳と額又は算定方法、各種実費の支払方法（予納して後で精算するのか、発生の都度請求するのかなど）のほか、相談者による解約権の保障や委任契約が途中で終了した場合の精算方法についても明確に定めておくことが必要です。「報酬の額については事件解決時に協議の上定める」という合意をした契約書もたまに見かけますが、そのような定めは何も定めていないのと同じです。

　調停等の裁判所で行われる手続について、弁護士が代理人として対応する場合には、委任状が必要となりますので、委任契約の締結と同時に、相談者から委任状ももらわなければなりません。

○弁護士職務基本規程
（委任契約書の作成）
第30条　弁護士は、事件を受任するに当たり、弁護士報酬に関する事項を含む委任契約書を作成しなければならない。ただし、委任契約書を作成することに困難な事由があるときは、その事由が止んだ後、これを作成する。
2　前項の規定にかかわらず、受任する事件が、法律相談、簡易な書面の作成又は顧問契約その他継続的な契約に基づくものであるときその他合理的な理由があるときは、委任契約書の作成を要しない。

○弁護士の報酬に関する規程
（報酬の説明・契約書作成）
第5条　弁護士は、法律事務を受任するに際し、弁護士の報酬及びその他の費用について

説明しなければならない。

2　弁護士は、法律事務を受任したときは、弁護士の報酬に関する事項を含む委任契約書を作成しなければならない。ただし、委任契約書を作成することに困難な事由があるときは、その事由が止んだ後、これを作成する。

3　前項の規定にかかわらず、受任した法律事務が、法律相談、簡易な書面の作成、顧問契約等継続的な契約に基づくものであるときその他合理的な理由があるときは、委任契約書の作成を要しない。

4　第2項に規定する委任契約書には、受任する法律事務の表示及び範囲、弁護士の報酬の種類、金額、算定方法及び支払時期、委任契約が委任事務の終了に至るまで解除ができる旨並びに委任契約が中途で終了した場合の清算方法を記載しなければならない。

(2)　法テラスの利用

　特に離婚事件の場合、相談者が資力に乏しく弁護士報酬を支払えないことが多々あります。そのような場合、弁護士は、無碍に依頼を断るのではなく、日本司法支援センター（法テラス）が利用できることを相談者に伝え、積極的に事件を受任することが大切です。資力に乏しい相談者との間で法テラスを利用せずに通常の委任契約を締結すると、結局は弁護士費用を回収できないことにもなりかねません。法テラスの利用により、弁護士の側も確実に弁護士費用を回収できるのですから、積極的に相談者に法テラスの利用方法を伝えるようにしましょう。

○弁護士職務基本規程

（法律扶助制度等の説明）

第33条　弁護士は、依頼者に対し、事案に応じ、法律扶助制度、訴訟救助制度その他の資力の乏しい者の権利保護のための制度を説明し、裁判を受ける権利が保障されるように努める。

(3)　事件への着手と相談者への報告

　相談者から事件を受任した後は、速やかに事件に着手しましょう。資料の収集等に時間がかかり、調停の申立てまでに時間がかかりそうなときは、途中経過を相談者に知らせて安心させるようにしましょう。

裁判手続が始まれば、調停や審判の日時を連絡するのはもちろん、相談者が出頭していた期日についても、その期日のおさらいと備忘のため、期日報告を送るのがよいでしょう。

アドバイス

○報酬獲得を確実なものとするために

　弁護士は、ボランティアではありませんから、報酬を確実に受領できるための手立てをしておく必要があります。それが、委任契約書の締結・交付と法テラスの利用です。いずれも、相談者と弁護士の双方にとって利益をもたらすものですから、うまく利用するようにしましょう。

【参考書式3】　委任契約書

第1章　相談・受任　　19

【参考書式1】　法律相談予約票

申　込　日	平成　　　年　　　月　　　日			
申込方法	□電話　　□FAX　　□電子メール □その他（　　　　　　　　　　　　　　　　）			
予約日時	平成　年　月　日　：ーー		相談分野	
申　込　者	氏名（会社名と代表者名）			
	住　　所			
	住　　所 電話番号	〒　　　－ （　　　　）　　　　－		
	FAX番号	（　　　　）　　　　－		←希望する連絡 方法に○印を つけること。
	電子メールアドレス	＠		
	性　　別	男　・　女		
	生年月日	明治・大正・昭和・平成　　年　　月　　日		
	職業・勤務先			
相談実施日時	平成　　　年　　　月　　　日　　　　：　　　～　　　　：			
相談内容				
相談内容 回答内容				
回答内容 処理区分	□相談のみで終了　　□継続相談　　□事件として正式に受任 □その他 （　　　　　　　　　　　　　　　　　　　　　　　　）			

【参考書式2】 法律相談時確認事項チェックシート

法律相談時確認事項チェックシート

*さしつかえのない範囲でお答えください。		
1	ご相談者	◆氏名（ふりがな） （　　　　　　）歳 □男性　□女性
		◆住所　〒
		◆電話番号　□自宅 　　　　　　　□携帯
		◆FAX
		◆メールアドレス
		◆ご職業　□会社員　□自営業　□無職　□その他（　　　　　　）
2	相手方	◆氏名（ふりがな） （　　　　　　）歳 □男性　□女性
		◆ご職業　□会社員　□自営業　□無職　□その他（　　　　　　）
3	離婚することについて	□合意している　□協議中　□争いがある
4	離婚の意思	◆ご相談者　□有　□無　□不明　／　◆相手方　□有　□無　□不明
5	結婚について	◆結婚した時期　　　　　□昭和　□平成
		◆夫婦関係が悪化した時期　□昭和　□平成
		◆離婚を考え出した時期　□昭和　□平成
6	夫婦関係が悪化した理由	◆異性関係　　□相談者　□相手方
		◆暴力　　　　□相談者　□相手方
		◆酒の過飲　　□相談者　□相手方
		◆性格の不一致　□相談者　□相手方
		◆借金　　　　□相談者　□相手方
		◆病気　　　　□相談者　□相手方
		◆その他　　　□相談者　□相手方 　　　　　　（具体的な理由：　　　　　　　　　　）
7	離婚に至る経緯	（できるだけ詳しくご記入ください。別の用紙に書いていただいても結構です。）
8	同居・別居の別	□同居している　□別居している　／　別居の時期　　年　月頃から
9	子の状況について	第1子　◆氏名（ふりがな）　　　　　（　　）歳　□男　□女 　　　　　　　　　　　　　　　生年月日　　年　　月　　日
		□同居　□別居　□学生（小・中・高・大　　年生）　□社会人 その他（　　　　　　）
		第2子　◆氏名（ふりがな）　　　　　（　　）歳　□男　□女 　　　　　　　　　　　　　　　生年月日　　年　　月　　日
		□同居　□別居　□学生（小・中・高・大　　年生）　□社会人 □その他（　　　　　　）
		第3子　◆氏名（ふりがな）　　　　　（　　）歳　□男　□女 　　　　　　　　　　　　　　　生年月日　　年　　月　　日
		□同居　□別居　□学生（小・中・高・大　　年生）　□社会人 □その他（　　　　　　）
10	生活の状況について	◆ご相談者の収入　月収　　　円　／　年収　　　円
		◆相手方の収入　　月収　　　円　／　年収　　　円
		◆生活費の分担　　□有　□無 　　　　有の場合、ご相談者：月額　　　円／相手方：月額　　　円

※裏面のご記入もお願いいたします。

第1章　相談・受任　　21

（裏面）

11	財産の状態について							
		固有財産	◆預貯金	・ご相談者	□有 □無 /	・相手方	□有 □無
			◆不動産	・ご相談者	□有 □無 /	・相手方	□有 □無
			◆有価証券	・ご相談者	□有 □無 /	・相手方	□有 □無
			◆車	・ご相談者	□有 □無 /	・相手方	□有 □無
			◆生命保険	・ご相談者	□有 □無 /	・相手方	□有 □無
		婚姻中の取得財産	◆預貯金	・ご相談者	□有 □無 /	・相手方	□有 □無
			◆不動産	・ご相談者	□有 □無 /	・相手方	□有 □無
			◆有価証券	・ご相談者	□有 □無 /	・相手方	□有 □無
			◆車	・ご相談者	□有 □無 /	・相手方	□有 □無
			◆生命保険	・ご相談者	□有 □無 /	・相手方	□有 □無
			◆学資保険	・ご相談者	□有 □無 /	・相手方	□有 □無
			◆その他	・ご相談者	□有 □無 /	・相手方	□有 □無
		債務（借金）について	◆住宅ローン	・ご相談者	□有 □無 /	・相手方	□有 □無
			◆車のローン	・ご相談者	□有 □無 /	・相手方	□有 □無
			◆学資ローン	・ご相談者	□有 □無 /	・相手方	□有 □無
			◆その他の借入	・ご相談者	□有 □無 /	・相手方	□有 □無

12	親権について	□合意している　□協議中　□争いがある
		子の氏名（　　　　　　　　　）　□父　□母 子の氏名（　　　　　　　　　）　□父　□母 子の氏名（　　　　　　　　　）　□父　□母

13	面会交流について	□合意している　□協議中　□争いがある
		具体的な内容が決まっている場合はご記入ください。

14	養育費について	□合意している　□協議中　□争いがある
		具体的な内容が決まっている場合はご記入ください。

15	財産分与について	□合意している　□協議中　□争いがある
		具体的な内容が決まっている場合はご記入ください。

16	慰謝料について	□合意している　□協議中　□争いがある
		具体的な内容が決まっている場合はご記入ください。

17	解決金について	□合意している　□協議中　□争いがある
		具体的な内容が決まっている場合はご記入ください。

18	年金分割について	□合意している　□協議中　□争いがある
		具体的な内容が決まっている場合はご記入ください。

19	その他	（何かございましたらご記入ください。）

平成　　　年　　　月　　　日

担当弁護士：

担当事務：

22   第1章　相談・受任

【参考書式3】　委任契約書

委任契約書（家事）

依頼者を甲、受任弁護士を乙として、次のとおり委任契約を締結する。

第1条（事件等の表示と受任の範囲）
　甲は乙に対し下記事件又は法律事務（以下「本件事件等」という。）の処理を委任し、乙はこれを受任した。
　①　事件等の表示
　　　事件名
　　　相手方
　　　裁判所等の手続機関名
　②　受任範囲
　　　□示談折衝、□書類作成、□訴訟（一審、控訴審、上告審）
　　　□調停、□審判、□保全処分（仮処分、仮差押）、□強制執行
　　　□その他（　　　　　　　　　　　　　　　　　　）
第2条（弁護士報酬）
　甲及び乙は、本件事件等に関する弁護士報酬につき、乙の弁護士報酬基準に定めるもののうち☑を付したものを選択すること及びその金額（消費税別途）又は算定方法を合意した。
　□着手金
　　①　着手金の金額を次のとおりとする。
　　　　金＿＿＿＿＿＿＿＿円とする。
　　②　着手金の支払時期・方法は、特約なき場合は本件事件等の委任のときに一括払いするものとする。
　□報酬金
　　①　報酬金の金額を次のとおりとする。但し、本件事件等が上訴等により受任範囲とは異なる手続に移行し、引き続き乙がこれを受任する場合は、その新たな委任契約の協議の際に再度協議するものとする。
　　　　□金＿＿＿＿＿＿＿＿円とする。
　　　　□甲の得た経済的利益の＿＿＿＿％とする。経済的利益の額は、乙の弁護士報酬基準＿＿＿＿に定める方法によって算出する。
　　②　報酬金の支払時期は、本件事件等の処理の終了したときとする。
　□手数料
　　①　手数料の金額を次のとおりとする。
　　　　金＿＿＿＿＿＿＿＿円とする。

② 手数料の支払時期・方法は、特約なき場合は本件事件等の委任のときに一括払いするものとする。

□時間制 （　事件処理全般の時間制　、　着手金に代わる時間制　）

① 1時間当たりの金額を次のとおりとする。

金＿＿＿＿＿＿＿＿円とする。

② 甲は時間制料金の予納を（　する　、　しない　）ものとし、追加予納については特約に定める。予納を合意した金額は＿＿＿＿時間分である。

金＿＿＿＿＿＿＿＿円とする。

③ 予納金額との過不足は、特約なき場合は事件終了後に清算する。

□出廷日当

① 1回当たりの日当の金額を次のとおりとする。

金＿＿＿＿＿＿＿＿円とする。

② 甲は日当の予納を（　する　、　しない　）ものとし、追加予納については特約に定める。予納を合意した金額は＿＿＿＿回分である。

金＿＿＿＿＿＿＿＿円とする。

③ 予納金額との過不足は、特約なき場合は事件終了後に清算する。

□出張日当

① 出張日当を（　一日　、　半日　）金＿＿＿＿＿＿円とする。

② 甲は出張日当の予納を（　する　、　しない　）ものとし、追加予納については特約に定める。予納を合意した金額は＿＿＿＿日分である。

金＿＿＿＿＿＿＿＿円とする。

③ 予納金額との過不足は、特約なき場合は事件終了後に清算する。

□その他

＿＿＿＿＿＿＿＿＿＿＿＿＿＿＿＿＿＿＿＿＿＿＿＿＿＿＿＿＿＿＿＿＿＿＿＿＿

＿＿＿＿＿＿＿＿＿＿＿＿＿＿＿＿＿＿＿＿＿＿＿＿＿＿＿＿＿＿＿＿＿＿＿＿＿

＿＿＿＿＿＿＿＿＿＿＿＿＿＿＿＿＿＿＿＿＿＿＿＿＿＿＿＿＿＿＿＿＿＿＿＿＿

第3条（実費・預り金）

甲及び乙は、本件事件等に関する実費等につき、次のとおり合意する。

□実費

① 甲は費用概算として金＿＿＿＿＿＿＿＿円を予納する。

② 乙は本件事件等の処理が終了したときに清算する。

□預り金

甲は＿＿＿＿＿＿＿＿＿＿＿＿＿＿＿＿＿＿＿＿＿＿＿＿＿＿＿＿＿＿の目的で金＿＿＿＿＿＿＿＿円を乙に預託する。

第4条（事件処理の中止等）

1 甲が弁護士報酬又は実費等の支払を遅滞したときは、乙は本件事件の処理に着手せず、又はその処理を中止することができる。

2 前項の場合には、乙はすみやかに甲にその旨を通知しなければならない。

第5条（弁護士報酬の相殺等）

1　甲が弁護士報酬又は実費等を支払わないときは、乙は甲に対する金銭債務と相殺し、又は本件事件に関して保管中の書類その他のものを甲に引き渡さないことができる。

2　前項の場合には、乙はすみやかに甲にその旨を通知しなければならない。

第6条（委任契約の解除権）

甲及び乙は、委任事務が終了するまで本委任契約を解除することができる。

第7条（中途解約の場合の弁護士報酬の処理）

本委任契約に基づく事件等の処理が、委任契約の解除又は継続不能により中途で終了したときは、乙の処理の程度に応じて清算を行うこととし、処理の程度についての甲及び乙の協議結果に基づき、弁護士報酬の全部若しくは一部の返還又は支払を行うものとする。

第8条（特約）

本委任契約につき、甲及び乙は次のとおりの特約に合意した。

甲及び乙は、乙の弁護士報酬基準の説明に基づき本委任契約の合意内容を十分理解したことを相互に確認し、その成立を証するため本契約書を2通作成し、相互に保管するものとする。

平成　　　年　　　月　　　日

　　　　　　甲（依頼者）
　　　　　　　住所
　　　　　　　　　　　氏名　　　　　　　　　　　　　　　　　㊞
　　　　　　乙（受任弁護士）
　　　　　　　　　　　氏名　　　　　　　　　　　　　　　　　㊞

第 2 章

分与対象財産の確定
（清算的財産分与を中心に）

26

＜フローチャート～分与対象財産の確定＞

[1] 財産の調査・特定

※婚姻期間中（あるいは内縁期間中）に夫婦が取得した資産内容を把握する。
※別居中の場合には別居時までに夫婦が取得した資産内容を特定する必要がある。

[2] 夫婦名義財産の検討

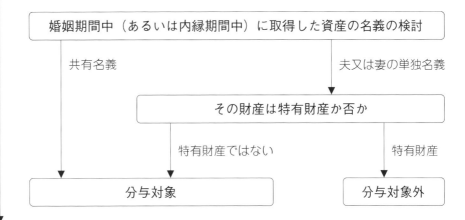

[3] 第三者名義財産の検討

【子供等家族名義の財産がある場合】

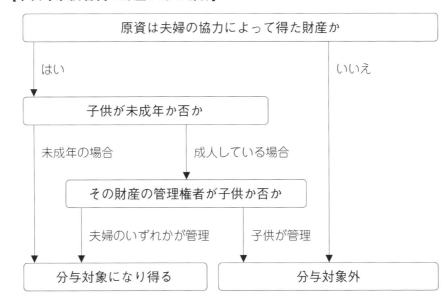

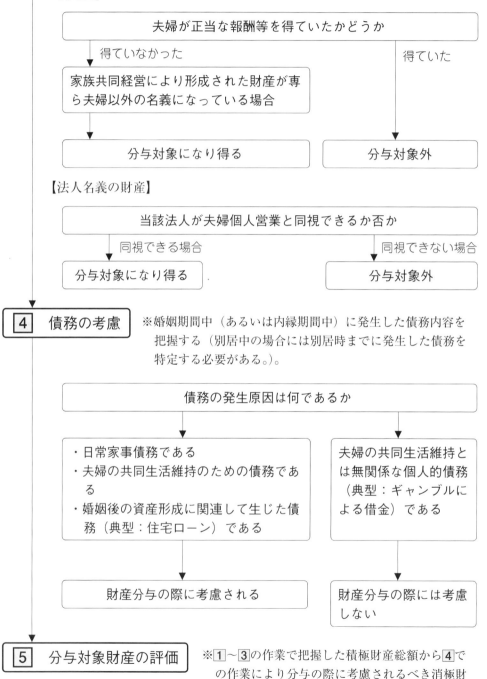

第2章　分与対象財産の確定　　29

1 財産の調査・特定

---

(1) 財産分与の法的性質と内容
(2) 分与対象財産の範囲
(3) 分与対象財産確定の基準時
(4) 内縁関係の場合

---

(1) 財産分与の法的性質と内容 ░░░░░░░░░░░░░░░░░░░░░░

◆財産分与に関する民法の規定

　離婚をする夫婦間での財産給付に関しては、民法768条に定めがあります。民法768条1項は「協議上の離婚をした者の一方は、相手方に対して財産の分与を請求することができる。」としています。この民法768条が定める財産給付に関する制度を「財産分与制度」といい、同制度に基づく一方から他方に対する財産給付請求権を「財産分与請求権」といいます。

　民法768条は、離婚に伴う財産分与に関する実体法上唯一の規定です。

　財産分与については、協議によることが原則で、当事者間に協議が調わないとき、又は協議をすることができないときは、当事者は、離婚後2年以内であれば、家庭裁判所に対して、協議に代わる処分を請求することができます（民768②）。この請求は、離婚と同時に行う場合であれば、夫婦関係調整調停（離婚）（家事244・257①）に附帯して財産分与の申立てを行います。離婚後であれば、家庭裁判所に対して、調停（家事244・別表2④）・審判（家事39・別表2④）の申立てをすることによって行います。

　民法768条は、裁判上の離婚にも準用されます（民771）。離婚訴訟提起の際には、財産分与に関する処分については附帯して申立てを行うことができます（人訴32①）。

　財産分与請求の手続的な側面については、「第4章」で詳しく解説していますので、そちらをご参照ください。

　実務上は、離婚時に財産分与の問題も同時に処理することが多いと思われますが、離婚自体について合意ができている場合には、離婚手続を先行させて財産分与の協議等を離婚後に行うことも可能です。弁護士は、依頼者の意向や財産状況等を踏まえて方針を決めましょう。

　また、離婚の場面ではありませんが、民法768条は、婚姻の取消し（民743以下）にも

準用されます（民749）。

このように、民法768条は、離婚方法にかかわらず、離婚に伴う財産分与の共通ルールとして適用される規定です。

◆財産分与の法的性質と内容

民法768条は、財産分与請求権の具体的な内容を明示的に定めているわけではありませんが、通常、財産分与請求権の内容には、①清算的要素（清算的財産分与）、②扶養的要素（扶養的財産分与）、③慰謝料的要素（慰謝料的財産分与）の3つの要素があると解されています。

① 清算的要素（清算的財産分与）

財産分与の上記①から③の各要素のうち、中心的なものが、①の清算的要素（清算的財産分与）であることについては争いがありません。最高裁昭和46年7月23日判決（判時640・3）も「離婚における財産分与の制度は、夫婦が婚姻中に有していた実質上共同の財産を清算分配」するものとしています。

実務でも、「財産分与」に関しては、専ら清算的財産分与が問題になるケースが圧倒的に多いのが実情です。

そこで、本書でも、この清算的財産分与について実務上どのように処理すべきかを中心に解説しています。

② 扶養的要素（扶養的財産分与）

財産分与に②の扶養的要素が含まれることについては最高裁も認めるところですが（前掲最高裁昭和46年7月23日判決は、財産分与について、「離婚後における一方の当事者の生計の維持をはかることを目的とするものであって」として、離婚時の財産分与に扶養的要素があることを認めています。）、あくまで補充的なものとして考えるのが実務上の取扱いです。

このような考え方からすれば、②の扶養的財産分与が認められるのは、一方当事者が、①の清算的財産分与と③の慰謝料的財産分与（若しくは財産分与とは別に請求する慰謝料）によってもなお離婚後の生活に困窮する場合（①③によっては十分ではない場合もあるでしょうし、そもそも①③の請求をなし得ないということもあるでしょう。）であり、なおかつ、財産分与の義務者に扶養能力がある場合に限られます。例えば、財産分与請求者である妻が婚姻期間中ずっと専業主婦をしていた高齢女性であるケースなどでは扶養的財産分与が認められる可能性があります。

もっとも、扶養的要素をこのように補充的な要素として捉える判例通説に否定的な見解がないわけではありませんが、本書は現時点での実務の取扱いを中心に解説することが目的ですから、この点に立ち入ることはしません。

③ 慰謝料的要素（慰謝料的財産分与）

　財産分与に③の慰謝料的要素が含まれることについては最高裁も認めるところです（前掲最高裁昭和46年7月23日判決は、「裁判所が財産分与を命ずるかどうかならびに分与の額および方法を定めるについては、当事者双方におけるいっさいの事情を考慮すべきものであるから、分与の請求の相手方が離婚についての有責の配偶者であって、その有責行為により離婚に至らしめたことにつき請求者の被った精神的損害を賠償すべき義務を負うと認められるときには、右損害賠償のための給付をも含めて財産分与の額および方法を定めることもできると解すべきである。そして、財産分与として、右のように損害賠償の要素をも含めて給付がなされた場合には、さらに請求者が相手方の不法行為を理由に離婚そのものによる慰藉料の支払を請求したときに、その額を定めるにあたっては、右の趣旨において財産分与がなされている事情をも斟酌しなければならないのであり、このような財産分与によって請求者の精神的苦痛がすべて慰藉されたものと認められるときには、もはや重ねて慰藉料の請求を認容することはできないものと解すべきである。」と判示しています。）。

　しかしながら、実務では、財産分与の請求とは別に不法行為に基づく損害賠償請求として慰謝料請求をすることがほとんどです。裁判所は、財産分与請求と不法行為に基づく慰謝料請求の両請求がなされている場合に財産分与の内容を定めるに当たって、③の慰謝料的要素を考慮することはなく、実務上は、財産分与の慰謝料的要素が問題になるケースはほとんど見受けられません。

◆形成権としての財産分与請求権

　財産分与請求権は、離婚の成立によって当然に発生しますが（抽象的な財産分与請求権）、その権利の内容は、「協議あるいは審判等」によって初めて具体的に形成されます（最判昭55・7・11判時977・62）。

　このように、財産分与請求権は、協議又は審判等により初めて具体的な権利となりますから、財産分与請求権の遅延損害金は、財産分与の判決あるいは審判確定の日の翌日から生じます。裁判所は当事者からの申立てがあれば、遅延損害金の支払を命じますが、その判決主文は、例えば、「被告は、原告に対し、金350万円及びこれに対する本離婚判決確定の日の翌日から支払済みまで年5分の割合による金員を支払え。」となります。

(2)　分与対象財産の範囲

　財産分与を請求したいとの相談を受けた場合、まずは、分与対象となる財産があるか否かの検討を行われなければなりません。

(1)で説明した①の清算的財産分与の対象となる財産は、「当事者双方がその協力によって得た財産」（民768③）です。この財産がない夫婦の場合、財産分与については、少なくとも清算的財産分与の請求はできない（あるいは請求されない）ということになります（扶養的財産分与又は慰謝料的財産分与が認められる余地はあります。）。実際に、婚姻期間がごく短い夫婦では、そもそも分与対象財産が形成できないまま離婚に至り、清算的財産分与が問題にならないことがよくあります。また、ある程度婚姻期間が長くても、収支がギリギリで生活していた夫婦では貯蓄をする余裕がなく、離婚時には分与対象財産がないということもあります。

　本章では、この分与対象たるべき財産である「当事者双方がその協力によって得た財産」を具体的にはどのように考えればよいか、その対象財産をどのように評価したらよいかにつき、解説します。なお、本章で検討する分与対象財産は、清算的財産分与を前提とした場合であり、(1)で説明した②の扶養的財産分与と③の慰謝料的財産分与の分与対象財産とは必ずしも一致しないことに注意が必要です。

　分与対象財産の種類としては、特に制限はありません。現預金、不動産及びその利用権、自動車、株式等の有価証券、生命保険（解約返戻金がある場合）、退職金、学資保険、ゴルフ会員権等のあらゆる種類の財産が分与の対象になり得ます。なお、これら財産の種類ごとの具体的な分与の方法等については、「第5章」で詳しく解説しています。

　また、公的年金については、年金分割制度ができたため、現在では民法768条の財産分与の中で清算の対象とするということはありません。ただ、制度ができるまでは財産分与の枠組内で考えていた問題ですし、婚姻期間中に夫婦が協力して形成した財産を清算するという財産分与と類似の側面を持ち合わせていますので、「第5章第4」で解説しています。

(3)　分与対象財産確定の基準時

◆清算的財産分与の場合

　清算的財産分与の対象とすべき財産の範囲を確定する際、どの時点の財産を基準として決定すべきかが問題となります。というのも、離婚する夫婦の場合、離婚に先立って別居をするケースが多く、別居後離婚が成立するまでの期間に財産内容が変動することがよくあるからです。考え方としては、①別居時説と②裁判時説（口頭弁論終結時又は審理終結時・合意で離婚する場合には離婚成立時となるでしょう。）の2つの考え方があり得るところです。

　現在の実務では、基本的には、婚姻開始後別居時までに形成した財産を清算的財

分与の対象と捉えて財産分与の内容を決定しています。例えば、名古屋高裁平成21年5月28日判決（判時2069・50）は、「清算的財産分与は、夫婦の共同生活により形成した財産を、その寄与の度合いに応じて分配することを、内容とするものであるから、離婚前に夫婦が別居した場合には、特段の事情がない限り、別居時の財産を基準にしてこれを行なうべきであり、また夫婦の同居期間を超えて継続的に取得した財産が存在する場合には、月割計算その他の適切な按分等によって、同居期間中に取得した財産額を推認する方法によって、別居時の財産額を確定するのが相当である。」として、別居時説をとる理由を明確に判示しています。そもそも清算的財産分与は、夫婦が婚姻中に協力して形成した財産を離婚時には公平に分配することがその目的です。離婚に先立って夫婦が別居するケースでは、通常は、別居後にはもはや夫婦の協力関係は存在せず、別居時までに形成した財産を清算的財産分与の対象とすることがその制度目的にかなうと思われます。したがって、実務におけるこのような取扱いは妥当だと考えられます。

　もっとも、実務においても、別居時説を機械的に一律適用して審判等がなされているわけではなく、別居時を基準としつつ、個々のケースで別居後の変動を一切検討しないことが公平を欠くケースでは、別居後の財産の変動についても「一切の事情」（民768③）として考慮しているのが実情です。前掲名古屋高裁平成21年5月28日判決においても、「特段の事情がない限り」と留保をつけているところです。

　したがって、財産分与に関する相談を受けた場合には、別居時までに夫婦協力のもとに取得した財産を正確に把握した上で、その財産につき、別居後の変動があるかないか、変動がある場合にはその内容や原因を検討し、別居時を基準とすることが公平にかなうかどうかの検証を行います。もしも、別居時を貫くことが依頼者にとって不公平な結果を招き他の時点に修正すべき場合（前掲名古屋高裁平成21年5月28日判決でいえば、「特段の事情」がある場合）には、代理人としては、別居後の変動内容や別居後の事情を詳しく主張立証する必要があります。

　　　　　　　　　　　　　ケーススタディ

Ｑ　私は、昨年末、高校3年生の子供を連れて、夫（会社員）と同居していた家を出て、現在、夫と離婚協議中です。今年1月末に子供が大学に合格しましたが、入学時に必要な諸経費を夫が全く支払おうとせず、結局、私が婚姻期間中にした定期預金（原資は私が勤務先から得ていた給与です。）を解約し、合計100万円を大学に納めました。このような場合であっても、別居時にはあった100万円の定期預金は、その全額が清算的財産分与の対象になるのでしょうか。

A 清算的財産分与の対象財産確定の基準時は、別居時であり、別居後に夫婦の一方が実質的共有財産を費消した場合、原則として、費消した財産は分与対象財産から除外されることはありません。

しかしながら、あなたのケースでは、その費消の原因は子供の大学入学時に大学に納めるべき入学金等の諸費用の支払のためであり、なおかつ、夫が全く支払をしなかったためです。本来、夫婦の子供の入学費用については、夫婦で負担すべきであり、別居時にあった100万円の定期預金をそのまま清算的財産分与の対象とするのは公平ではないと考えられます。

この点、別居後に一方が保有資産を減少させても、それが生活費や教育費の補足のためであれば、減少後の資産を対象とする場合があると考えられており（二宮周平＝榊原富士子『離婚判例ガイド〔第3版〕』100頁（有斐閣、2015））、本件でも、あなたが解約した定期預金を分与対象財産として取り扱わないことが可能だと考えられます。

◆扶養的財産分与の場合

扶養的財産分与に関しては、裁判所による判断時現在における当事者の資力、健康状態、就労状況等を考慮することとなるので、基準時は裁判時（口頭弁論終結時又は審理終結時）とせざるを得ません。

◆慰謝料的財産分与の場合

裁判時（口頭弁論終結時又は審理終結時）を基準とします。

（4）　内縁関係の場合

内縁とは、婚姻の届出はしていないものの、当事者間に社会通念上の婚姻意思があり、継続的に共同生活を営んでいる男女の関係のことをいい、近時では、事実婚ということもあります（内縁と事実婚をあえて区別して用いる場合もありますが、本書では全て「内縁」といいます。）。最高裁は、内縁関係につき、「いわゆる内縁は、婚姻の届出を欠くがゆえに、法律上の婚姻ということはできないが、男女が相協力して夫婦としての生活を営む結合であるという点においては、婚姻関係と異なるものではなく、これを婚姻に準ずる関係というを妨げない。」と評価し（最判昭33・4・11判時147・4）、内縁関係にも一定の法的保護を与えています。

民法768条は、法律上の婚姻関係にある夫婦の婚姻関係解消つまり離婚に伴う財産分与について定めた規定であり、内縁関係の解消時の財産分与については直接定めてはいません。

しかしながら、内縁は、前掲最高裁昭和33年4月11日判決も認めるとおり、婚姻届出の有無という点以外では実態は法律上の婚姻と何ら変わりがありません。内縁期間中に両当事者の協力関係によって財産が形成され、内縁解消時にそれを公平に分配すべきであったり（清算的財産分与）、内縁解消後の一方当事者の経済的独立が達成するために扶養的財産分与が認められるべきケースがあったりします。

そこで、実務では、内縁関係の解消に際しても、民法768条を類推適用し、財産分与を認めています。例えば、内縁関係に民法768条の類推適用を認めたリーディングケースといわれている広島高裁昭和38年6月19日決定（判時340・38）は、「財産分与請求権について考えるに、財産分与の本質は第一義的には離婚の際における夫婦共同生活中の財産関係の清算であり、第二義的には離婚後の扶養及び有責配偶者から無責配偶者に対する離婚に伴う損害の賠償であると解されるが、そうだとすれば、財産分与は、婚姻の解消を契機としてなされるものではあっても、現に存した夫婦共同生活関係を最終的に規整するものともいうべく、かつこれによって直接第三者の権利に影響を及ぼすものではないから、内縁についても、これを認めるのが相当である。この点に関し、内縁配偶者の相続権の有無が、権衡上一応考慮されるが、右相続権の有無は当然他の相続人の権利に影響を及ぼす関係上、その地位の公示が望まれる点において財産分与請求権とは異る面を有するから、内縁配偶者の相続権が否定せらるべきであるとしても、同様にその財産分与請求権が否定せられるべきであるとの論拠にはならない。」と判示しています。

したがって、相談者が、内縁関係にある相手方との内縁関係解消を求める場合であっても、内縁関係継続中に両当事者の協力のもとに形成された財産が存在する場合には、財産分与の請求ができますので、相談者に財産分与請求の意思があるかどうかの確認をしなければなりません。内縁関係の場合の清算的財産分与対象財産の検討の方法は、基本的には、離婚時の財産分与と同様です。ただし、重婚的内縁の場合（内縁とは別に法律婚も存在する場合）には、内縁関係にある両当事者の協力関係のもとに財産形成がなされたとみることができるかが問題になることが多いと考えられ、法律婚・内縁関係の各実態を踏まえて財産分与が認められるべきか否かを検討すべきことになります。

ケーススタディ

Q 先日、内縁関係にあった夫が死亡しました。内縁関係ですと、私は、夫の相続人にはなれないと聞きましたが、生前時の内縁関係解消時と同様に、財産分与の

規定を類推適用することで財産分与請求権を認めてもらうことはできないのでしょうか。

A　この点については、かつて、下級審では、類推適用を認める判例と認めない判例の両方がありましたが、最高裁平成12年3月10日決定（判時1716・60）が、内縁配偶者死亡による内縁関係解消には民法768条の類推適用は認めないと判断し、この問題についての決着を付けました。最高裁は、類推適用を認めない理由について、「民法は、法律上の夫婦の婚姻解消時における財産関係の清算及び婚姻解消後の扶養については、離婚による解消と当事者の一方の死亡による解消とを区別し、前者の場合には財産分与の方法を用意し、後者の場合には相続により財産を承継させることでこれを処理するものとしている。このことにかんがみると、内縁の夫婦について、離別による内縁解消の場合に民法の財産分与の規定を類推適用することは、準婚的法律関係の保護に適するものとしてその合理性を承認し得るとしても、死亡による内縁解消のときに、相続の開始した遺産につき財産分与の法理による遺産清算の道を開くことは、相続による財産承継の構造の中に異質の契機を持ち込むもので、法の予定しないところである。また、死亡した内縁配偶者の扶養義務が遺産の負担となってその相続人に承継されると解する余地もない。」と判示しています。

したがって、あなたには、死亡した内縁の夫についての財産分与請求権は発生しないこととなります。

2 夫婦名義財産の検討

(1)　特有財産・共有財産・実質的共有財産
(2)　別居時に一方当事者が持ち出した財産の取扱い
(3)　一方当事者名義の事業用財産

(1)　特有財産・共有財産・実質的共有財産

離婚に伴う清算的財産分与の対象財産となるのは、1 (3)で説明した基準時（原則

として別居時です。）において存在する「当事者双方がその協力によって得た財産」であり（民768③）、具体的には、夫婦の財産から夫婦それぞれの特有財産を除外した財産ということになります。

　財産分与について相談を受けた場合、まずは、夫婦いずれかの名義あるいは共有名義になっている財産を把握します。家具・電気製品等の名義が明示されない財産についても把握します。なお、第三者名義であっても清算的財産分与の対象財産になり得る財産があることについては、③で解説しています。注意が必要です。

　その上で、以下の解説に従って、その取得原因を特定し、清算的財産分与の対象財産になるか否かの仕分けをしていきます。

　具体的には、分与対象財産性を検討するに当たり、夫婦の財産を「特有財産」・「共有財産」・「実質的共有財産」の3つに分けて考えるのが通説です。

◆特有財産（固有財産）

　夫婦の一方が、①婚姻前から所有していた財産、②婚姻中に相続・贈与等相手方とは無関係に取得した財産、③婚姻後に購入した物ではあるけれども、衣服等明らかに夫婦の一方の専用品として使用されている物は、「特有財産」として扱われ、原則として、清算的財産分与の対象財産にはなりません。妻が婚姻時に持参したいわゆる嫁入り道具も「特有財産」として取り扱います。「特有財産」については、「固有財産」と表現することもあります。

　実務上、ある財産が特有財産か否かで争いになることがしばしばあります。

　例えば、妻の両親が婚姻後妻に対して夫婦が円満な共同生活を送るために行った贈与が妻の特有財産か否かという形で争われることがありますが、このような贈与については、名義上は一方への贈与であっても実質的には夫婦双方への贈与とみて分与対象財産として考慮すべき場合も多いと考えられます（大津千明『離婚給付に関する実証的研究』115頁（日本評論社、1990）、山本拓「清算的財産分与に関する実務上の諸問題」家庭裁判月報62巻3号5頁（2010））。

　ほかに、裁判で特有財産性が争われた例としては、交通事故の人身傷害の賠償金・保険金があります。大阪高裁平成17年6月9日決定（家月58・5・67）は、「財産分与の対象財産は、婚姻中に夫婦の協力により維持又は取得した財産であるところ、上記保険金のうち、傷害慰謝料、後遺障害慰謝料に対応する部分は、事故により受傷し、入通院治療を受け、後遺障害が残存したことにより相手方が被った精神的苦痛を慰謝するためのものであり、抗告人が上記取得に寄与したものではないから、相手方の特有財産というべきである。これに対し、逸失利益に対応する部分は、後遺障害がなかったとしたら得られたはずの症状固定時以後の将来における労働による対価を算出して現在

の額に引き直したものであり、上記稼働期間中、配偶者の寄与がある以上、財産分与の対象となると解するのが相当である。」として、分与義務者が交通事故によって取得した損害保険金のうち、症状固定日から離婚調停成立の前日までの期間に対応する逸失利益のおおむね2分の1の分与を命じました。

　また、夫婦の一方の特有財産であっても、他方の配偶者がその価値の減少を防止し、その維持に寄与した場合には、例外的に財産分与の対象になり得ます。

　東京高裁昭和55年12月16日判決（判タ437・151）は、婚姻後に夫（控訴人）がその父から贈与された借地権について、「本件借地権は、控訴人が昭和43年9月父から無償で譲り受けたものであるから、その取得そのものに被控訴人の寄与、貢献があったとはいえないが、その維持のために被控訴人が寄与したことが明らかである」として、借地権価格の1割について分与の対象としました。

　京都地裁平成5年12月22日判決（判時1511・131）も、「前示（二）（1）の各事実によれば、別紙物件目録1ないし5記載の土地、建物は、いずれも原告の特有財産ないしA所有の財産と認められ、清算の対象となる夫婦の実質的な共有財産とはいえない。右のような特有財産や第三者に帰属する財産は、夫婦が協力して形成した財産の潜在的持分を清算するという財産分与制度の趣旨に照らし、原則として財産分与の対象とはならないものと解するのが相当である。しかし、前示（二）（2）の各事実によれば、右各財産は被告の協力によって形成されたものとはいえないとしても、その財産の価値の減少を防止し、その維持に一定限度、寄与したことが認められる。そうすると、右（2）の各事実及びその他の一切の事情を総合すれば、原告は、被告に対し、金1,500万円を分与するのが相当というべきである。」と判示し、特有財産の一部を財産分与の対象とすることを認めました。

　また、東京高裁平成5年9月28日判決（判タ845・300）の事案は、夫婦共通の養母の相続に関して、夫が円満な夫婦関係を維持するために妻に養母所有の土地を取得させた事案ですが、「抗告人は、別紙準備書面の第1項から第3項までにおいて、原審判別紙財産目録1の（1）記載の土地は、抗告人が亡Aから相続した特有財産であって、財産分与の対象とはならないと主張する。しかし、上記引用にかかる原審判記載のとおり、相手方は、亡Aの養子として抗告人と共に2分の1の相続権があったにもかかわらず、円満な夫婦関係を維持するために遺産分割協議により抗告人に上記土地を取得させたのであり、実質的にみると、相手方は、その法定相続分たる上記土地の2分の1の持分権を抗告人に贈与することにより、抗告人の財産形成に寄与したものとみることができるから、相手方の法定相続分を限度として、夫婦財産の清算手続に組み入れるのが相当である。」と判示し、夫婦の養母の遺産分割協議により夫が妻に取得させた土地の一部を清算的財産分与の対象とすることを認めました。

特有財産性が争われたのはここに掲載する判例の事案に限りません。弁護士としては、判例の結論部分のみを機械的に記憶するのではなく、判例が、例外的に財産分与の対象となる特有財産を認めていること、そのような事案ではなぜ特有財産であっても財産分与の対象としたのかについてよく理解し、直面する具体的なケースにおいて、ある特有財産を単純に財産分与の対象外としてよいかどうかということにつき、適切に判断できる知識と感覚を身に付けることが重要です。

◆共有財産

　婚姻期間中（内縁関係が先行する場合にはその内縁関係中も含みます。終期は原則として別居時です。以下同じ。）に夫婦が取得した財産で、名義も夫婦共有の財産は、当然に分与対象財産となります。

　婚姻期間中に夫婦で居住するために夫婦共有名義で購入した自宅不動産はその典型例で、実務上もよく見受けられます。また、婚姻期間中に夫婦で使用するために購入した家具・電気製品等は、名義制度こそありませんが、当然に共有関係にあるといえます。

◆実質的共有財産

　財産の名義は夫婦の一方であるけれども、実際には、婚姻期間中に夫婦が協力して取得した財産を、実務上、実質的共有財産といい、これも清算的財産分与の対象財産となります。

　婚姻後に夫婦で居住するために夫名義で購入した自宅不動産や自家用車、婚姻後に夫婦それぞれが稼働して得た収入を原資とした預貯金で夫婦一方の名義になっているもの等がその典型です。

　婚姻期間中に取得した財産については、原則として清算の対象たる財産であるとの事実上の推定が働くとされています（渡邊雅道「財産分与の対象財産の範囲と判断の基準時」判例タイムズ1100号50頁（2002）、東京高判平7・4・27家月48・4・24）。したがって、婚姻期間中に取得した財産について、実質的共有財産であることを否定したい場合には、否定する側が積極的に、その財産取得経緯や財産を取得した原資等について主張し、特有財産であることを裏付ける証拠を準備しなければなりません。

　実務上、しばしば争われるのが、婚姻期間中に夫婦の一方がその者の名義である財産を取得したけれども、その原資が、相続等で得た特有財産（あるいはその換価代金）であるか、それとも、婚姻期間中に取得者が得た給与の貯蓄分（実質的共有財産）であるかという事案です。前掲東京高裁平成7年4月27日判決は、婚姻期間中に取得したゴルフ会員権等の取得原資が特有財産かそうでないかが争われた事案について、「…

当時の生計状況に鑑みれば、これらの購入代金の大部分は、控訴人が所持していた株式等の特有財産の売却によるものと推認できるが、給与等による蓄えの部分が含まれていないと断定できない以上、この2つのゴルフ会員権は、夫婦共有財産と見るのが相当である。ただし、購入代金の大部分が控訴人の特有財産の換価代金によったものと推認されるので、この点を財産分与に当たって斟酌する。」として、分与割合を考慮する上で、「夫婦共有財産形成には控訴人の特有財産が大きく貢献していること」を夫の取得割合を妻のそれより高く認定することについての一要素として取り上げています（この判例では財産形成についての「特有財産の貢献」以外にも、分与割合を2分の1から修正する要素を認定しているのですが、結論として、夫の取得割合を約6割4分、妻の取得割合を約3割6分と認定しています。）。特有財産が離婚時においても特有財産取得時そのままの形で残っている場合にはそれを財産分与の対象から外すことに困難を伴わないことが多いと思われますが（例えば、相続で取得した遺産を定期預金にし、離婚時までそのまま保有していた場合）、それを換価したり、換価代金で新たな資産を購入したりしている場合には、この判例の事案のように、その取得原資を厳密に特定することが困難なことが多いと思われ、そのような場合、結局のところ、資産形成についての寄与度のところで考慮することにならざるを得ません。

ケーススタディ

Q 　婚姻後、自宅を購入する際、私（妻）が独身時代に預け入れていた定期預金を解約して頭金500万円を出しました。自宅購入代金は2,500万円であり、残り2,000万円は夫が住宅ローンを組み、既に完済しています。現在、自宅の時価は1,500万円です。自宅の名義は、夫の単独名義です。私が出した頭金500万円は、財産分与を行う場合には考慮されるのでしょうか。考慮されるとして、どのように考慮されるのでしょうか。

A 　婚姻後に購入した自宅はあなたの夫の単独名義ではありますが、「実質的共有財産」として離婚時の財産分与の対象財産となります。

　あなたがいわゆる「特有財産」から500万円を出したことは財産分与額を定めるに当たって考慮することが可能だと考えられます。

　具体的には、資産形成についての寄与度が夫よりも大きいとして考慮する余地があります。具体的な考慮方法としては、まずは、①自宅以外の分与対象財産も含めてそれをどのような割合で分与するか（全体的な分与割合）を決定する際に、原則の2分の1からあなたの分与割合を多くすることが考えられます（前掲東京高判

平7・4・27等）。次に、②全体的な分与割合とは別に、自宅のみについて夫婦それぞれの寄与度や取得額を算定することも考えられます（山本拓「清算的財産分与に関する実務上の諸問題」家庭裁判月報62巻3号34頁（2010）は、特有財産からの出資が多額で、かつ、証拠上その額が具体的に明らかな場合には、公平の観点から、全体的な分与割合とは別に当該不動産について夫婦それぞれの寄与度や取得分額を算定する余地もあるとしています。）。

　仮に、②の方法であなたの500万円を考慮するとすれば、次の計算式であなたの寄与度・取得額が算出されます。なお、全体的な分与割合は、原則の2分の1とします。

【寄与度】（500万円　＋　2,000万円　×　1/2）　÷　2,500万円　＝　3/5
　　　　　　自宅不動産についての寄与度はあなた（妻）が3/5です。
　　　　　　夫の寄与度は2/5です。

【取得額】1,500万円　×　3/5　＝　900万円
　　　　　　あなた（妻）の自宅不動産についての取得額は900万円です。
　　　　　　なお、夫の取得額は、600万円です。

(2)　別居時に一方当事者が持ち出した財産の取扱い

　離婚手続に先立ち、夫婦の一方が、それまで同居していた自宅を出て別居をするケースが多く見受けられますが、別居時に出て行く側が、夫婦の実質的共有財産を持ち出すということがあります。よくあるのは、夫婦の一方が、他方名義の預金通帳とキャッシュカードを持ち出してそれを費消し、実質的共有財産である預金が財産分与実行時（離婚時）までには大きく目減りしてしまうというケースです。

　このような場合であっても、その持ち出した財産の内容が特定できれば、分与対象財産確定の基準時（通常は、1(3)で述べたとおり、別居時と考えるのが実務での原則です。）の時点で存在した実質的共有財産を分与対象財産として取り扱うことには何ら問題はありません。最終的に分与額を算定する際に持ち出した財産の金額を加味することとなります。判例では、妻から夫に対する財産分与請求が認容された事案で、妻への財産分与額を2,510万円とし、妻が既に持ち出した財産のうち2,510万円を超過する1,100万円を逆に夫に支払うよう命じたものがあります（前掲東京高判平7・4・27）。

　別居時に実質的共有財産を他方に無断で一方が持ち出すことが不法行為にならないかということが争われることがあります。実際に、夫側から相談を受けると、「家を出て行った妻が通帳とキャッシュカードを持ち出して許せない。」などと立腹されてい

る方がいます。この点、東京地裁平成4年8月26日判決（判タ813・270）は、「夫婦の一方が婚姻中に他方の協力の下に稼働して得た収入で取得した財産は、実質的には夫婦の共有財産であって、性質上特に一方のみが管理するような財産を除いては、婚姻継続中は夫婦共同で右財産を管理するのが通常であり、婚姻関係が破綻して離婚に至った場合には、その実質的共有関係を清算するためには、財産分与が予定されているなどの事実を考慮すると、婚姻関係が悪化して、夫婦の一方が別居決意して家を出る際、夫婦の実質的共有に属する財産の一部を持ち出したとしても、その持ち出した財産が将来の財産分与として考えられる対象、範囲を著しく逸脱するとか、他方を困惑させる等不当な目的をもって持ち出したなどの特段の事情がない限り違法性はなく、不法行為とならないものと解するのが相当である。」と判断し、夫から妻に対する不法行為に基づく損害賠償請求を否定しました。

　このように、別居時の一方当事者による共有財産の持ち出しは、最終的に財産分与において清算処理を行うことが実務での通常の取扱いです。

アドバイス

〇別居後の生活費に不安がある場合

　別居後の生活費に不安がある場合に、家を出る一方当事者が他方名義の預貯金を名義者に無断で持ち出して別居後の生活費に費消するというケースがたまに見受けられます。

　この点、財産分与で考慮できる場合には原則として不法行為にはならないとの判例がありますが（前掲東京地判平4・8・26等）、持ち出すことが紛争激化の要因になってしまうことがありますので、可能であれば、避けた方が賢明です。

　別居後の生活費については、原則として、婚姻費用分担の問題として解決することが予定されていますので、別居後、速やかに婚姻費用分担請求をすべきです。当事者間で分担について合意ができない場合には、家庭裁判所に婚姻費用分担請求の調停の申立てを行います。

(3)　一方当事者名義の事業用財産

　夫婦の一方当事者が営む事業あるいは夫婦共同で営む事業に関して購入した一方当事者名義の事業用財産についても、婚姻期間中に購入した場合には、(1)で述べたとおり、原則として、実質的共有財産であると推定され、分与対象財産となります。

　ただし、その取得原資が、相続した預金であるとか、相続物件を換価して得た金員で取得したなどの事情があれば、分与対象財産にはなりません。

また、夫婦の生活実態・収入や資産の管理方法等からして、その事業用財産については その取得者のみの所有に帰属するとの合意があったと認められる場合にはその事業用財産は与対象財産とはなりません。判例では、童話作家である妻が画家である夫に対して財産分与を求めた事案において、双方が婚姻前からそれぞれ作家、画家として活動しており、婚姻後もそれぞれが各自の収入、預貯金を管理し、必要な時に夫婦の生活費を支出するという形態をとっていたことが認められ、一方が収入を管理するという形態、あるいは夫婦共通の財布というものがないので、婚姻中から、それぞれの名義の預貯金、著作物の著作権についてはそれぞれの名義人に帰属する旨の合意があったと解するのが相当であり、各個人名義の預貯金、著作権は清算的財産分与の対象財産とはならないと判断したものがあります（東京家審平6・5・31家月47・5・52）。

3 第三者名義財産の検討

> (1) 第三者名義財産の分与対象性の検討が必要な場合
> (2) 子供名義の財産
> (3) 家族共同経営により形成された夫婦以外の親族名義の財産
> (4) 法人名義の財産

(1) 第三者名義財産の分与対象性の検討が必要な場合

第三者名義の財産であっても、夫婦の実質的共有財産と評価できる場合には、清算的財産分与の対象として取り扱い、清算的財産分与の対象財産の価額の総額を算出する際に算入することとなります。

実務上、よく問題になるのは、子供名義の預金（(2)で解説します。）、夫婦が他の親族（よくあるのは夫の親）が行う個人事業の経営に関与している場合の他の親族名義の資産（(3)で解説します。）や、夫婦が経営に関与する法人名義の資産（(4)で解説します。）の取扱いです。

以下で説明するとおり、第三者名義の財産であっても、清算的財産分与の対象になる財産もあります。弁護士としては、財産分与の相談を受けた際、夫婦の名義の財産だけではなく、子供等の第三者名義の財産の中にも清算的財産分与の対象財産がないかに注意をしなければなりません。

(2) 子供名義の財産

　財産分与が問題となる事案では、夫婦名義の財産だけではなく、子供名義の財産の有無についても依頼者から聴き取りを行いましょう。

　特に、子供が生まれると、子供名義で預金口座を作成し、将来の教育資金等に備え、夫婦の収入を原資としてその預金口座に貯蓄をしていくことがよく行われています。夫婦の収入を原資とする子供名義の預金口座が存在する場合、子供が未成年であり、その預貯金の管理（通帳・キャッシュカード・銀行届出印の保管や入出金手続等）を子供が行うのではなく、親が行っていれば、その口座の預金が子供に帰属している（子供の固有財産）とは言い難く、夫婦の実質的共有財産として、清算的財産分与の対象になります。

　原資が夫婦の収入だったとしても、既に子供に管理権限が移っている場合には、子供の固有財産として取り扱い、清算的財産分与の対象にはなりません。

　また、子供名義の預金口座の預金原資が、子供自身が親族等から受領したお年玉や祝い金、子供自身が得たアルバイト代等であれば、それは、子供自身の固有財産となり、清算的財産分与の対象にはなりません。

ケーススタディ

Q　学資保険は、子供の教育のために掛けていることが明らかです。子供の固有財産として、清算的財産分与から外すことはできないのでしょうか。

A　未成年の子の親権者になられる方からよく受ける質問ですが、学資保険は、他の貯蓄性の保険と性質自体は変わりがありませんから、審判・判決になった場合には、学資保険も清算対象とせざるを得ません（「第5章第2　6」参照）。

　もっとも、示談・調停・和解においては、柔軟な解決が可能であることから、学資保険については、子の教育目的のためであることを重視し、財産分与での清算対象とはせずに、非親権者から親権者に名義変更をする旨の合意をすることも行われています（二宮周平＝榊原富士子『離婚判例ガイド〔第3版〕』119頁（有斐閣、2015））。

　このように、調停等の話合いで解決するメリットの1つに、個別の事情に応じた柔軟な合意形成が可能な点が挙げられます。代理人としては、審判・判決になった場合の見通しを踏まえ、調停等の話合いで解決する方が依頼者のメリットが大きい場合には、依頼者の理解を得ながら、粘り強く話合いを継続することが重要です。

(3)　家族共同経営により形成された夫婦以外の親族名義の財産

　夫婦がその一方の親族（よくあるのは夫の親）が営む家業（農業等）に従事していることがあります。そのような場合、事業を営む親族から夫婦に対して正当な対価が支払われることがなく、専ら事業を営む親族名義の財産が形成され、結局、婚姻中には夫婦名義の財産が全く形成されなかった、あるいはほとんど形成されなかったというケースがあります。

　そのようなケースでは、公平の見地から、婚姻後、家業に従事した期間に親族名義で形成された財産の一部分を夫婦の実質的共有財産部分として評価し、清算的財産分与の対象とすべきだと考えられています（大津千明『離婚給付に関する実証的研究』116頁（日本評論社、1990））。

　親族名義の財産を分与対象財産として取り扱うことができるといっても、それは分与対象財産として評価対象に含めるということであり、親族名義の財産を現物分与することはできませんから、財産分与の方法としては、金銭給付の方法によらざるを得ないでしょう。

　熊本地裁八代支部昭和52年7月5日判決（判時890・109）は、「原被告は結婚後は被告の父A経営名義にかかる畜産業に従事していたのであるが〔中略〕原被告の稼働分は全てAの収入となり、婚姻中双方の協力で得た原被告名義の財産は存しないこと、もっとも婚姻後被告名義で取得したことになっている桑畑五町歩があるが、右は被告、その両親らが相談のうえ他から資金を借りて購入したものを偶々被告名義にしたものにすぎないことが認められ、右事実によれば、原被告が婚姻後双方の協力によって取得した、清算の対象となるべき原被告名義の財産は存しないものといえないではない。しかしながら、財産分与の対象となる財産は、夫婦が婚姻後双方の協力によって取得した財産であって現に法律上いずれかの名義に属するもののみではなく、法律上は第三者に属する財産であっても右財産が婚姻後の夫婦の労働によって形成もしくは取得されたものであって、かつ、将来夫婦の双方もしくは一方の財産となる見込の十分な財産も含まれると解するのが相当である。」として、婚姻後に形成された父A名義の財産のうち夫婦の労働寄与分については財産分与での清算対象とすべきであるとして、賃金センサスに基づく平均賃金から生活費を控除した残金を清算的財産分与対象財産と評価してその対象財産のほぼ半額が夫から妻に対する財産分与として相当であると認定しました。

　正当な対価が支払われているケースであれば、専ら夫婦名義の財産として基準時にどれだけの財産が存在するかを検討すれば足りるのであり、親族名義の財産を考慮す

ることはできません。

(4) 法人名義の財産

　夫婦の一方又は双方が経営に関与する法人が存在する場合、法人と夫婦個人とは別人格であることから、その法人財産は、財産分与の対象とならないのが原則です。

　しかしながら、法人名義の財産であっても、その一部分を夫婦の協力によって形成された実質的共有財産と認定できる場合には、その部分を清算的財産分与の対象たる財産に含める余地があると考えられています（例えば、前掲・大津116頁は、「会社とはいっても名目だけで実態は夫の個人経営の域を出ず、実質上夫の資産と同視できる場合には、公平の観点から夫の資産として評価し、分与の対象に含める必要がある。」としています。）。

　法人名義の財産を分与対象財産として取り扱うことができるといっても、それは分与対象財産として評価対象に含めるということであり、第三者名義の財産を現物分与することはできませんから、分与方法としては、金銭給付の方法にならざるを得ないでしょう。

　判例でも、会社名義の財産を財産分与の対象として認めたものがしばしば見受けられます。例えば、広島高裁岡山支部平成16年6月18日判決（判時1902・61）は、「A社は、一審原・被告が営んできた自動車販売部門を独立させるために設立され、B社は、一審原・被告が所有するマンションの管理会社として設立されたものであり、いずれも一審原・被告を中心とする同族会社であって、一審原・被告がその経営に従事していたことに徴すると、上記各会社名義の財産も財産分与の対象として考慮するのが相当である。」として、上記各会社名義の資産も財産分与対象と認定しました（寄与率は5割）。

　また、財産分与額を算出するにつき、夫の地位（有限会社経営者の地位）を考慮することができるとした判例もあります。水戸地裁昭和51年7月19日判決（判タ347・276）は、「財産分与の点については、前認定の諸事情、特に原告は長期間A屋の営業のため働き、手当として受領したものはあるけれどもほとんど原告夫婦と3人の子の生活費に充てていたこと、有限会社A屋支店の規模は前叙のとおりであるところ、その営業収益は、原告の労働の寄与分（手当を超えて）があったものと考えられるところ、被告Yは有限会社A屋支店の社員（社長）であるBの長男として、いずれはこれを承継し得る地位にあるのに対し、原告の右寄与分を原告に還元するには財産分与の手段しかなく、これがまさに民法が財産分与を認めた趣旨と解されるので、被告Yの右地位を財産分与の額を定めるに当たって考慮すべき事情となし得る」としています。

もっとも、実際には、法人名義の財産のうちのどの部分が夫婦の実質的共有財産であるかの認定は容易ではありません。夫婦が経営に関与する法人の株式・出資持分をいずれかの名義で保有する場合には、基本的には、その株式等を分与対象財産として評価し、財産分与において考慮するべきでしょう（沼田幸雄「財産分与の対象と基準」野田愛子＝梶村太市編『新家族法実務大系〔1〕親族〔I〕婚姻・離婚』493頁（新日本法規出版、2008））。この場合、小規模かつ閉鎖会社の株式評価の困難性等を理由に株式を現物分与せざるを得ないケースもあり得るとの見解もあります（山本拓「清算的財産分与に関する実務上の諸問題」家庭裁判月報62巻3号7頁（2010））。現物分与でもやむを得ないケースも皆無ではないのかもしれませんが、現物分与ですと、換価の問題が残りますし、小規模会社では配当がなされず、過半数に満たない株式を有していても経済的な価値が実質的にはないことが多く、現物分与では清算の目的を達成することもできないことが多いでしょう。また、離婚後も夫婦が小規模会社の株式を持ち合うことになれば、新たに会社の経営をめぐる紛争を生む可能性もあり、決して望ましいことではありません。結局、この場合の分割方法も金銭給付が相当だと思われます。審判や訴訟とは異なり、示談・調停では柔軟な解決も可能ですから、弁護士としては、可能な限り示談や調停等での金銭解決を目指すべきです。

4 債務の考慮

（1）　考慮される債務の範囲
（2）　財産分与において考慮すべき債務がある場合の分与対象財産額
　　　の計算

（1）　考慮される債務の範囲

◆財産分与と債務

夫婦で共同生活を送っていれば、積極財産が形成されるばかりではなく、債務が発生することもあります。その典型が、自宅不動産を購入する際に組む住宅ローンです。婚姻後に発生した消極財産たる債務は、財産分与でどのように考慮されるべきでしょうか。

清算的財産分与はあくまで積極財産を清算するものであるとか、民法が夫婦別産制（民762）を採用している以上、夫婦それぞれがその名義で負担した債務については夫婦それぞれの債務であって（日常家事債務以外は）清算対象とはならないなどとして、夫婦それぞれが負担した債務については清算の対象とならないとの考え方もありますが、現在の実務では、財産分与の趣旨を踏まえ、実質的に夫婦が共同で負担すべき債務については清算的財産分与の対象として考慮することとされています。

もっとも、債務が財産分与において考慮されるといっても、婚姻後に発生した債務であれば無限定に清算対象となるのではなく、ギャンブルのための借入れや他人の債務の連帯保証によって負った債務等、夫婦共同生活の維持のためにおおよそ無縁の債務については清算の対象とはなされません。

つまり、清算的財産分与において当該債務が対象となるか否かは、債務の内容や発生原因等によって異なるのです。

実務上よくあるのは、夫婦が婚姻後に購入した住宅ローンが残ったままの状態で離婚に至るケースであり、財産分与において、債務の取扱いについては無視することができない重要な課題となっており、離婚を取り扱う弁護士としては、債務の取扱いについては十分に理解しておくことが欠かせません。

なお、債務に関しては、「第5章第3」でも1項目を設けて解説していますので、そちらも参照してください。

◆日常家事債務（民761）

民法761条は、「夫婦の一方が日常の家事に関して第三者と法律行為をしたときは、他の一方は、これによって生じた債務について、連帯してその責任を負う。ただし、第三者に対し責任を負わない旨を予告した場合は、この限りでない。」と定めており、夫婦の一方が「日常家事」の範囲内で負った債務については、他の一方も対外的に連帯責任を負うことになります。「日常家事」の範囲について、最高裁昭和44年12月18日判決（判時582・58）は、「民法761条にいう日常の家事に関する法律行為とは、個々の夫婦がそれぞれの共同生活を営むうえにおいて通常必要な法律行為を指すものであるから、その具体的な範囲は、個々の夫婦の社会的地位、職業、資産、収入等によって異なり、また、その夫婦の共同生活の存する地域社会の慣習によっても異なるというべきであるが、他方、問題になる具体的な法律行為が当該夫婦の日常の家事に関する法律行為の範囲内に属するか否かを決するにあたっては、同条が夫婦の一方と取引関係に立つ第三者の保護を目的とする規定であることに鑑み、単にその法律行為をした夫婦の共同生活の内部的な事情やその行為の個別的な目的のみを重視して判断すべきで

はなく、さらに客観的に、その法律行為の種類、性質等をも充分に考慮して判断すべきである。」と判示しています。この基準に照らせば、日常の家事に関する法律行為には生活必需品の購入、電気・ガス・水道の供給契約、マンション・アパートの賃貸借契約、家族の保健医療、娯楽、未成熟子の教育・養育に関する法律行為などが含まれるとされます（棚村政行「離婚の際の財産分与と債務の取り扱い」判例タイムズ1269号18頁（2008））。

　日常家事債務については、離婚によっても対外的な責任（連帯債務）の性質が変わるわけではありませんが、一方当事者が弁済をした場合には、財産分与の際にその内部負担割合を考慮することはあり得ます。特段の合意がなければ、原則として負担割合は2分の1ですが、例外的にそれぞれの職業、収入、資産、社会的地位、債務の具体的使途等を考慮して具体的に妥当な負担割合を導き出すことはあり得るところです（惣脇美奈子「離婚と債務の清算」判例タイムズ1100号54頁（2002））。東京家裁昭和61年6月13日審判（家月38・10・33）は、妻が生活費の不足分を補うために夫に無断で消費者金融業者から借入れを重ね、親族からも借入れを行ったケースについて、借金が膨大化したことについては妻の責任の方が大きいとして、妻の責任を7割、夫の責任を3割と認定しました。このように、生活費の補塡のための債務であっても、高利の消費者金融から漫然と借入れをした場合には、実際に借入れをした者の責任割合を高く認定すること等があり得ると考えられます。

◆夫婦共同生活維持のために生じた債務

　日常家事債務には必ずしも該当しないけれども、夫婦共同生活維持のために生じたといえる債務についても財産分与の対象としてもよいと考えられます（松谷佳樹「財産分与と債務」判例タイムズ1269号7頁（2008））。

◆婚姻後の資産の形成あるいは維持に関連して生じた債務

　住宅ローン・自動車ローン・リフォームローン等、夫婦共同生活のための資産（実質的共有財産）の形成やその維持に関連して夫婦の一方が負った債務は、その対価として得た積極財産を財産分与の対象とする限りは、そのために負った債務についても当然に清算的財産分与の対象となると考えられています（松谷・前掲7頁）。

　判例も、資産形成のための債務については積極財産から債務額を控除して清算的財産分与の算定を行っています（住宅ローンが残っているケースについての東京地判平12・9・26判タ1053・215等）。

(2) 財産分与において考慮すべき債務がある場合の分与対象財産額の計算

　財産分与において考慮すべき債務（消極財産）がある場合、分与対象財産総額の計算をする際にどのように処理すべきでしょうか。

　実務では、積極財産額から考慮すべき債務額（消極財産）を控除し、その余を分与対象財産額とし、それに分与割合（寄与度）を乗じて、夫婦それぞれの取得金額を算出して具体的な取得額や分与方法を調整するのが通常の方法です（名古屋家審平10・6・26判タ1009・241等）。

　債務の額が積極財産の額を上回る場合、つまり、債務超過の場合にはどのような処理をすればよいかが問題となります。実務では、債務超過の場合には、清算的財産分与請求権は発生しないと考え、一方当事者名義の債務を他方当事者に負担させるとの財産分与はしていないのが実情です（松谷・前掲7頁、秋武憲一『新版離婚調停』299頁（日本加除出版、2013））。このような実務での取扱いについては批判的な意見もあるものの、少なくとも現時点での実務では定着した処理だといわれています。もっとも、実務でのこのような取扱いが定着しているといっても、協議や調停で財産分与を検討する際に当事者双方が話合いによってその内部負担割合を合意することまでが妨げられるわけではありません。弁護士としては、債務超過のケースでその債務の処理の問題を含めて財産分与について柔軟な解決が求められる場合には、審判・判決での解決をできる限り回避し、協議や調停による解決を目指すべきです。

　ケーススタディ　

Ｑ　離婚を考えていますが、夫婦の財産としては、婚姻後購入した夫の単独名義となっている自宅マンションしかありません。時価が1,500万円で、夫が組んだ住宅ローンがまだ2,000万円残っています。私は、離婚するときに、夫からは何ももらえないということになるのでしょうか。

Ａ　住宅ローン残高がその住宅ローン対象の不動産の時価を上回る場合を「オーバーローン」といい、本件は、オーバーローンのケースです。

　　オーバーローンの不動産は、無価値であり、清算的財産分与の対象としないのが一般的な取扱いです（東京高決平10・3・13家月50・11・81）。

第2章 分与対象財産の確定　　51

　本ケースでは、ほかに積極財産もないとのことですから、結局、清算的財産分
与の対象たる積極財産はなく、あなたの夫に対する財産分与請求権はないことと
なり、判決・審判では夫からあなたに対する財産分与は認められないということ
になります。
　もっとも、調停等の話合いにおいて当事者の合意のもとに自宅や残ローンの内
部的な取扱いについて、実態に合わせて柔軟に取決めをすることは可能であり、
あなたが、自宅への居住を継続したい場合等には、話合いで解決することを目指
すことが望ましいと思われます。

5 分与対象財産の評価

---

(1)　財産評価の方法
(2)　財産評価の基準時
(3)　財産総額の計算

---

(1)　財産評価の方法

　清算的財産分与の対象たる財産内容が把握できたら、次に、その財産をどのような
方法で評価するか、つまり、評価額が問題となります。
　清算的財産分与の対象となる財産の評価方法（時価の評価方法）については、民法
等の法律で基準が定められているわけではなく、客観的にみて合理的と認められる方
法によればよいと考えられます。
　協議や調停によって財産分与についての合意をする場合には、両当事者が財産の評
価方法についても合意できなければ、最終的な合意を成立させることが難しくなりま
すが、逆に、両当事者で評価方法について合意さえできれば、（税務上の問題の発生可
能性はともかくとして）どのような方法でもかまわないということになります。
　一般的に妥当とされる「客観的にみて合理的と認められる評価方法」が何であるか
は財産の種類ごとに検討する必要があります。「第5章」では、財産ごとの評価方法に
ついて詳述していますので、そちらを参照してください。

(2)　財産評価の基準時

　清算的財産分与の対象たる財産をいつの時点で評価するかという問題が財産評価の基準時の問題です。清算的財産分与の対象とすべき財産を別居時に保有していた財産として決定したとしても、実際に財産分与を行うのは離婚時であって、対象たる財産の評価が別居時と離婚時では異なるということが財産の種類によっては起こり得るので（例えば、不動産や株式は、対象たる財産内容に変動はなくともその時価は時間の経過によって変動します。）、問題となります。なお、1(3)で解説した「分与対象財産確定の基準時」の問題は、分与対象とする財産をどの時点で保有していた財産を基準とすべきかの問題であり、評価の基準時の問題とは別の問題です。

　この点、別居時に存在した財産分与の対象たる財産について、裁判時（口頭弁論終結時又は審理終結時）を基準に評価を行うのが通常です。

　もっとも、預貯金については、別居が先行する場合に財産分与の対象となるのは、特段の事情がない限り、別居時までに貯蓄されたものになりますから、別居時における預貯金残高がそのまま評価額となることは当然です。なお、もしも、別居後の預貯金の積上げについて夫婦の協力がある場合には「分与対象財産確定の基準時」自体が別居時から修正されるはずですから、その修正された時点での残高を基準とすることになります。

　また、生命保険等保険契約の解約返戻金についても、預貯金同様、特段の事情がない限り、別居時点での解約返戻金が財産分与対象となりますから、別居時における解約返戻金額がそのまま評価額になることは当然です。なお、もしも、別居後の保険料支払について夫婦の協力がある場合には「分与対象財産確定の基準時」自体が別居時から修正されるはずですから、その修正された時点での解約返戻金額を基準とすることになります。

(3)　財産総額の計算

　以上の過程を経て特定された清算的財産分与の対象たる財産の評価額を合計して、その総額を算出します。

　架空のケースを用いて、清算的財産分与の対象たる財産の財産総額の計算を例示すると、次のとおりとなります。

【計算例】

　次の例で、夫Aと妻Bが協議離婚をする場合の清算的財産分与の対象たる財産の総

第2章　分与対象財産の確定　　53

額がいくらになるかを計算してみます。

（時系列）

H12.5　　ＡＢ婚姻

Ａは会社員、Ｂは公務員

婚姻時でのＡＢの各財産は次のとおり

・Ａが預貯金元本400万円（定期預金2口、元本各200万円）

・Ｂが預貯金元本100万（定期預金）

H14.12　　Ａが婚姻後に得た給与を原資に新たに100万円の定期預金をする。

H16.6　　長女Ｃ誕生

H16.8　　Ａが婚姻前から有していた定期預金1口（元本200万円）を解約し、それを唯一の原資として自家用車を購入、名義はＡ

H16.11　　Ａが財形貯蓄を開始

Ａが生命保険に加入（保険料はＡの給与口座から引落し）

H17.5　　ＢがＣのために学資保険に加入（保険料はＢの給与振込口座から引落し）

H21.3　　3,000万円のマイホーム（マンション）を購入

その際、Ｂが婚姻後に得た給与を貯蓄していた普通預金から頭金300万円を拠出、Ａが2,700万円の住宅ローンを組む。

名義はＡＢ共有（持分Ａ：9/10、Ｂ：1/10）

H22.4　　ＢがＣ名義で銀行預金口座を開設、Ｂの収入を原資として同預金口座に貯蓄を開始

H24.8　　Ｂの実母Ｄが死亡し、ＢがＤの遺産500万円を相続、Ｂ名義の定期預金とする。

H27.4　　Ｂが離婚を決意し、Ｃを連れて自宅を出て別居開始

H28.1　　ＡＢ離婚

別居時の資産・負債状況は以下のとおりでした。

別居時の資産・負債状況を踏まえて分与対象財産を確定し、その評価額がいくらになるかを計算してみることとします。

（Ａ単独名義）

①　婚姻前から有している定期預金1口・残高200万円（元本）：Ａ－①

②　給与振込がある普通預金口座・残高150万円：Ａ－②

③ 時価5万円の自家用車：A−③

④ 婚姻後に新たに契約した定期預金1口・残高100万円（元本）：A−④

⑤ 財形貯蓄・残高250万円：A−⑤

⑥ 生命保険解約返戻金・185万円：A−⑥

⑦ 住宅ローン・残高−2,000万円：A−⑦

（B単独名義）

① 婚姻前から有している定期預金1口・残高100万円（元本）：B−①

② 給与振込がある普通預金口座・残高250万円：B−②

③ Cのための学資保険解約返戻金・50万円：B−③

④ 実母からの相続財産を定期預金にしたもの・残高500万円（元本）：B−④

（C単独名義）

① Bが開設手続・管理を行っている普通預金口座・残高30万円：C−①

（AB名義）

① 自宅マンション査定時価2,200万円（ただし、離婚時の時価も同額とする。）：A B−①

　まず、計算の前提として、上記資産・負債のうち、清算的財産分与の対象たる財産・負債を特定する必要があります。

　以下、○は財産分与対象、×は財産分与対象外を示しています。

（A単独名義）

　A−①→×

　　　　　これはAが婚姻前から有している定期預金ですから、Aの特有財産として取り扱われ、財産分与の対象にはなりません。

　A−②→○

　　　　　評価額は別居時残高の150万円です。

　A−③→×

　　　　　車は、婚姻後、夫婦の共同生活のために購入した財産ではありますが、その取得原資がAの婚姻前にしていた定期預金のみ、つまり、特有財産のみを原資として購入したことが明らかですから、自家用車についてはAの特有財産として取り扱うこととなり、財産分与の対象財産にはなりません。

　A−④→○

　　　　　評価額は別居時残高100万円です（厳密にいえば、利息も財産分与の対象財産に含まれますが、便宜上ここでは割愛します。）。

第2章　分与対象財産の確定　　55

Ａ－⑤→○

　　評価額は別居時残高250万円です（厳密にいえば、利息も財産分与の対象財産に含まれますが、便宜上ここでは割愛します。）。

Ａ－⑥→○

　　評価額は別居時を基準日とした場合の解約返戻金相当額185万円です。

Ａ－⑦→○

　　住宅ローンは、婚姻後、夫婦の共同生活のために購入したマンションのために組んだ債務であり、財産分与の対象となります。別居後のＡによるローン支払についてのＢによる貢献（寄与）が観念できなければ、評価額は、別居時残高の－2,000万円とすべきでしょう。

（Ｂ単独名義）

Ｂ－①→×

　　これはＢが婚姻前から有している定期預金ですから、Ｂの特有財産として取り扱われ、財産分与の対象にはなりません。

Ｂ－②→○

　　評価額は別居時残高の250万円です。

Ｂ－③→○

　　評価額は別居時を基準日とした場合の解約返戻金相当額50万円です。

Ｂ－④→×

　　この原資は、実母Ｄの遺産ですから、Ｂの特有財産として取り扱われ、財産分与の対象にはなりません。

（Ｃ単独名義）

Ｃ－①→○

　　Ｃ名義ではありますが、Ｃは別居時において11歳の未成年であり、預金管理もＢが行っているとのことですから、財産分与の対象財産になります。

　　評価額は、別居時残高の30万円です。

（ＡＢ名義）

ＡＢ－①→○

　　夫婦共同生活のために購入したマンションで、購入原資に特有財産が充てられていることもありませんから、その全部が財産分与の対象財産です。評価額は離婚時時価（ただし、本件では別居時時価と変わりません。）の2,200万円です。

これで財産分与の対象財産の内容とそれぞれの評価額の把握ができましたので、財産分与対象となる財産の総額を計算してきましょう。

（財産分与の対象財産の総額算出のための計算式）

150万円（A－②）　＋　100万円（A－④）　＋　250万円（A－⑤）＋　185万円（A－⑥）　＋　250万円（B－②）　＋　50万円（B－③）　＋　30万円（C－①）　＋　2,200万円（AB－①）　－　2,000万円（A－⑦）　＝　<u>1,215万円（分与対象財産総額）</u>

　AB夫婦の場合、1,215万円が清算的財産分与対象財産の総額となります。

　財産の総額が算出できたら、次に問題となるのは分与割合です。分与割合をどのように考えればよいかについては、「第3章」で解説します。

アドバイス

〇財産分与の主張整理

　財産分与については、各家庭裁判所が当事者に対して主張整理に役立つ主張整理表の書式を提供するなどして、審理の充実・効率化のための工夫をしています。

　例えば、東京家庭裁判所では、離婚訴訟で財産分与の申立てがあった場合にその進行に応じて、当事者に「婚姻関係財産一覧表」を提出するよう要請しています。この一覧表は、東京家庭裁判所のウェブサイトに掲載されています。

　この書式は、人事訴訟で利用されているとのことですが、調停や審判でも十分活用の余地があると思われますし、依頼者との早期段階での打合せでも、この書式を手元に置き、書式の内容を意識しながら聴き取りを行う際に活用できると思われます。

【参考書式4】　婚姻関係財産一覧表（ひな形）

【参考書式5】　婚姻関係財産一覧表（初回作成例）

【参考書式6】　婚姻関係財産一覧表（完成例）

第2章　分与対象財産の確定　　57

【参考書式4】　婚姻関係財産一覧表（ひな形）

平成○○年（家ホ）第○○号　　　　　　　　　　　　　　　　　　（別紙）

婚 姻 関 係 財 産 一 覧 表 （ひな形）

平成○○年○月○日　　○○作成

原告名義の資産・負債（基準時・平成○○年○○月○○日）

番号	項目		原告主張額	証拠	被告主張額	証拠	備考
1	不動産						
1-1	（不動産の地番等を記載）		（現在の時価額を記載）		（左と同じ。以下同じ）		（特有財産の主張等，特記事項を記載）
1-2							
2	預貯金						
	金融機関名	種目・口座番号					
2-1	（銀行・支店名等を記載）	（預貯金の種類・口座番号を記載）	（基準時の残高を記載）				
2-2							
3	生命保険						
	保険会社	種別・証券番号					
3-1	（保険会社名を記載）	（保険の種類・証券番号を記載）	（基準時の解約返戻金相当額を記載）				
4	退職金						
4-1	（会社名，入社年月を記載）		（基準時における退職金額を同居期間で按分した額等を記載）				
5	株式						
	銘柄	数量					
5-1	（銘柄を記載）	（株数を記載）	（現在の時価を記載）				
6	負債						
	金融機関名						
6-1	（銀行・支店名等を記載）	（住宅ローンについては，不動産との関連を明記）	（基準時の残高をマイナス符号をつけて記載）				
	原告名義の資産・負債の合計		￥0		￥0		

第2章　分与対象財産の確定

被告名義の資産・負債（基準時・平成○○年○○月○○日）

番号	項目		原告主張額	証拠	被告主張額	証拠	備考
1	不動産						
1-1	（不動産の地番等を記載）		（現在の時価額を記載）				（特有財産の主張等，特記事項を記載）
1-2							
2	預貯金						
	金融機関名	種目・口座番号					
2-1	（銀行・支店名等を記載）	（預貯金の種類・口座番号を記載）	（基準時の残高を記載）				
2-2							
3	生命保険						
	保険会社	種別・証券番号					
3-1	（保険会社名を記載）	（保険の種類・証券番号を記載）	（基準時の解約返戻金相当額を記載）				
4	退職金						
4-1	（会社名，入社年月を記載）		（基準時における退職金額を同居期間で按分した額等を記載）				
5	株式						
	銘柄	数量					
5-1	（銘柄を記載）	（株数を記載）	（現在の時価を記載）				
6	負債						
	金融機関名						
6-1	（銀行・支店名等を記載）	（住宅ローンについては，不動産との関連を明記）	（基準時の残高をマイナス符号をつけて記載）				
	被告名義の資産・負債の合計		¥0		¥0		
	原告名義・被告名義の資産・負債の合計		¥0		¥0		

（東京家庭裁判所ウェブサイトより転載）

第2章　分与対象財産の確定

【参考書式5】　婚姻関係財産一覧表（初回作成例）

平成○○年（家ホ）第○○号　　　　　　　　　　　　　　　　　　　　（別紙）

婚　姻　関　係　財　産　一　覧　表（初回作成例）

平成○○年○月○日　原告作成

原告名義の資産・負債（基準時・平成○○年○○月○○日）

番号	項目		原告主張額	証拠	被告主張額	証拠	備考
1	不動産						
1-1	東京都○区○○○丁目○番地の建物の原告持分2分の1		￥15,000,000	甲1，2			
2	預貯金						
	金融機関名	種目・口座番号					
2-1	○○銀行○○支店	定期預金・○○○○○○	￥300,000	甲3，4			130万円のうち100万円は，婚姻前からの預金であり，原告の特有財産【原告・準備書面(1)p5】
3	生命保険						
	保険会社	種別・証券番号					
3-1	○○共済	個人年金・○○○○号	￥1,000,000	甲5			
4	負債						
	金融機関名						
4-1	○○銀行○○支店		￥－1,500,000	甲6			
	原告名義の資産・負債の合計		￥14,800,000				

被告名義の資産・負債（基準時・平成○○年○○月○○日）

番号	項目		原告主張額	証拠	被告主張額	証拠	備考
1	不動産						
1-1	東京都○区○○○丁目○番の土地		￥39,000,000	甲1，2			
1-2	東京都○区○○○丁目○番地の建物の被告持分2分の1		￥15,000,000	甲1，2			
2	預貯金						
	金融機関名	種目・口座番号					
2-1	○○銀行○○支店	普通預金	不明				
3	生命保険						
	保険会社	種別・証券番号					
3-1	○○生命保険	終身保険	不明				

4	退職金						
4-1	会社名：株式会社○○ 入社：平成○○年○月		不明				

5	株式						
	銘柄	数量					
5-1	○○商事	不明	不明				

被告名義の資産・負債の合計				

原告名義・被告名義の資産・負債の合計				

＊この記載例は，原告が財産分与の申立てをしている事案において，原告が，裁判所から作成の指示を受けた後，初回に作成する一覧表を想定したものです。

（東京家庭裁判所ウェブサイトより転載）

第2章　分与対象財産の確定　　61

【参考書式6】　婚姻関係財産一覧表（完成例）

平成○○年（家ホ）第○○号　　　　　　　　　　　　　　　　　（別紙）

婚 姻 関 係 財 産 一 覧 表（完成例）

原告名義の資産・負債（基準時・平成○○年○○月○○日）

番号	項目		原告主張額	証拠	被告主張額	証拠	備考
1	不動産						
1-1	東京都○区○○○丁目○番地の建物の原告持分2分の1		¥15,000,000	甲1	¥15,000,000		
2	預貯金						
	金融機関名	種目・口座番号					
2-1	○○銀行○○支店	定期預金○○○○○○○	¥300,000	甲2, 3	¥1,300,000	甲2	130万円のうち100万円は，婚姻前からの預金であり，原告の特有財産【原告・準備書面(1)p5】
3	生命保険						
	保険会社	種別・証券番号					
3-1	○○共済	個人年金○○○○○○○○号	¥1,000,000	甲4	¥1,000,000		
4	負債						
	金融機関名						
4-1	○○銀行○○支店		¥-1,500,000	甲5	¥-1,500,000		
	原告名義の資産・負債の合計		¥14,800,000		¥15,800,000		

被告名義の資産・負債（基準時・平成○○年○○月○○日）

番号	項目		原告主張額	証拠	被告主張額	証拠	備考
1	不動産						
1-1	東京都○区○○○丁目○番の土地		¥39,000,000	甲6	¥0	乙1～3	被告が相続したものであり，被告の特有財産【被告・準備書面(2)p4】
1-2	東京都○区○○○丁目○番地の建物の被告持分2分の1		¥15,000,000	甲4	¥15,000,000		
2	預貯金						
	金融機関名	種目・口座番号					
2-1	○○銀行○○支店	普通預金○○○○○○○	¥3,400,000		¥3,400,000	乙4	
2-2	○○銀行○○支店	普通預金○○○○○○○	¥900,000	乙5	¥0	乙5, 6	婚姻前からの預金であり，被告の特有財産【被告・準備書面(2)p5】

第2章　分与対象財産の確定

3	生命保険						
	保険会社	種別・証券番号					
3-1	○○生命保険	終身保険　○○○○○○○号	¥2,300,000		¥2,300,000	乙7	

4	退職金						
4-1	会社名：株式会社○○ 入社：平成○○年○月		¥30,000,000		¥30,000,000	乙8	

5	株式						
	銘柄	数量					
5-1	○○商事	100株	¥560,000		¥560,000	乙9	
5-2	○○電力	250株	¥250,000	乙10	¥0	乙10, 11	被告が相続したものであり，被告の特有財産【被告・準備書面(2)p6】

6	負債						
	金融機関名						
6-1	○○銀行○○支店	1-2の建物の住宅ローン	¥-18,000,000	甲5	¥-20,000,000	乙12	基準時後は原告が返済している【原告・準備書面(3)p4】

被告名義の資産・負債の合計	¥73,410,000	¥31,260,000	

原告名義・被告名義の資産・負債の合計	¥88,210,000	¥47,060,000	

＊この完成例は，原告と被告が一覧表(ひな形)に交互に加筆，整理を重ねて最終的に完成した一覧表を想定したものです。

(東京家庭裁判所ウェブサイトより転載)

第 3 章

取得分額の算定と
分与方法の決定
（清算的財産分与を中心に）

64

＜フローチャート～取得分額の算定と分与方法の決定＞

1　分与割合の確定　※原則は2分の1ずつ

2分の1ルール適用を修正すべき諸事情の有無の検討

修正すべき事情がない場合　修正すべき事情がある場合
・夫婦の一方の特別な能力により財産を形成
・夫婦の一方が就業、家事を懈怠
・特有財産を原資として分与対象財産を取得
・その他分与対象財産の形成に対する寄与

2分の1　　　相当な割合に修正

2　具体的取得分額の算定

基本的な算定方法による算定

※分与対象財産の評価額の総額に確定した分与割合を乗じる。

未払婚姻費用の有無・額の検討

※主に婚姻費用の調停・審判によって解決しない場合に検討する。

慰謝料的財産分与の有無・額の検討

※主に不法行為に基づく請求によって解決しない場合に検討する。

扶養的財産分与の検討

※清算的財産分与＋慰謝料的財産分与では不十分な場合に検討する。

具体的取得分額の確定

3 具体的分与方法の決定　※金銭による即時一括払が原則的分与方法

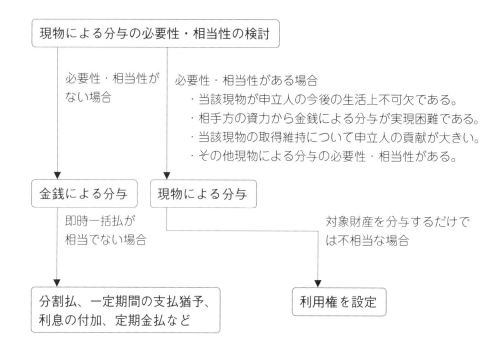

第3章　取得分額の算定と分与方法の決定　　67

1 分与割合の確定

---

(1)　分与割合の基準
(2)　2分の1ルール適用を修正すべき諸事情の有無の検討

---

(1)　分与割合の基準

　分与対象財産は、どのような割合で当事者に分配されるべきでしょうか。

　この点に関する基本的な考え方については、寄与度説と平等説との対立があります。寄与度説は、具体的事案ごとに、夫婦それぞれが財産形成に寄与した内容を検討し、その具体的寄与度を評価して分与割合を決すべきだと考えます。これに対し、平等説は、夫婦の共同生活は両性の本質的平等を基礎として成立するものであることから、財産形成に対する寄与度が経済的に同じではなくても、法的には同等の評価をすべきであり、分与割合は常に平等となると考えます。

　実務では、寄与度説に立つ判例が圧倒的に多いとされています（山本拓「清算的財産分与に関する実務上の諸問題」家月62巻3号29頁（2010）等）。

　寄与度説に立ったとしても、具体的な分配割合の認定の場面では、事実上寄与度を均等と推定する傾向が強まっており、現在の実務では、特段の事情がない限り2分の1ずつ分与するのが原則であるといってよいでしょう。この原則を以下では「2分の1ルール」といいます。

　このルールが原則化した背景には、主に妻が専業主婦である専業主婦型の事案において、家事労働が過小評価されてきたことに対する批判が受け入れられるようになってきたことや、勤労活動と家事労働、あるいは勤労活動と精神的寄与といった、性質が異なる貢献同士を比較することや評価することが困難であることなどがあります。また、法制審議会が平成8年2月26日に総会決定した「民法の一部を改正する法律案要綱」が、「各当事者の寄与の程度は、その異なることが明らかでないときは、相等しいものとする」としたことも、大きく影響したようです。

　このように、分与対象財産は、原則として2分の1ずつ分配され（2分の1ルール）、当事者の一方の寄与が大きいと認められるべき特段の事情があれば、その寄与度に応じて修正されることとなる、というのが一般的であると考えられます。したがって、実

務上は、この考え方に従って事案を処理するのがよいでしょう。

（2）　2分の1ルール適用を修正すべき諸事情の有無の検討 ‥‥‥‥

◆修正すべき諸事情

　では、2分の1ルールはどのような場合に修正されるべきでしょうか。

　2分の1ルールを修正すべき特段の事情としては、例えば、夫婦の一方の特別の努力や能力によって高額の資産が形成された場合や、不動産等の高額な財産を取得する際に夫婦の一方が原資の一部として多額の特有財産を出資した場合、夫婦の一方が勤労・家事労働を引き受けて他方がこれを行わなかった場合などが考えられます。

　夫婦の一方の特別の努力や能力によって高額の資産が形成された場合の例として、福岡高裁昭和44年12月24日判決（判時595・69）があります。同判決では、夫が病院経営者であって婚姻後に多額の財産が形成された事案について、財産分与の額は2分の1を原則とすべきとする妻の主張に対し、原則論としては2分の1ルールを是認しつつ、この事案については財産を取得したのは夫の手腕、能力によるところが大きいなどとして、2分の1を基準とすることは妥当性を欠くと判断されました。分与額については、婚姻継続期間、離婚に至った経緯、妻の年齢、双方の財産状態、妻の医業への協力の程度、子の扶養関係等諸般の事情を考慮して金2,000万円が相当であるとされました。認定された夫個人の財産額は約1億円ですが、当時としては高額な財産分与が命じられた事例として注目されました（判タ244・142）。

　次に、居住用不動産については、住宅ローンを組んで家計費から返済していることが多いですが、頭金については、夫婦の一方がその特有財産からこれを支払うことも少なくなく、このような頭金の存在は寄与度として考慮すべきでしょう（東京家庭裁判所家事第6部『東京家庭裁判所における人事訴訟の審理の実情〔第3版〕』28頁（判例タイムズ社、2012））。夫婦の一方の親などが、夫婦が分与対象財産を取得する際に、夫婦の一方に対して多額の贈与をした場合も、夫婦の一方が自己の特有財産を出資した場合と同様に考えられます。

　また、夫婦双方が、作家、画家として活動し、各自が自らの収入、預貯金を管理し、それぞれが必要な時に夫婦の生活費用を支出するという生活形態をとってきた中で、妻は約18年間専ら家事労働に従事してきた等の事実が認められるケースの分与割合について、原則的に平等であると解すべきとしながら、本件の事情のもとではこれを修正して、妻の分与割合を6、夫を4とした審判例もあります（東京家審平6・5・31家月47・5・52）。

そのほか、夫婦の一方が他方に無断で多額の浪費をした場合などが考えられます。

以上は例示ですので、2分の1ルールを修正すべき特段の事情はこれらに限られず、事案に応じて特段の事情の有無を検討する必要があります。

アドバイス

○**2分の1ルールを修正すべき諸事情の主張**

　居住用不動産購入時に、夫婦の一方がその特有財産から購入代金の頭金を支払った場合のように、特定の財産に関する事情は、その寄与を整理して主張することは比較的容易です。

　他方、夫婦の一方の特別の努力や能力によって高額の資産が形成された場合や夫婦の一方が勤労・家事労働を引き受けて他方がこれを行わなかった場合など、その寄与の対象が特定の財産のみに限られない事情については、主張に当たってもわかりやすく伝える工夫が望まれます。例えば、時系列の婚姻生活史表を作成し、分与対象財産の形成経過及び寄与・貢献の経過を一覧できるようにすることも有効です（東京家庭裁判所家事第6部・前掲28頁）。

◆諸事情の評価

　寄与度説に基づく2分の1ルールの適用・修正に当たっては、家庭生活における夫婦双方の行為を総合的に、かつ相対的に評価します（大津千明『離婚給付に関する実証的研究』136頁（日本評論社、1990）、山本・前掲30頁）。

　つまり、収入割合や家事労働だけを切り離して取り上げるべきではなく、夫婦双方の貢献を総合的に評価すべきです。したがって、共稼ぎ型の夫婦で収入に差がある場合でも、直ちに寄与度の差となるものではありません。また、夫婦の一方の家事労働を、他方配偶者の職業活動と計数的に同等に評価するべきではありません。

　また、夫婦の一方の行為のみを絶対的に評価するべきではなく、双方の行為を相対的に評価すべきです。したがって、例えば専業主婦の家事労働を女子労働者の平均賃金で評価してその余を夫の収入によるものとするように、夫婦の一方の貢献を実額的に認定し、それ以外は他方配偶者の貢献によるものだと認定することもできません。

　そのため、夫婦の一方の特別の努力や能力によって高額の資産が形成された場合であっても、夫婦双方の行為を総合的、相対的に評価する場合は、その努力や能力の発揮が他方配偶者の有形・無形の貢献なしになされたことが明らかであるような場合を除いては、直ちに寄与度の差に帰結するものではありません（山本・前掲31頁）。

第3章　取得分額の算定と分与方法の決定

ケーススタディ

Ｑ　ＡＢ夫妻には、分与対象財産としてＢの将来の退職金があり、夫婦共同生活期間中に形成された部分の退職金を分与対象とする場合、寄与度については退職金がＡではなくＢの労働の対価であることをＢに有利に斟酌すべきでしょうか。

Ａ　退職金は、Ｂによる在職中の労働の対価としての性質を有しますが、夫婦共同生活期間中に形成されたものについては、通常はＡの貢献によってＢが労働に従事したものです。したがって、この場合も、特段の事情がない限り、2分の1ずつ分与することになると考えられます（広島高判平19・4・17家月59・11・162等）。

◆修正の方法

　2分の1ルールの適用を修正する場合、個別の財産についてのみ寄与度を算出するのではなく、対象財産全体に対して全体的な分与割合を定めるべきこととなります（東京高判平7・4・27家月48・4・24）。

　ただし、夫婦の一方が居住用不動産を購入する際に頭金を自己の特有財産から支出し、その金額も明らかな場合は、当該居住用不動産についてのみ個別に寄与度を算出することもあります。

2　具体的取得分額の算定

　(1)　基本的な算定方法
　(2)　未払婚姻費用の考慮
　(3)　慰謝料的財産分与・扶養的財産分与についての考慮

(1)　基本的な算定方法

　財産分与によって取得すべき財産の具体的な価額（具体的取得分額）は、基本的に、分与対象財産の評価額の総額に分与割合を乗じて算定されます。このようにして算定

された取得分額を、以下では基本的取得分額と呼びます。

対象財産の評価額の総額 × 分与割合 ＝ 基本的取得分額

(2)　未払婚姻費用の考慮

　夫婦の一方が婚姻費用分担義務（民760）を履行しない場合、これを財産分与において考慮することができるでしょうか。

　財産分与において婚姻費用が斟酌されるかについては、常に斟酌されるという包括説、斟酌できるという限定相関説、斟酌できず別個の手続を要するという限定独立説に分かれます。理論面からは、各説においても、異なる立場が含まれ、包括説には、婚姻費用分担請求権は離婚により消滅し、以後は財産分与請求権に転化すると考える立場と、離婚によって消滅はしないけれども、包括的に解決するために財産分与に包摂されるとする立場などがあります。また、限定独立説の中には、財産分与と異なり婚姻費用は合理的に計算されるから不当利得として請求すべきだとする立場などがあります（西津佐和子「財産分与と過去の婚姻費用の分担」判例タイムズ1100号60頁（2002））。

　この点について、最高裁昭和53年11月14日判決（判時913・85）は、財産分与においては当事者双方の一切の事情を考慮すべきところ、「婚姻継続中における過去の婚姻費用の分担の態様は右事情のひとつにほかならないから、裁判所は、当事者の一方が過当に負担した婚姻費用の清算のための給付をも含めて財産分与の額及び方法を定めることができる」と判示しました。

　つまり、過去の婚姻費用は、それ自体が清算的財産分与の対象財産となるものではありませんが、その分担の態様は公平の観点から「一切の事情」として考慮され得るというのです。上記最高裁判例は、理論的理由は明らかにしていませんが、離婚後も別個の請求が可能であるが、財産分与に含めることもできるとする限定相関説に立ったものと理解されています。

　したがって、未払婚姻費用がある場合は、婚姻費用権利者である夫婦の一方の基本的取得分額に未払婚姻費用額を加算することができます（扶養的財産分与や慰謝料的財産分与が別途加算される場合があります。）。

基本的取得分額 ＋ 未払婚姻費用額 ＝ 具体的取得分額

　ただし、調停、審判等により具体的な婚姻費用分担額が既に形成されている場合には、重ねて財産分与において未払額を加算することはできないと考えられます。なぜ

なら、このような場合に財産分与において未払額を加算してしまうと、二重払を命じる結果となるからです。

逆に、財産分与において未払婚姻費用額を加算した場合に、後日審判等により婚姻費用や養育費を定めることも、同じくできないと考えられます。この場合も二重払となってしまうからです。

二重払を回避するためには、財産分与において未払婚姻費用が加算された場合、審判の理由などにおいて、その旨が明記されなければなりません。

上記最高裁判例に対し、夫婦生活が円満に推移している間の婚姻費用については、たとえ夫婦の一方が過当に婚姻費用を負担したとしても、財産分与において考慮することはできないとする高裁判例があります（高松高判平9・3・27判タ956・248）。上記最高裁判例の事案は、別居後に妻が負担した未成年の2児を含めての生活費・教育関係費の清算を求めたものですが、夫婦生活が円満に推移している間に負担した婚姻費用については、たとえ相対的に過当なものであっても、特段の事情がない限りいわば贈与の趣旨でなされ、その清算が予定されないからというのが、その理由です。

このように、夫婦の一方が、別居後離婚成立までに婚姻費用を過当に負担したにもかかわらず、別居後の婚姻費用の調停、審判などの手続がなされていない場合には、財産分与において斟酌されるよう主張・立証すべきことになります。

(3)　慰謝料的財産分与・扶養的財産分与についての考慮 ▪▪▪▪▪▪▪▪▪

以上は、夫婦が婚姻中に有していた実質上共同の財産を清算する清算的財産分与について検討したものであり、清算的財産分与は財産分与の中核です。

他方、最高裁は、財産分与の制度目的として、夫婦が婚姻中に有していた実質上共同の財産を清算分配することに加えて、離婚後における一方の当事者の生計の維持を図ることを挙げて財産分与の扶養的要素を認め、さらに、財産分与においては当事者双方における一切の事情を考慮すべきことを理由に、夫婦の一方の有責行為により離婚に至らしめたことにつき請求者の被った精神的損害を賠償すべき義務を負う場合の慰謝料的要素についても、財産分与として額及び方法を定めることができるとしています（最判昭46・7・23判時640・3）。そのため、事案によって、扶養的要素及び慰謝料的要素についての考慮が必要です。

◆慰謝料的財産分与

慰謝料的財産分与は、前掲最高裁昭和46年7月23日判決において示されたように、本

来の財産分与の目的ではありませんが、「その他一切の事情」として考慮される結果、財産分与として慰謝料の支払が命じられるものです。

　ここでは、最高裁判例の理解をもう少し深めておくことが有益です。

　そもそも、財産分与の法的性質として、実質的夫婦共有財産の清算的要素と離婚後の扶養的要素に加えて、さらに離婚による損害賠償的要素をも含み得るのかについては、議論があります。この点については、財産分与を損害賠償的要素をも含む包括的離婚給付として把握する包括説と、損害賠償請求権とは別個のものであるとして、財産分与の内容を限定的に考える限定説に分かれます。ただ、包括説の中にも、離婚慰謝料請求のみを行い、その判決を得た後に他の清算、扶養の財産分与の審判を求めることを許容する見解や、限定説の中にも、財産分与、慰謝料のいずれも相前後して申し立てることを許し、後になされた申立てについては前になされた決定を斟酌しなければならないという見解もあります。

　この点、最高裁は、まだ財産分与がなされていない段階で離婚慰謝料請求がなされ、原審がこれを認容した事案について、「権利者は両請求権のいずれかを選択して行使することもできると解すべきである。」などと判示し、離婚慰謝料請求を独立して行うことが許されない旨の上告理由を排斥しました（最判昭31・2・21判時73・18）。同判例は、財産分与がなされていない段階で、慰謝料請求のみを提起することができることを明らかにしました。

　続く前掲最高裁昭和46年7月23日判決は、既に財産分与がなされた後に、独立して離婚慰謝料請求をすることができるかどうかについて判断しました。その判示は、「離婚における財産分与の制度は、夫婦が婚姻中に有していた実質上共同の財産を清算分配し、かつ、離婚後における一方の当事者の生計の維持をはかることを目的とするものであって、分与を請求するにあたりその相手方たる当事者が離婚につき有責の者であることを必要とはしないから、財産分与の請求権は、相手方の有責な行為によって離婚をやむなくされ精神的苦痛を被ったことに対する慰謝料の請求権とは、その性質を必ずしも同じくするものではない。したがって、すでに財産分与がなされたからといって、その後不法行為を理由として別途慰謝料の請求をすることは妨げられないというべきである。」として請求を適法とした上で、続けて「もっとも、裁判所が財産分与を命ずるかどうかならびに分与の額および方法を定めるについては、当事者双方におけるいっさいの事情を考慮すべきものであるから、分与の請求の相手方が離婚についての有責の配偶者であって、その有責行為により離婚に至らしめたことにつき請求者の被った精神的損害を賠償すべき義務を負うと認められるときには、右損害賠償のための給付をも含めて財産分与の額および方法を定めることもできると解すべきであ

る。」として財産分与に慰謝料的要素を含めることもできるとし、続けて「そして、財産分与として、右のように損害賠償の要素も含めて給付がなされた場合には、さらに請求者が相手方の不法行為を理由に離婚そのものによる慰謝料の支払を請求したときに、その額を定めるにあたっては、右の趣旨において財産分与がなされている事情をも斟酌しなければならないのであり、このような財産分与によって請求者の精神的苦痛がすべて慰藉されたものと認められるときには、もはや重ねて慰謝料の請求を認容することはできないものと解すべきである。しかし、財産分与がなされても、それが損害賠償の要素を含めた趣旨とは解せられないか、そうでないとしても、その額および方法において、請求者の精神的苦痛を慰謝するには足りないと認められるものであるときには、すでに財産分与を得たという一事によって慰謝料請求権がすべて消滅するものではなく、別個に不法行為を理由として離婚による慰謝料を請求することを妨げられないものと解するのが相当である。」として相互に関連し合うものとしました。

　本判決は、上記の包括説、限定説のいずれに立つものかは明らかではありませんが、実務上の指針を示す現実的な解決をしたものといえます。

　このように、離婚慰謝料については、財産分与として申し立てることができますが、上記判例も慰謝料的財産分与の法的性質を不法行為としているため、実体法の上では不法行為法に基づいて検討すれば足ります。したがって、離婚請求に附帯しつつも、財産分与とは独立して請求するのが通常です。

　では、なぜ財産分与の一要素として申し立てるのかというと、これにより、紛争の1回的解決ができることや、金銭に限らず現物の分与ができることがその大きなメリットとなるからです（岡部喜代子「財産分与」村重慶一編『現代裁判法大系(10)親族』120頁（新日本法規出版、1998））。例えば、当事者の一方が、離婚後も居住用不動産を取得したいと考える場合に、清算的財産分与では代償金と引換えでなければ居住用不動産を取得することができないときには、慰謝料的要素を加味して代償金の額を減額したり、代償金を不要とすることが可能になります（ただし、民法509条により、慰謝料債権者が相殺的処理を希望しない場合には、このような処理はできないと解されます。）。なお、実務上は、不法行為に基づく慰謝料の給付請求を提起するよりも、財産分与として申し立てる方が印紙代が安いことから、後者を選択する例もあるようです。

　したがって、慰謝料的財産分与がなされる場合は、基本的取得分額に慰謝料的財産分与額を加算したものが具体的取得分額となります（未払婚姻費用額や扶養的財産分与が別途加算される場合があります。）。

　基本的取得分額　＋　慰謝料的財産分与額　＝　具体的取得分額

なお、慰謝料的財産分与という場合の慰謝料は、婚姻期間中の不貞行為や暴行等の個別行為による慰謝料ではなく、有責行為によって離婚を余儀なくされたことについてのいわゆる離婚慰謝料が対象となるといわれています。前掲最高裁昭和31年2月21日判決は、「離婚の場合における慰謝料請求権は、相手方の有責不法な行為によって離婚するの止むなきに至ったことにつき、相手方に対して損害賠償を請求することを目的とするものである」として、このいわゆる離婚慰謝料の請求を認めた判決とされています。

離婚慰謝料の額は、もちろん事案によってケースバイケースですが、おおむね100万円から300万円の間だといわれています。考慮される要素は事案に応じて様々ですが、大体の傾向としては、有責性が高いほど慰謝料額は高い、精神的・肉体的苦痛が激しいほど高い、婚姻期間が長く、年齢が高いほど高い、未成年子がいる方が高い、有責配偶者に資力があり社会的地位が高いほど高いなどが指摘されています（二宮周平＝榊原富士子『離婚判例ガイド〔第3版〕』151頁（有斐閣、2015））。

◆扶養的財産分与

扶養的財産分与とは、離婚後における一方の当事者の生計の維持を図る目的で他方当事者から財産を分与することをいいます。

扶養的財産分与の根拠については、大きく3説あるといわれています。第1に、①婚姻は終生のものであるから、途中で婚姻関係が終了した場合であっても、なお配偶者間には扶養義務が残るとする婚姻の余後効説があり、過去の判決や審判例もおおむねこれによっているといわれています（沼田幸雄「財産分与の対象と基準」野田愛子＝梶村太一編『新家族法実務体系〔1〕親族〔I〕婚姻・離婚』501頁（新日本法規出版、2008））。これに対し、離婚して扶養義務が消失した後にまで扶養義務を認めることには無理があるとして、②離婚後の扶養は本来国家が配慮すべきものであるが、この国家の責務がまっとうされるまでの過渡的なものとして、政策上私人に課された義務であるとする見解もあります。さらに、扶養的財産分与を離婚後扶養と位置付ける両説に対し、③主に専業主婦について、婚姻することによって収入を得るための技能やキャリアを積むことができず、かえって財産稼得能力を喪失した場合に、離婚に際して他方配偶者がこれを補償するという、いわゆる補償説が提唱されています。もっとも、これらの見解が具体的に、扶養的財産分与の対象や基準などについて、どのような結論の違いを導くことになるのかは、判然としません。

実務上は、扶養的財産分与は、清算的財産分与や慰謝料的財産分与によっては十分な財産を得られない場合に成立するという性質（補充性）が重要です。例えば、東京

高裁平成10年3月18日判決（判時1690・66）は、妻が高額の特有財産を有することなどを理由に、月額15万円の扶養的財産分与を認めた地裁判決を覆し、扶養的財産分与を否定しました。ただし、このような補充性の原則に対しては、補償説の立場から、否定的な見解もあります（岡部・前掲120頁）。

　したがって、扶養的財産分与がなされる場合は、基本的取得分額に扶養的財産分与額を加算したものが具体的取得分額となります（未払婚姻費用や慰謝料的財産分与が別途加算される場合があります。）。

　基本的取得分額　＋　扶養的財産分与額　＝　具体的取得分額

　では、扶養的要素として分与すべき対象財産は何でしょうか。扶養的財産分与の対象は、金銭とされることが大半であると思われますが、特有財産を構成する現物であっても給付対象となり得ると考えられています。例えば、特有財産である建物とその敷地利用権（使用借権、賃借権）が設定された例があります（東京高判昭63・12・22判時1301・97）。

　次に、扶養的要素として分与すべき基準は何でしょうか。基本的には、婚姻中と同程度の生活保持義務ではなく、「離婚後の生計を維持するに足りる程度」の生活を保障すればよいと説明されるのが一般です。しかし、残念ながら、この点について具体化した判例ルールは存在しません。唯一、具体的な算定基準を提示する見解は、人事院の標準生計費を一応の目安にすべきであるといいます（大津千明『離婚給付に関する実証的研究』177頁（日本評論社、1990））。これを明確に採用した判例は見当たりませんが、当事者が具体的な計数を主張するに当たっては参考にすることができます。ただし、扶養的財産分与は、補充性の原則を否定しない限り、清算的財産分与との関係で相関的に定まってくる部分がある上、義務者の事情も考慮しなければなりませんので、これを絶対的な基準とすることは難しいでしょう。

　実際の判例がどのような給付を命じているかですが、金銭の給付が命じられることが多いことは上記のとおりです。支払方法は、一括払とされたり（東京高判昭63・6・7判時1281・96）、定期金払とされたり（横浜地相模原支判平11・7・30判時1708・142）、義務者の事情（主として、収入・資産等の扶養能力）も考慮して決定されています。また、離婚後からある程度の収入を得る時点までの収入を保証する限りで扶養的財産分与が肯定され、金銭給付が命じられるのはその立ち上がり資金という意味で一定期間に限られることが少なくないようです（生活保護受給を開始するまでの間の定期金払を命じた例として大阪地堺支判昭37・10・30判夕148・93）。

第3章　取得分額の算定と分与方法の決定　　77

アドバイス

○申し立てるべき手続の選択に迷うとき

　未払婚姻費用や慰謝料は、いずれも財産分与とは独立して申し立てることも、財産分与として申し立てることもできます。財産分与の中心は清算的要素ですので、それぞれ整理して主張・立証を行うために、未払婚姻費用については婚姻費用調停・審判を申し立て、慰謝料については独立に請求するのがよいのではないでしょうか。ただ、本文で述べたように、何らかの理由で婚姻費用調停・審判手続が行われなかった場合や、居住用不動産取得のために加算が必要な場合など、理由がある場合には財産分与としての申立てを検討してください。

ケーススタディ

Q　夫婦Ａ、Ｂについて、分与対象財産の評価額が総額800万円、分与割合が2分の1ずつ、ＡがＢに対して支払うべき未払婚姻費用が50万円、ＢがＡに対して支払うべき慰謝料的財産分与が150万円の場合、具体的取得分額はいくらになりますか。

A　Ａ、Ｂとも基本的取得分額は800万円×1/2＝400万円です。未払婚姻費用を財産分与として考慮する場合、具体的取得分額（扶養的財産分与を除きます。）は、Ａにつき400万円－50万円＋150万円＝500万円、Ｂにつき400万円＋50万円－150万円＝300万円となります。Ａ又はＢの一方が、これだけでは離婚後の生計を維持することが困難な事情があれば、扶養的財産分与が認められる余地があります。

3　具体的分与方法の決定

(1)　金銭による分与
(2)　現物による分与
(3)　利用権の設定

（1）　金銭による分与

　財産分与請求権は離婚によって生じる債権ですが、協議あるいは審判等によって具体的内容・分与方法が形成されます（最判昭55・7・11判時977・62）。

　そして、審判等の主文において、権利変動を形成するための記載がなされます。

　原則的な財産分与の方法は、夫婦の一方から他方に対する金銭の支払による分与です。事例としても最も多い方法です。

　この点、民法768条3項は裁判所が「分与の額」を定めると規定していますが、裁判に当たっては、「必ずしも金銭をもってその額を定めることを要するものではなく、金銭以外の財産をもってその額を定めることができ、この場合には分与すべき財産を特定すれば足り、また、その評価額まで判示する必要はないと解すべきである」というのが判例です（最判昭41・7・15判時456・32）。これを受けて、家事事件手続法154条2項も、財産分与について「金銭の支払、物の引渡し、登記義務の履行その他の給付を命ずることができる」と規定しています。

　金銭による分与は、判決や審判の場合には、即時の一括払が命じられるのが原則です。

　当事者の支払能力等の事情を考慮した上で相当な場合には、支払に条件などを付すことや、分与の総額、分割金額及び期間を定めて分割払を命じることも可能です（松山家宇和島支審昭40・9・7判タ195・178、京都地判昭25・8・17下民1・8・1305）。ただし、例外的な場合に限られます。

　例えば、将来の退職金の支払時期については、裁判時には義務者は現実には退職金の支給を受けていないことから、これを退職金支給時とする事例が複数あります（東京高決平10・3・13家月50・11・81、名古屋高判平12・12・20判タ1095・233、広島高判平19・4・17家月59・11・162）。しかしながら、上記のとおり即時一括払が原則ですので、清算の対象については離婚時に退職したと仮定してその場合の退職金のうち婚姻期間又は同居期間に対応する部分（の金額）とした上で、支払時期については即時とするのが一般的です。将来の退職金支給の有無及び額は、裁判後の事情によって変動する可能性がありますから、現在の事実関係のみに基づき、清算対象を限定して、即時払とするのが妥当であると思われます。

　支払方法については、定期金による分与も考えられます。これは、分与の総額を定めずに、支払の終期を決め、その間一定額を定期的に支払わせる方法です。しかし、清算的財産分与においては、その総額を定める必要があるため、定期金による分与は原則として許されないと考えられています（山本拓「清算的財産分与に関する実務上の諸問

題」家庭裁判月報62巻3号39頁（2010））。もっとも、将来の退職共済年金については、これ
を清算するため、定期金による分与を認めた判例もあります（仙台地判平13・3・22判時
1829・119）。また、扶養的財産分与については、定期金による分与も採用することが可
能です。高齢の当事者が死亡するまでの間の扶養を命じる場合のように扶養の終了時
期が不確定で長期の給付が必要な場合には、特に合理的な方法であるといわれていま
す（大津千明『離婚給付に関する実証的研究』181頁（日本評論社、1990））。判例にも、扶養的財
産分与において、定期金による方法を採用したものが複数あります（新潟地長岡支判昭
43・7・19判時564・64、横浜地相模原支判平11・7・30判時1708・142等）。

　金銭の支払義務者に期限の利益を付与する場合には、当事者間の公平を確保するた
め、分与の総額を増加させたり、利息を付加したり、懈怠条項を付したりすることを
考慮しなければなりません。懈怠条項を付したものとしては前掲京都地裁昭和25年8
月17日判決があります。

　さらには、将来の履行確保の観点から、抵当権を設定した判例があります（東京地判
平11・9・3判時1700・79）。財産分与の方法として抵当権を設定することができるか否か
については積極消極の両説がありますが、不履行に対して通常の民事執行手続に委ね
ることが相当でないという事情も必要であると思われ、活用すべき事例は多くはない
でしょう。抵当権を設定するとしても、分与金の支払を一定期間猶予する場合であっ
て財産分与の対象財産に設定するときに限られるでしょう（松本哲泓「財産分与審判の主
文について」家庭裁判月報64巻8号126頁（2012））。

　当事者が遅延損害金の支払を求め、これが相当である場合には、主文においてその
支払が命じられます。ただ、遅延損害金の支払が命じられる例は少ないようです。遅
延損害金の始期については、（遅くとも）訴状送達の日の翌日とする見解もありますが、
財産分与請求権が離婚が成立して初めてその法的効果として生じるものであることか
ら、実務では離婚時（離婚判決確定の日の翌日）とされる例が多いようです（大阪高決
平17・6・9家月58・5・67）。同様の理由で、金銭給付であっても、離婚判決確定前に仮執
行宣言を付すことはできません。

(2)　現物による分与

　金銭ではなく不動産など現物給付による財産分与も可能です（前掲最判昭41・7・15、家
事154②）。

　現物分与の方法を選択するべきか否かは、以下の事情などを考慮して、判断されま
す（山本・前掲40頁）。

① 当事者が当該現物を必要とする程度

例えば、居住用居宅や、賃貸建物が唯一の収入源である場合などです。

② 当事者双方の資力

現預金など当該現物以外の財産の有無、当該現物の代償金支払の可否などを考慮します。

③ 当該財産の取得・維持についての当事者双方の貢献度

④ 当該財産についての利害関係

例えば、建物の敷地が一方当事者の特有財産である場合に当該建物を現物分与する場合などです。

⑤ その他

現実の占有ないし名義の所在や、当事者の希望の強弱などを考慮します。

現物分与をする場合は、当然ながら、その対象を明確に特定する必要があります。

現物分与の対象財産について、一方当事者の特有財産を現物分与の対象とすることは、清算的財産分与においては、原則としてできません。民法上は金銭による給付が建前と考えられ、清算対象ではない特有財産を相手方の意向を無視してまで分与することは行き過ぎではないかと考えられるからです。これに対し、扶養的財産分与については、扶養の必要性に応じた適宜の措置をとることが必要ですので、例えば一方の特有財産である居住用不動産を分与することも可能です。

第三者名義の財産を現物分与の対象とすることは、分与対象財産としてこれを評価算入すべき場合であっても、当該第三者が手続に参加していない限りは原則として、許されません。扶養的財産分与であっても同様です。

現物を分与するに際し、分与する物の価額が分与を受ける当事者の取得分額を上回る場合は、その差額を代償として他方当事者に対して支払わせることができます。例えば、複数ある不動産、ゴルフ会員権を夫と妻の双方に振り分け、価格の不均等を金銭的に清算した判例があります（前掲東京地判平11・9・3）。

代償金（清算金や調整金と呼ぶ場合もあります。）の支払を命じる場合は、履行の確保のため、現物給付と代償金の支払とを同時履行として、引換給付を命じる例が多いようです（東京高判平10・2・26家月50・7・84等）。

代償金の支払時期と方法についても、即時一括払が原則であることは、他の金銭による分与の場合と同じです（(1)参照）。

なお、財産分与は共有物分割ではありませんので、例えば、分与対象財産である不動産を売却して住宅ローンを支払い、その残額の2分の1の支払を求める、という審判、

判決は認められません。したがって、そのような請求も認められません。もちろん、調停や和解によってこのような解決をすることは可能ですので、希望する場合には調停や和解を活用することが必要です。

　財産の種類ごとにみますと、まず、不動産を分与する場合には、財産分与を登記原因とする所有権移転登記手続が命じられます。当事者の一方が占有する不動産を他方に分与する場合には、所有権移転登記手続とともに退去や明渡しを命じる必要があり、このような命令も可能です（家事154②、大津・前掲195頁）。この退去や明渡しは、あくまでも財産分与の方法ですから、裁判所が申立ての趣旨に拘束されることもありません。また、特有財産の引渡請求を離婚訴訟と併合することができるか否かという問題がありますが、財産分与による場合にはこのような問題を生じません。明渡時期は即時であるのが原則ですが、大阪高等・家庭裁判所家事審判書改善委員会「家事審判書の改善について」（判例タイムズ813号113頁）では、義務者が居住しているなど直ちに明け渡すことが困難な場合について、明渡しまでの猶予期間を設ける例を掲げています。

　次に、動産を分与する場合には、物の引渡しが命じられ、自動車では所有権移転登録手続が命じられます。

　また、債権その他の権利を分与の対象とすることもできます。

　預金債権や貸金債権、株式やゴルフ会員権などがこれに当たりますが、これらの権利を現物で分与を命じた判例は多くはありません。債権などを現物で分与するのが相当な事例は限られており、通常は、原則どおりその評価額を金銭で支払うべき旨命じることとなると思われます。裁判例としては、夫名義のゴルフ会員権を妻に分与したものがありますが（前掲東京地判平11・9・3）、当事者が訴訟中に当該財産については妻に分与することを合意していたという事情があります。

　なお、仮に現物で分与する場合は、債権譲渡には対抗要件の具備が必要ですし（民467）、株式やゴルフ会員権については名義変更手続が必要ですので、債務者に対する譲渡通知や名義変更手続が命じられるべきことになります。ただし、前掲東京地裁平成11年9月3日判決は、夫に対し名義変更手続を命じることなく、単にゴルフ会員権を妻に分与する旨命じています。

　これらに対し、建物を分与するに当たって敷地賃借権を分与した事例があります（横浜地判昭58・1・26判時1082・109）。敷地賃借権を分与するに当たって貸主の承諾を条件にする判例もありますが（大阪家審昭37・10・30判タ147・103）、財産分与による譲渡を無断譲渡として賃貸借解除事由とすることはできないというべきであるため、貸主の承諾は必要ないという見解が有力です（大津・前掲193頁）。

特殊な例ですが、旅館の営業譲渡が命じられた例もあります（福岡地判昭46・5・27判時644・75）。この判例は、旅館業を営む家屋の賃借権についても譲渡を命じています。譲渡すべき事業に契約や債務が含まれる場合、これらをも承継させようとすれば、契約相手方や債権者の同意が必要ですので、単に離婚当事者間のみで事業譲渡を命じてもその実効性がある事案は、限られるのではないでしょうか。

(3) 利用権の設定

　例えば、居住用不動産について、居住を希望する一方当事者に代償金を支払う能力がなく所有権全部を移転することが困難な場合などには、離婚後の住居を確保するための手段として、不動産について賃借権、使用借権などの利用権を設定することが考えられますが、このような分与方法は可能なのでしょうか。

　清算的財産分与においては、分与対象財産への利用権の設定は、所有権の一部の分与と考えられるので、現物分与の一態様として許されると考えられています（大津・前掲194頁）。これに対し、財産分与の対象ではない相手方の特有財産に利用権を設定することは、清算的財産分与としては、許されないとする見解が多数のようです（松本・前掲106頁）。

　他方、扶養的財産分与においては、特有財産についても、利用権を設定することは可能です。

　ただし、対象不動産に財産分与義務者を債務者とする抵当権が先に設定されている場合には、利用権がこれに対抗できないため、実効性に乏しいという問題があります。また、設定された賃借権については借地借家法が適用されるのかどうかなど、理論的な問題もあります。さらには、そもそも、離婚する当事者間で、権利義務関係を継続させるのが相当なのか、という点の検討も必要です。

　そのため、審判、判決において、利用権の設定を用いる事例は多くはないようです。

　活用例を挙げると、例えば、浦和地裁昭和59年11月27日判決（判タ548・260）は、清算的財産分与として金400万円の支払が命じられたほか、「無責の原告の今後の生活のためには当分の間本件建物の利用を不可欠と認め」て、長男の成人に至るまで夫名義の建物に賃借権が設定されました。この夫名義の建物は分与対象財産のようですが、清算的財産分与については金400万円を分与することに当事者間に争いがなく、妻が求めた賃借権の設定の当否が争点となったという事案の特殊性があります。

　名古屋高裁平成21年5月28日判決（判時2069・50）は、受給の確実性が明確でない夫の

退職金及び確定拠出年金は扶養的財産分与の要素として斟酌することが妥当であるとして、妻子が居住するマンションの夫の持分を清算的財産分与として夫に取得させるとともに、扶養的財産分与として、夫の上記取得部分を長女の高校卒業まで妻に賃貸するよう命じました。

また、名古屋高裁平成18年5月31日決定（家月59・2・134）は、夫婦共有名義となっており、現に妻が3人の子と居住しているマンションについて、二女が高校を卒業し、長男が小学校を卒業する時期まで、離婚後の扶養的な財産分与として、夫を貸主、妻を借主とする使用貸借契約を設定するのが相当であるとされました。このケースは、離婚後に元妻が元夫に対して、財産分与を求めた事案ですが、妻が夫からの離婚要求をやむなく受け入れたのは、夫から一定の経済的給付を示されたからであり、その中には妻が未成年者らを養育する間は家賃なしで本件マンションに住めることが含まれていたなどの事情が考慮された事案です。

アドバイス

○申立ての趣旨をどう書くか

　財産分与の申立ての趣旨は、申立人が求める結論を、金額や対象財産、分与方法を特定して、具体的に表示することが望ましいでしょう。しかし、申立段階では、夫婦共有財産の全容が明らかでなく、具体的に表示することが難しいケースも少なくありません。また、判例上、裁判所は申立ての趣旨には拘束されません。申立ての趣旨としては、抽象的に「財産分与を求める。」という記載で足ります（前掲最判昭41・7・15）。したがって、具体的な申立てが難しい場合、当事者は、抽象的な申立てを行った上で、できるだけ速やかに対象財産と評価に関する主張を明らかにし、これができた段階で希望する具体的分与方法を主張すればよいでしょう。

ケーススタディ

Ｑ　分与対象財産が夫名義の居宅（1,500万円）のみで、夫名義の住宅ローン残高が1,000万円あり、分与割合が平等である場合、具体的にどのような方法で分与すべきでしょうか。

Ａ　原則的には、夫が妻に対し（1,500万円－1,000万円）×1/2＝250万円を支払う方法で分与します。

他方、妻が今後居宅に居住するのが相当な場合、妻に支払能力があるときは、夫から妻に居宅を分与し、妻から夫に代償金を支払う方法で分与します。代償金額は、妻の具体的取得分額が250万円である一方で、居宅1,500万円を取得すると1,250万円の過剰となりますので、1,250万円です。住宅ローン1,000万円は、債権者の同意なく分与することはできませんので、夫が引き続き負担します。

上記の場合で、妻に代償金の支払能力がないときは、清算的財産分与として夫に250万円の支払を命じた上で、相当であれば扶養的財産分与として居宅に賃借権を設定するべきでしょう。

第 4 章
財産分与請求手続

86

第1 離婚時の財産分与

＜フローチャート～離婚時の財産分与＞

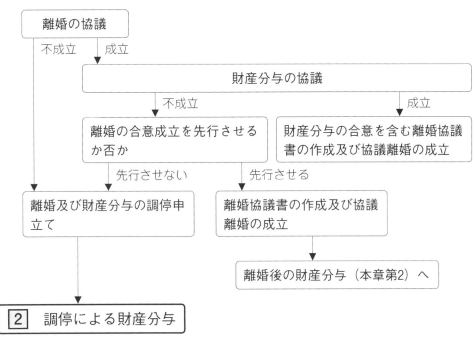

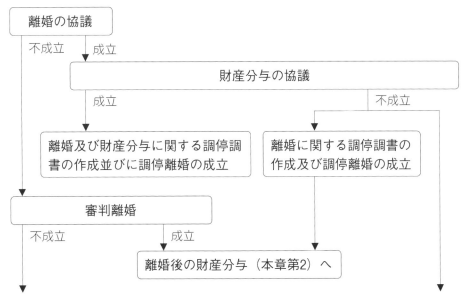

第4章 財産分与請求手続

3 離婚の訴えの附帯処分としての財産分与

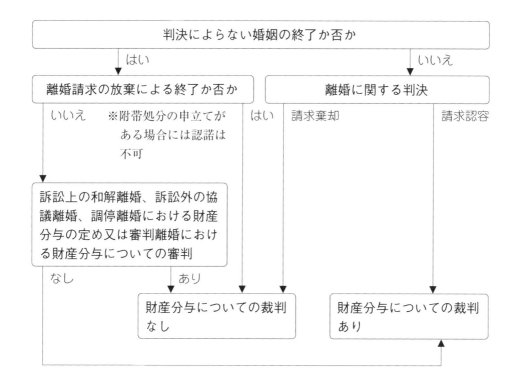

1 協議による財産分与

---

(1) 財産分与の具体的内容の確定
(2) 分与に伴う税金・諸費用の計算
(3) 合意内容の確認
(4) 財産分与条項を含む離婚協議書の作成

---

(1) 財産分与の具体的内容の確定

　財産分与は離婚を前提とする制度ですので、まずは離婚するか否かの協議が必要です。したがって、夫婦の一方が離婚を拒んでいる場合、そもそも財産分与の協議はできないでしょう。

　夫婦間で離婚については合意できている場合、財産分与を含むその他の条件（子の親権、養育費、面会交流、慰謝料、年金分割等）についても協議します。

　財産分与の協議に際しては、まず夫婦それぞれがどのような財産を有するのかを確定する必要があります。不動産、預貯金、自家用車、株式等の財産を把握するため、登記簿謄本（登記事項証明書）、契約書、通帳、証書等把握できる限りの関係書類一式を用意します。詳しくは「第5章」の各項目を参照してください。

　財産分与制度は本来夫婦が共同生活中に形成した積極財産を清算する制度ではありますが、同時に消極財産も考慮すべきとされていますから、夫婦の共同生活のために形成した住宅ローンや借金などの債務も考慮する必要がありますので注意してください。特有財産は各自に帰属するので、財産分与の対象から除外します。ただし、何が特有財産で何が共有財産かが争いとなることもあり、協議が必要となることもあるでしょう。

　分与対象財産が確定すれば、それをどのような分与割合でどのような方法で分与するかについて協議し、具体的な財産分与の内容を確定させます。

ケーススタディ

Q　財産分与の協議に当たり、相手方が財産を隠しているかもしれません。財産の全体を把握するにはどうすればよいですか。

A 財産分与の協議に当たっては、夫婦が婚姻中に築いた共有財産全体を把握する必要があります。上記のとおり、不動産、預貯金、自家用車、株式等の財産を把握するため、登記簿謄本（登記事項証明書）、契約書、通帳、証書等把握できる限りの関係書類一式を用意します。ただし、相手方のみが把握している財産が存在する場合もあり、その場合には相手方が情報を全て開示してくれるとは限りません。家に送られてくる相手方宛の郵便物等で財産の存在がわかることもありますし、通帳の記録から生命保険の支払や株式の配当の存在がわかるかもしれませんので、普段から注意しておいた方がよいでしょう。

　不動産については自治体から名寄帳を取り寄せることで判明することがあります。勤務先の給与額や銀行口座の残高であれば、弁護士会照会制度（弁護士23の2①）によって判明することがありますし、調停等の法的手続に入っていれば裁判所の調査嘱託（家事62・258①）を利用することもできます。ただし、銀行口座の場合は支店まで特定する必要があります。

(2)　分与に伴う税金・諸費用の計算

　財産分与の内容を確定させるに当たっては、財産分与をするに際して発生する可能性のある税金や諸費用の検討も欠かせません。財産分与につき合意をし、実行したものの、後から予想していなかった課税がなされたり、諸費用がかかったりすれば、依頼者からクレームが出る可能性があります。以下、検討すべき事項につき、簡単に説明しますが、財産分与に伴う税金や諸費用の詳細については、「第6章」を参照してください。

① 　贈与税・不動産取得税

　夫婦の一方が相手方から財産分与を受けた場合、贈与税及び不動産取得税の課税が問題となります。しかし、財産分与は新たな財産の獲得ではなく、共同生活中に夫婦で協力して形成した財産の清算、離婚後の生活保障及び慰謝料という性質がありますから、原則としてこれらの税金はかかりません。ただし、分与された財産の額が共同生活中の夫婦の協力によって獲得した財産の額やその他の事情を考慮してもなお多すぎる場合には、その多すぎる部分に対して課税されます。また、離婚が贈与税や相続税を免れる目的で行われたと認められるような場合には、分与した財産全体に課税されることもあります。

② 　譲渡所得税

　次に、夫婦の一方が相手方に対し不動産等を譲渡した場合には、譲渡所得税の課税

が問題となります。この点、財産分与に対する譲渡所得税の課税処分の適法性が争われた事案において、最高裁昭和50年5月27日判決（判時780・37）は、「不動産の譲渡等の分与が完了すれば、財産分与の義務は消滅するが、この分与義務の消滅は、それ自体一つの経済的利益ということができる。」として譲渡所得税の課税処分を適法としました。この判例を受けて、財産分与における課税実務では譲渡所得税の課税が明確となりました。実際に課税されるケースであるかどうかについては、税金の計算をしてみないとわかりません。計算方法については、「第6章」で解説をしていますので、そちらを参照してください。

③　その他の税金及び諸費用

　財産分与の内容によってはその他の税金や附随的な諸費用が発生します。例えば、不動産を譲渡・取得した場合には、登記に際して印紙税及び登録免許税がかかりますし、司法書士や税理士に依頼した場合には報酬や手数料が必要となります。株式やゴルフ会員権を譲り受けた場合にも名義変更手数料等が必要となる場合があります。これらの諸費用についても、負担をどうするか検討が必要です。

(3)　合意内容の確認

◆合意内容を定める際の視点

　離婚協議書の作成に限ったことではありませんが、合意内容を定める際には常に履行確保の観点から検討する必要があります。履行の問題を後に残さないことが望ましいので、例えば、財産分与を金銭の支払で受ける際には一括払が望ましいです。協議離婚の場合、離婚する旨の合意書を当事者が調印したのみでは離婚の効力が発生せず、離婚の効力を発生させるには離婚届が受理される必要があるので、合意書調印と財産分与実行の同時履行は困難です。そこで、実際には、離婚協議書において当事者の一方が一定期間内に離婚届を役所に提出することを定め、財産分与をする当事者は財産分与受理証明の交付を受けてから財産分与の実行をすることが多いと思われ、その旨合意書で定めることになるでしょう。分割払にすると不払のリスクや長期にわたって相手方との関係が継続するデメリットがあります。それでも相手方の資力の状況によっては分割払にせざるを得ないこともあるでしょう。しかし、その場合でも懈怠条項や遅延損害金を定めたり、養育費と財産分与の分割払等数種の金銭債権について分割払が発生する場合において支払額が全額に満たないときの充当関係等についても定めておくとよいでしょう。分割払等の場合は、不払等のリスクがありますから、不履行の際に直ちに強制執行ができるよう、合意内容を執行受諾文言付公正証書で定めてお

くことが必須です。詳細は、(4)を参照してください。

　財産分与請求権は、慰謝料の性質も有すると考えられています。もっとも、慰謝料については不法行為に基づく損害賠償請求として、財産分与請求権とは別に請求を立てることも可能です。もし、財産分与の中で慰謝料の問題も含め、一挙解決する場合にはその旨を明示する必要があります。特に、慰謝料を支払う側からすれば、その点を明示してもらっておく必要性が高いでしょう。

　また、合意書には夫婦間の法的関係を終結させた後の紛争を抑止するため清算条項を入れることが一般的です。しかし、例えば、協議離婚を先行させて、財産分与については別途協議する場合等、後の協議が必要となる場合にはその旨明示しましょう。明示せずに清算条項を入れてしまうと、権利を放棄したと解釈されるリスクがあります。

◆具体的条項例

　具体的な条項例としては以下のようなものが考えられます。後掲の【参考書式7】・【参考書式8】も併せて参照してください。なお、合意条項例や調停条項例については、最高裁判所事務総局家庭局編『家事調停条項事例集〔新訂〕』(財団法人日本調停協会連合会、2002)、小磯治『夫婦関係調停条項作成マニュアル－文例・判例と執行までの実務－〔第5版〕』(民事法研究会、2012)、宇田川濱江ほか共編『ケース別離婚協議・調停条項作成マニュアル』(新日本法規出版、2013)の文献に多数掲載されていますので、そちらも参照してください。

(金銭による一括払・後日指定口座への振込みの場合)

> 1　甲は、乙に対し、財産分与として（慰謝料含む。）、金300万円の支払義務があることを認める。
> 2　甲は、乙に対し、前項の金員を、平成○年○月○日限り、○○銀行○○支店の乙名義の普通預金口座（口座番号○○○○○○○）に振り込む方法により支払う。ただし、振込手数料は甲の負担とする。

(分割払の場合)

> 1　甲は、乙に対し、財産分与として、金300万円の支払義務があることを認める。
> 2　甲は、乙に対し、前項の金員を次のとおり分割して、○○銀行○○支店の乙名義の普通預金口座（口座番号○○○○○○○）に振り込む方法により支払う。

> (1) 平成○年○月○日限り　100万円
> (2) 平成○年○月○日限り　100万円
> (3) 平成○年○月○日限り　100万円

3　甲が前項の金員の支払を1回でも怠った場合には、当然に期限の利益を喪失し、甲は乙に対し、第1項の金額から既払金を控除した金員及びこれに対する期限の利益喪失の日の翌日から支払済みまで年10パーセントの割合による遅延損害金を付して直ちに支払う。

（不動産（現物）を分与する場合）

> 甲は、乙に対し、財産分与として、別紙物件目録記載の土地及び建物を譲渡し、本日付財産分与を原因とする所有権移転登記手続をする。ただし、登記手続費用は乙の負担とする。

（離婚の合意を先行し、財産分与の協議を別途する場合）

> 甲及び乙は、財産分与については本合意には含めず、別途協議することを確認する。

（清算条項を定める場合）

> 甲及び乙は、本件に関し、甲と乙との間には本合意書に定めるものの他何らの債権債務がないことを相互に確認する。

◆合意内容の確認

　財産分与を含め、夫婦間で離婚に伴う条件が整えばその内容についてよく確認します。後でトラブルにならないために、十分に協議し、文書にして確認することが重要です。その際、離婚協議書の文案を作成してお互いに確認するとよいでしょう。この点、財産分与の合意の有効性についてはしばしば争いになります。以下に財産分与の合意の有効性が争われた事例を紹介します。

①　東京地裁平成25年5月10日判決（平23(ワ)18806）

　脳梗塞による失語症を患った後に協議離婚及び財産分与合意をした元夫が、元妻に対し、意思無能力を理由に財産分与合意の無効を主張したが棄却された事例

② 東京地裁平成21年9月28日判決（平20（ワ）25411）

財産分与合意をしてから相当期間経過しても離婚しなかったケースで、離婚後、合意に基づき財産分与を請求したが、合意に付した条件が不成就又は合意が失効しているとして財産分与を認めなかった事例

③ 東京地裁平成19年3月29日判決（平18（ワ）12735）

財産分与合意に関し、財産分与に関する記載が欠けていることや代理人に重大な錯誤があったことなどを理由として財産分与合意の錯誤無効を主張し、不法行為に基づく損害賠償請求を求めた事案において、錯誤無効はないとして請求が棄却された事例

④ 東京高裁平成3年3月14日判決（判時1387・62）

協議離婚に伴う財産分与契約において、分与者が自己に譲渡所得税が課税されないことを当然の前提としてなした意思表示に関し、要素の錯誤があり無効であるとされた事例

⑤ 東京高裁平成2年6月27日判決（判時1360・118）

元妻が元夫に対し財産分与合意に基づいてした請求につき、その一部に当たる元夫の給与分及び賞与分に関する請求が、元妻の現在の生活状況や既に元妻がマンション及び預貯金の高額な給付を受領していることなどを総合考慮した結果、権利濫用に当たるとしてその一部について棄却した事例

⑥ 最高裁平成元年9月14日判決（判時1336・93）

離婚に伴う財産分与として土地・建物を譲渡する場合に、分与者が自己に課税されることはないという動機を黙示的に表示していたと認定し、原判決が破棄・差戻しされた事例

(4) 財産分与条項を含む離婚協議書の作成

夫婦間で離婚に伴う条件が整えば、財産分与を含む離婚協議書を作成します。この時、夫婦間で離婚協議書を作成することもできますし、公証役場において公正証書による離婚協議書（「離婚給付等契約公正証書」といいます。）を作成することもできます。公正証書を作成する最大のメリットは、合意内容に執行力を付与することにあります（民執22五）。すなわち、公正証書の中に夫婦の一方が他方に対し何らかの財産を給付する条件がある場合に、執行受諾文言付きの公正証書にすることによって後にその給付が得られなかったとしても裁判をすることなく強制執行することができます。

【参考書式7】 離婚協議書

第4章　財産分与請求手続　　95

【参考書式8】　離婚協議書（公正証書の場合）
【参考書式9】　離婚届

---

2 | 調停による財産分与

---

(1)　申立手続
(2)　調停手続
(3)　調停成立に向けての検討事項
(4)　調停手続の終了

---

(1)　申立手続

◆調停の申立て

　夫婦間で離婚の協議が調わない場合や、離婚の協議は調っても財産分与の協議が調わない場合には、離婚調停の申立てに附随する形で財産分与の請求を申し立てることになります。協議離婚を先行させ、離婚後に財産分与調停のみを申し立てることもあります（離婚後の財産分与の手続については、「本章第2」を参照してください。）。

　離婚は人事に関する訴訟事件ですが（人訴2一）、調停前置主義により調停を先行させる必要があります（家事257①）。

　離婚調停及び財産分与調停の管轄は、相手方の住所地を管轄する家庭裁判所又は当事者が合意で定める家庭裁判所となります（家事245①）。実務上、当事者の一方又は双方が管轄の家庭裁判所より遠方に住んでおり、出頭が困難となる場合には当事者双方ともに出頭が可能な裁判所を選んでその裁判所で調停を行う旨の管轄合意書を作成することもあります。ただし、家事事件手続法が施行されてからは電話会議による調停手続（家事54①・258①）が可能となりましたので、場合によっては電話会議の利用を検討するとよいでしょう。ただし、離婚については電話会議による調停成立は認められていないため（家事268③）、調停を成立させる際には当事者の出頭が必要となります。

　調停の申立てに関して、家事審判法下では口頭による申立ても認められていましたが、家事事件手続法が施行されてからは口頭による申立ては認められず、書面の作成が必要となりました（家事255①）。

調停の申立てには申立手数料（収入印紙1,200円）及び送達等に必要な郵券を納める必要があります。郵券の額は各家庭裁判所によって異なることがありますので管轄の家庭裁判所に確認しましょう。

申立書には「申立ての趣旨及び理由」を記載する必要があります（家事255②二）。財産分与の申立ては非訟事件であるがゆえに厳密な特定までは求められないことから、申立ての趣旨においては「申立人は、相手方に対し、財産分与として相当の金銭の支払を求める。」といった記載でも問題ありません。しかし、円滑な進行のためには財産分与を求める額及び方法をできる限り特定して記載した方がよいでしょう。

アドバイス

○調停申立ての書式及び「申立ての理由」の記載の程度

調停申立時の書式については、家庭裁判所のウェブサイトなどで容易に入手することができますが、弁護士が代理人に就任した際には、これらの書式を利用せずに民事訴訟における訴状と同じような体裁の書面を作成することも多いと思われます。代理人は、依頼者の気持ちをくんで、申立書に相手方を非難する事情を多く書きがちですが、申立書の写しは原則として相手方にも送付されますので（家事256①本文）、感情的な対立を激化させ、話合いを困難にさせるリスクがあります。この点、大阪家庭裁判所は、弁護士が代理人に就いている場合でもできる限り家庭裁判所の書式を利用することを推奨しています。申立ての理由の記載がチェック方式になっていて、必要事項について漏れなく記載ができることや細かな事情を記載する欄がないためでしょう。代理人としては、家庭裁判所の書式を利用しない場合でも事案に応じて申立書は簡素にし、詳細な主張は調停の場で話す、又は申立書とは別の書面を提出するといった対応も検討すべきでしょう。

◆保全処分の申立て

離婚は人事に関する訴訟事件であり、その附帯処分として財産分与の申立てができることから（人訴32①）、離婚訴訟に附帯してなされる財産分与の申立てを本案として、財産分与請求権を被保全権利とする保全処分の申立てをすることができます。したがって、財産分与を請求される側が分与の対象となる財産を他者に譲渡したり、散逸させることにより、財産分与請求権が実現できないようなおそれがある場合には相手方の財産に対する保全処分の申立てを検討します。実務上は不動産に対する処分禁止の仮処分又は仮差押えが多く見られます。そのほか、退職金等が近い将来支給されるような場合にその退職金債権を仮差押えするようなケースも見受けられます。

なお、ここにいう保全処分は、通常の民事保全法に基づく保全処分であり（ただ、管轄についての特則である人事訴訟法30条があります。）、離婚成立後の財産分与請求における審判前の保全処分（家事105①）とは異なりますので、注意が必要です（「**本章第2 3 (1)**」参照）。

保全処分の管轄は、本案である離婚訴訟が係属する裁判所又は仮に差し押さえるべき物若しくは係争物の所在地を管轄する家庭裁判所です（人訴30②）。

保全処分を申し立てるには、被保全権利の存在すなわち財産分与請求権が認められる蓋然性及び保全の必要性を明らかにしなければなりません（民保13①）。立証の程度は疎明が必要です（民保13②）。この点、まず財産分与は離婚を前提とする制度ですので、離婚事由の存在を疎明する必要があります。債権者本人の陳述書に加えて、不貞行為を離婚事由とする場合にはそれを裏付けるメールや録音等の記録又は興信所による調査報告書等、家庭内暴力を離婚事由とする場合には医師の診断書等、陳述書以外で離婚事由を疎明できる資料の提出が必要になることが多いでしょう。また、不動産に対する処分禁止の仮処分の場合には、対象不動産が夫婦の実質的共有財産であることの疎明に加えて、本案において対象不動産が債権者に現物で分与される蓋然性を疎明しなければなりません。ただし、財産分与は金銭の支払による場合が多く、現物で分与されるのは例外的であることから、債権者が対象不動産について現物で分与される蓋然性まで立証することには困難が予想されます。

債権者は保全処分に際して担保を提供する必要があります。不動産を保全する場合は、不動産価格（時価又は固定資産税評価額）の5％から15％とされていますが、債権者の資力が乏しい場合には保全処分を担当する裁判官と減額交渉すべきでしょう。

ただし、担保権が設定されている場合にはその債権額を不動産価格から控除する扱いが多く見られます。他方、預貯金や給料を仮差押えする場合には10％から15％程度とされています（司法研修所編『民事弁護教材 民事保全〔改訂（補正版）〕』28頁（日本弁護士連合会、2012））。

【参考書式10】　夫婦関係等調整調停申立書
【参考書式11】　管轄合意書

(2)　調停手続

調停を申し立てると、家庭裁判所によって期日が指定されます。申立ての時期にもよりますが、およそ申立てから約1か月後から2か月後の期日が指定されます。調停期

日には、本人及び代理人の弁護士を選任している場合には代理人が本人とともに出頭します（後掲「ケーススタディ」参照）。

調停には調停委員会による調停と裁判官のみによる調停がありますが、原則として調停委員会による調停が実施されます（家事247①）。調停委員会は裁判官1人と家事調停委員2人以上で組織されます（家事248①）。離婚調停の場合、家事調停委員は男女各1人であることが多いです。調停委員会による調停の場合、裁判官が手続を指揮しますが（家事259）、当事者と直接協議するなどして手続を進行させるのは家事調停委員であり、裁判官は調停を成立させる時などの重要な局面のみ直接関与することが通例です。

調停手続において、当事者は交互に家事調停委員のいる調停室に入り、家事調停委員に対し、各自の要望や意見を述べます。家事調停委員は当事者双方の意見を聞いて調停の成立に向けて調整を図ります。

調停手続においても、調停前と同じく、離婚の協議からすることになります。当事者の一方が離婚を頑なに拒否している場合には、やはり財産分与の話合いができないことが多いでしょう。あるいは離婚自体は合意できても、財産分与の内容で折り合わなかったり、子の親権や養育費など他の条件で折り合わず、本来性質の異なる財産分与を交渉の材料にされるなどして難航することもあるでしょう。一方で、当事者は時間の経過による心境の変化、又は家庭裁判所や弁護士等の関与により歩み寄ることもよくあります。

調停期日は通常複数回実施されますが、次回の調停期日は、当事者、家庭裁判所、家事調停委員のスケジュールや調停室の空き状況を勘案し、約1か月から2か月の範囲内で指定されることが多いです。

調停手続は、合意さえできれば短期で終わりますが、長期化すれば1年以上かかることもあります。

$$\boxed{\text{ケーススタディ}}$$

Ｑ 私は、夫と離婚しようと考え、Ａ弁護士に一切の手続を委任しました。夫には財産分与も求めています。Ａ弁護士によれば、結局、協議離婚では話がまとまらず、今度、調停になるそうです。弁護士に依頼しているにもかかわらず、私は調停に毎回出頭しないといけないのでしょうか。また、調停手続で夫と顔を合わせることはあるのでしょうか。

Ａ 離婚調停は身分に関わる重要事項ですから、病気などのやむを得ない事由があ

る場合を除き、出頭しなければなりません（家事51②・258①）。したがって、原則と
して毎回出頭しなければなりません。これは、弁護士に離婚事件を依頼している
場合でも基本的には変わるものではありません。ただし、遠方に居住しているな
どの事情がある場合には、電話会議で参加できることもあります（家事54①・258①）。
　家庭裁判所は出頭時刻を相手方とずらしたり、待合室を別々にするなどして申
立人と相手方が直接顔を合わせないように配慮します。ただし、遭遇する可能性
はゼロとはいえませんので、弁護士と待ち合わせする際には時間や場所に配慮し
た方がよいかもしれません。当事者双方が了解している場合には同席の上調停を
進めることもあります。

(3)　調停成立に向けての検討事項

◆財産分与の具体的内容の確定

　調停に際して、申立人は把握し得る限りの対象財産を明らかにして申し立てます。
全ての財産が把握できればよいですが、対象財産が不明である場合や相手方が財産に
関する情報を開示しないこともあります。そのような場合には、裁判所を通して相手
方に開示を促してもらうか、調査嘱託（家事62・258①）や弁護士会照会制度（弁護士23の
2）を使って把握することが必要となることもあります。

【参考書式12】　調査嘱託申立書

◆分与に伴う税金・諸費用の計算

　分与に伴う税金や諸費用については、調停に移行しても協議による財産分与の場合
と変わりません（\[1\](2)参照）。

◆調停内容の確認（調停条項案の作成）

　調停を通じて、離婚及び財産分与に合意ができた場合には、調停条項案を作成しま
す。当事者に代理人弁護士が就いている場合は、代理人弁護士において調停条項案を
作成することもありますし、家庭裁判所から調停条項案を提示されることもあります。
当事者はいずれにせよ調停条項案をよく確認する必要があります。調停条項に記載す
べき内容は基本的に離婚協議書による場合と変わりません（\[1\](3)参照）。
　なお、合意条項例や調停条項例については、最高裁判所事務総局家庭局編『家事調
停条項事例集〔新訂〕』（財団法人日本調停協会連合会、2002）、小磯治『夫婦関係調停条項

作成マニュアル－文例・判例と執行までの実務－〔第5版〕』（民事法研究会、2012）、宇田川濱江ほか共編『ケース別離婚協議・調停条項作成マニュアル』（新日本法規出版、2013）の文献に多数掲載されていますので、そちらも参照してください。

また、新田和憲「財産分与が問題となる調停手続の運営について」ケース研究319号27頁～33頁（2014）に東京家庭裁判所立川支部における調停条項を作成する際の手控えの例が紹介されており、そちらも参考になります。

（4）　調停手続の終了

◆調停の成立

当事者双方において、調停条項案を受け入れる用意ができましたら、調停期日において、裁判官、家事調停委員、当事者双方立会いのもと、裁判官が調停条項を読み上げてその内容を確認します。当事者間に合意が成立し、それが調書に記載されることにより調停が成立します（家事268①）。

家事事件手続法が施行されてから、電話会議による調停手続（家事54①・258①）が可能となりましたが、離婚については電話会議による調停成立は認められていないため（家事268③）、当事者の出頭が必要となります。

調停調書に記載された財産分与に関する条項は確定した家事審判と同一の効力を有します（家事268①）。したがって、給付を内容とする財産分与の条項については、執行力を有する債務名義と同一の効力を有することとなるので（家事75）、執行に際して執行文の付与は不要です。ただ、調停条項で、「財産分与」という言葉を用いず、「解決金」として支払ってもらう旨の給付条項にしてしまうと、いくらその解決金の実質的な内容が財産分与であっても、その執行には執行文付与が必要となりますので、注意が必要です。

◆調停の不成立

調停を経ても当事者の一方が頑なに離婚を拒否している場合や、調停に出頭しない場合等には調停不成立となり、調停手続は終了します。調停不成立により終了した場合には、調停に代わる審判で離婚（審判離婚）が命ぜられない限り（家事284①）、残された手段は訴訟ということになります。

なお、審判離婚の際には、家庭裁判所は、附随して申し立てられた財産分与についても給付を命ずることができます（家事284③）。ただし、当事者は審判に対して異議を申し立てることができ、その場合には審判の効力が失われます（家事286⑤）。審判離婚

は当事者双方が離婚には合意しているけれども細部の条件で折り合っていない場合や、一方が調停成立直前で調停に出頭しない場合など、ほぼ調停成立と同視できるような例外的な場合にのみ命ぜられるもののため、その数は多くありません。司法統計（平成26年度・家事事件編「第14表　婚姻関係事件数－終局区分別－家庭裁判所別」）によりますと婚姻関係事件総数6万5,538件に対し、審判離婚は541件しかありませんでした。

　離婚については合意できたけれども財産分与について合意できなかった場合には、同時解決の利益を重視して、調停全部を不成立とし、訴訟に移行（提起）することもできますし、離婚のみ調停を成立させ、事件としては一旦終了させることもできます。後者の場合、財産分与に関する申立ては離婚調停に附随する申立てであり、一般調停であるため、離婚調停の成立とともに終了し、審判には移行しません。したがって、財産分与について審判を求める場合には、改めて財産分与の調停又は審判を申し立てる必要があります。実務上は調停離婚を成立させる際に、財産分与については別途調停又は審判を申し立てて解決する趣旨の条項を入れる扱いもあります。

◆調停をしない措置

　家事事件手続法271条は、「調停委員会は、事件が性質上調停を行うのに適当でないと認めるとき、又は当事者が不当な目的でみだりに調停の申立てをしたと認めるときは、調停が成立しないものとして、家事調停事件を終了させることができる。」と定めています。これは旧家事審判規則138条を承継する措置ですが、実務上多くはありません。

◆調停申立ての取下げ

　申立人は、調停事件が終了するまでの間、いつでも申立てを取り下げることができます（家事273①）。取下げは相手方の同意は不要ですし、理由も不要です。

　取下げは、調停申立後、当事者の関係が修復されたり、調停外で協議離婚及び財産分与等について合意が成立した場合等になされることがあります。

　なお、調停において夫婦関係が修復された場合や、しばらくの間熟慮期間を置くような場合には、その旨の調停を成立させることがありますが、この場合には婚姻関係が継続するので、当然財産分与の調停は成立しません。

アドバイス

○電話会議の利用等について

　家事事件手続法が施行されてからは電話会議システム又はテレビ会議システムの方法

による調停手続（家事54①・258①）が可能となりました。これまでは遠方であっても出頭が必要となり、交通費や出張日当等で当事者に負担が強いられる場合もありましたので、大いに活用すべきでしょう。ただし、電話会議では、なりすましの防止や非公開性の観点から、通話者及び通話先の場所の確認が必要となっています（家事規42①）。代理人が就任している場合には代理人の事務所で行うことも可能ですが、その場合でも民事訴訟における弁論準備手続の電話会議のように、周囲に人がいるようなオフィスの電話を使用して行うことはできず、個室に移動して他人に聞こえない環境を用意することが求められます。

　もっとも、離婚調停成立時には、電話会議等による調停成立は認められておらず（家事268③）、当事者の出頭が必要になることに注意が必要です。後述する人事訴訟についても、離婚について訴訟上の和解をすることは認められていますが、やはり、電話会議等を利用して和解することは、調停の手続同様に認められていません（人訴37③）。

【参考書式13】　調停調書（調停条項部分のみ抜粋）

3 離婚の訴えの附帯処分としての財産分与

- (1)　申立手続
- (2)　手続上の問題
- (3)　訴訟の終了

(1)　申立手続

　調停において離婚の合意ができず、あるいは、離婚については実質的に争いがなくとも同時解決の利益を優先して、調停不成立となった場合でも、離婚事由（民770①各号）があると考えられる場合には、離婚の訴えを提起します。その際、附帯処分として財産分与に関する処分も申し立てることができます（人訴32①）。申立ては必要的であり、申立てがなければ財産分与に関する附帯処分の裁判はなされません。

(2) 手続上の問題

◆申立方法

　離婚の訴えの附帯処分として財産分与に関する処分を申し立てる場合には、書面でする必要があり（人訴規19①）、申立ての趣旨及び理由を記載するとともに、証拠となるべき文書の写しで重要なものを添付しなければなりません（人訴規19②）。通常は、訴状における請求の趣旨に併せて記載します。

◆申立ての特定性

　財産分与に関する附帯処分は人事訴訟手続で行われるとはいえ、あくまで非訟事項ですので分与の額及び方法を特定することは法的に必須ではありません。最高裁昭和41年7月15日判決（判時456・32）も「人事訴訟手続法15条1項〔現行人事訴訟法32条1項〕によって離婚の訴においてする財産分与の申立は、訴訟事件である右訴に附帯して、手続の経済と当事者の便宜とを考慮して、家事審判法9条1項乙類5号〔現行家事事件手続法別表第二第4項〕に定める本来家庭裁判所の権限に属する審判事項の申立をするものであるから、右申立をするには、訴訟事件における請求の趣旨のように、分与を求める額および方法を特定して申立をすることを要するものではなく、単に抽象的に財産の分与の申立をすれば足りるものと解するのを相当とする。」と判示しました。しかし、そうはいってもできる限り財産分与を求める額及び方法を具体的に特定して記載した方がよいでしょう。人事訴訟規則19条2項では、「申立ての趣旨及び理由」の記載を求めています。

　また、財産分与は非訟事項であるがゆえに、民事訴訟法における処分権主義や不利益変更原則は妥当せず、裁判所は申立人の主張に拘束されることなく、申立人が申し立てた額を超える財産分与を命じることもできるとされています（最判平2・7・20判時1403・29）。

◆分与義務者からの申立て

　分与義務者から財産分与の附帯処分や審判の申立てができるかということには見解の対立があります。有責配偶者からの離婚請求を一定の場合に許容した最高裁昭和62年9月2日判決（判時1243・3）において、分与義務者からの財産分与の申立てを認め、離婚と同時解決すべきとの補足意見が述べられたことに端を発します。これを認める判例（神戸地判平元・6・23判時1343・107）と否定する判例（大阪高判平4・5・26判タ797・253、東京高判平6・10・13判タ894・248）がありますが、現在の実務では否定説が主流とされています。

104　　　　　　第4章　財産分与請求手続

ケーススタディ

Ｑ　夫から離婚訴訟を提起されました。私は離婚自体を争いたいですが、離婚が認められてしまった場合に備えて、財産分与を求めたいと思っています。どうすればよいでしょうか。

Ａ　離婚を認容されて判決が確定した場合には、その段階で財産分与の協議又は審判・調停を申し立てることが可能です。しかし、それでは迂遠で離婚訴訟の中で解決をしたいと考えることもあるでしょう。このような場合、離婚を請求された被告は、離婚自体を争いつつも、それが認容される場合に備えて、被告の側から予備的に財産分与の申立てができます。ただし、遅延損害金の請求は反訴などの訴え提起によるべきで、予備的財産分与の申立てによって請求することはできないとされています（京都地判平5・12・22判時1511・131）。

◆遅延損害金の起算点

　財産分与請求権は離婚が成立して初めて発生する権利であるため、財産分与の遅延損害金は、離婚の判決が確定した日の翌日から発生します。したがって、財産分与の附帯処分を申し立てる際には、請求の趣旨と併せて、「被告は、原告に対し、財産分与として、金500万円及びこれに対する判決確定の日の翌日から支払済みまで年5分の割合による金員を支払え」などと記載します。

◆慰謝料的財産分与と不法行為に基づく損害賠償請求としての慰謝料請求との関係

　財産分与には、相手方の有責行為に対する慰謝料という法的性質も含まれているため、両者の関係にはかつて議論がありました。しかし、現在の実務では、離婚した一方は有責配偶者に対して財産分与の中に慰謝料を含めて請求することもできますし、同一訴訟内で両者を併合して請求することも認められています。

　また、既に財産分与がなされていても、分与の額や方法が請求者の精神的苦痛を慰謝するに足りないと認められるときには、別個に慰謝料を請求することもできます（最判昭46・7・23判時640・3）。

　人事訴訟では、財産分与の中に慰謝料を含めて請求する場合には、附帯処分の申立

第4章　財産分与請求手続　　105

て（人訴32①）となりますが、財産分与としてではなく、損害賠償請求として慰謝料請求をする場合には、附帯処分としてではなく、離婚訴訟に関連する損害賠償請求事件として、家庭裁判所で離婚請求事件と一緒に審理をしてもらうことが可能です（人訴17）。

◆婚姻費用分担請求権との関係

　財産分与は、夫婦の財産関係の清算という性質を有するため、当事者の一方が婚姻費用を過大に負担していた場合には、財産分与においてその分を考慮することができるとされています。判例も、「一切の事情」（民768③）に含めて、離婚訴訟において裁判所が財産分与の額及び方法を定めるに当たっては、当事者の一方が婚姻継続中に過当に負担した婚姻費用の清算のための給付をも含めて財産分与の額及び方法を定めることができるとしています（最判昭53・11・14判時913・85）。

　このように、過去の婚姻費用の清算を財産分与において考慮することはできますが、過去の婚姻費用の請求そのものを離婚訴訟に附帯して申立てを行うことはできません。

◆附帯処分に関する控訴

　離婚に関して請求認容判決が出されたものの、財産処分に関する附帯処分にのみ不服がある場合に控訴できるかについては、見解の相違がありますが、現在の実務では積極に解されています。判例も、親権者指定に関する事例ですが、離婚請求を認容した判決のうち親権者指定に関する部分のみについてされた上告を適法としています（最判昭61・1・21判時1184・67）。ただし、この場合には控訴不可分の原則が準用され、離婚訴訟全体が控訴審に移行するので、被控訴人が附帯控訴すれば離婚自体も再度争われることになります。

　なお、第一審で財産分与の附帯処分を申し立てなかった原告が、離婚請求について全部勝訴の判決を受けた後、控訴審において、附帯控訴の方式によって新たに財産分与の申立てをすることは可能です（最判昭58・3・10家月36・5・63）。

(3)　訴訟の終了

◆判決による終了

　裁判所は、離婚に関して請求認容判決を出す場合には、附帯処分としての財産分与に関する判断も示さなければなりません（人訴32①）。他方、請求棄却判決を出す場合には、婚姻関係が継続しますので財産分与に関する判断は示されません。

◆判決によらない終了

　離婚訴訟において、判決によらない訴訟の終了原因としては、離婚請求の放棄・認諾、訴訟上の和解離婚、及び訴訟の取下げがあります。ただし、離婚請求を認諾できるのは、附帯処分の裁判が不要な場合に限られます（人訴37①ただし書）。訴訟提起後に付調停となった場合には、調停離婚又は審判離婚もあり得、その場合にも訴訟の終了原因となります。

　離婚訴訟において財産分与の附帯処分の申立てがなされているときで、判決によらずに婚姻が終了した場合には、附帯処分の裁判がなされます（人訴36）。

　訴訟上の和解離婚をする場合には、財産分与についても話し合い、協議が調えば財産分与も含めて和解が成立し、裁判は終了します。財産分与の協議が調わない場合には、和解離婚を先行して成立させ、附帯処分についての裁判を求めることも可能ですし（人訴36）、附帯処分の申立てを取り下げてしまって財産分与については別途審判又は調停を申し立てるとすることも可能です。

　訴訟外の協議離婚が成立した場合には離婚の訴えの部分については訴えの利益がなくなるわけですから、取り下げることになります。その際、裁判所は当事者双方に対し協議離婚において財産分与について定められたか確認しなければならず（人訴規29②）、定められていない場合でかつ附帯処分の申立てを取り下げない場合には、財産分与については引き続き審理がなされ、附帯処分についての裁判がなされます。

【参考書式7】　離婚協議書

離婚協議書

第1条（離婚の合意）

　　○○○○（以下「甲」という。）と○○○○（以下「乙」という。）は、本日協議離婚することに合意し、その届出を甲は乙に委託した。乙は、本日より7日以内に離婚届を提出するものとする。乙は、甲に対し、離婚届受理日から7日以内に、離婚届の受理証明書を交付する。

第2条（親権）

　　当事者間の長男○○○○（平成○年○月○日生。以下「丙」という。）の親権者を乙とし、乙において監護養育する。

第3条（養育費）

　　甲は、乙に対し、丙の養育費として、月額10万円の支払義務を認め、これを本日から丙が成年に達するとき又は丙が大学を卒業するときのいずれか遅い方までの間、毎月末日限り、○○銀行○○支店の乙名義の普通預金口座（口座番号○○○○○○○）に振り込む方法により支払う。ただし、振込手数料は甲の負担とする。

第4条（面会交流）

　　甲は、子の福祉を害しない範囲で、月に1回丙と面会をすることができる。面会交流の日時、場所、丙の引渡方法その他詳細は、事前に甲乙協議のうえ定める。ただし、丙の心身が不安定になる等乙が適当でないと認めるときは、乙は甲と丙との面会交流を制限することができる。

第5条（財産分与）

　　甲は、第1条に定める離婚届の受理証明書の交付を受けた後、7日以内に、乙に対し、財産分与（慰謝料含む。）として、金300万円の支払義務を認め、これを平成○年○月から平成○年○月まで毎月末日限り各10万円に分割して、第3条に定める普通預金口座に振り込む方法により支払う。ただし、振込手数料は甲の負担とする。

第6条（期限の利益）

　　甲が前条の金員の支払を怠り、その金額が20万円に達したときは、当然に期限の利益を喪失し、甲は、乙に対し、前条の金額から既払金を控除した金員及びこれに対する上記期限の利益喪失の日の翌日から支払済みまで年10％の割合による遅延損害金を付して直ちに支払う。

第7条（充当関係）

　　甲の乙に対する本協議書に基づく金員の支払は、常に第3条の養育費に先に充当

されるものとする。

第8条（清算）

　　　甲及び乙は、甲乙間の離婚に関し、甲と乙との間には、本協議書に定めるほか何らの債権債務がないことを相互に確認する。

本協議の成立を証するため本書2通を作成し、甲乙各自1通ずつ保有する。

以上

平成○年○月○日

　　　　　　　　　　　甲：

　　　　　　　　　　　乙：

【参考書式8】 離婚協議書（公正証書の場合）

平成○年　第○号

離婚給付等契約公正証書

　本職は、当事者の嘱託により、次の法律行為に関する陳述を録取し、この証書を作成する。

　○○○○（以下「甲」という。）と○○○○（以下「乙」という。）とは、甲乙間の離婚に際し、以下のとおり離婚給付等契約を締結する。

第1条（離婚の合意）

　　甲及び乙は、協議離婚をすることとし、離婚届に各自署名押印した。

　2　甲は、前項記載の離婚届を本日より7日以内に提出し、かつ、離婚届受理日から7日以内に離婚届の受理証明書を乙に交付する。

第2条（財産分与）

　　甲は、乙に対し、財産分与として、第1条第2項記載の離婚届の受理証明書の交付を受けた日から7日以内に別紙物件目録記載の土地及び建物を譲渡し、本日付財産分与を原因とする所有権移転登記手続をする。ただし、登記手続費用は乙の負担とする。

第3条（慰謝料）

　　甲は、乙に対し、本件離婚による慰謝料として、第1条第2項記載の離婚届の受理証明書の交付を受けた日から7日以内に金○○○○円の支払義務を認め、これを平成○年○月○日限り、○○銀行○○支店の乙名義の普通預金口座（口座番号○○○○○○○）に振り込む方法により支払う。ただし、振込手数料は甲の負担とする。

第4条（清算）

　　甲及び乙は、本件離婚に関し、本公正証書に定めたもののほかには、何らの債権債務がないことを相互に確認する。

第5条（強制執行）

　　甲は、本公正証書に基づく金銭債務を履行しないときは、直ちに強制執行に服する旨陳述した。

〔以下省略〕

110　　　　　　第4章　財産分与請求手続

【参考書式9】　離婚届

受理　平成　年　月　日	発送　平成　年　月　日
第　　　　　　　号	長印
送付　平成　年　月　日	
第　　　　　　　号	
書類調査　戸籍記載　記載調査　調査票　附票　住民票　通知	

離 婚 届

平成 ○ 年 ○ 月 ○ 日届出

長 殿

		夫　おつかわ　　いちろう	妻　おつかわ　　はるこ
(1)	氏　　　名	氏　乙川　　名　一郎	氏　乙川　　名　春子
	生 年 月 日	昭和○ 年 ○ 月 ○ 日	昭和○ 年 ○ 月 ○ 日
	住　　　所（住民登録をしているところ）	○○県○○市○○町　1丁目2　番3号　　世帯主の氏名　乙川　一郎	○○県○○市○○町　4丁目5　番6号　　世帯主の氏名　丙山　太郎
(2)	本　　　籍（外国人のときは国籍だけを書いてください）	○○県○○市○○町1丁目2　番　　筆頭者の氏名　乙川　一郎	
	父母の氏名父母との続き柄（他の養父母はその他の欄に書いてください）	夫の父　乙川　明夫　　続き柄　長男　　母　　良子	妻の父　丙山　太郎　　続き柄　長女　　母　　夏子
(3)(4)	離 婚 の 種 別	☑協議離婚　□調停　年　月　日成立　□審判　年　月　日確定	□和解　年　月　日成立　□請求の認諾　年　月　日認諾　□判決　年　月　日確定
	婚姻前の氏にもどる者の本籍	□夫　☑妻　は　☑もとの戸籍にもどる　□新しい戸籍をつくる　○○県○○市○○町4丁目5　番　筆頭者の氏名　丙山　太郎	
(5)	未成年の子の氏　　　名	夫が親権を行う子	妻が親権を行う子
(6)(7)	同 居 の 期 間	平成○ 年 ○ 月 から（同居を始めたとき）	平成○ 年 ○ 月 まで（別居したとき）
(8)	別居する前の住　　　所	○○県○○市○○町1丁目2　番3号	
(9)	別居する前の世帯のおもな仕事と	□1．農業だけまたは農業とその他の仕事を持っている世帯　□2．自由業・商工業・サービス業等を個人で経営している世帯　□3．企業・個人商店等（官公庁は除く）の常用勤労者世帯で勤め先の従業者数が1人から99人までの世帯（日々または1年未満の契約の雇用者は5）　□4．3にあてはまらない常用勤労者世帯及び会社団体の役員の世帯（日々または1年未満の契約の雇用者は5）　☑5．1から4にあてはまらないその他の仕事をしている者のいる世帯　□6．仕事をしている者のいない世帯	
(10)	夫 妻 の 職 業	（国勢調査の年…　年…の4月1日から翌年3月31日までに届出をするときだけ書いてください）　夫の職業	妻の職業
	その他		
	届 出 人署 名 押 印	夫　乙川　一郎　　印	妻　乙川　春子　　印
	事件簿番号		

字訂正字加入字削除

届出印

婚姻中の氏で署名押印してください。

住 定 年 月 日	
夫	・・
妻	・・

第4章　財産分与請求手続　　111

記 入 の 注 意

鉛筆や消えやすいインキで書かないでください。
筆頭者の氏名欄には、戸籍のはじめに記載されている人の氏名を書いてください。
札幌市内の区役所に届け出る場合、届書は1通でけっこうです。（その他のところに届け出る場合は、直接、提出先にお確かめください。）
この届書を本籍地でない役場に出すときは、戸籍謄本または戸籍全部事項証明書も必要です。
そのほかに必要なもの　調停離婚のとき→調停調書の謄本
　　　　　　　　　　　審判離婚のとき→審判書の謄本と確定証明書
　　　　　　　　　　　和解離婚のとき→和解調書の謄本
　　　　　　　　　　　認諾離婚のとき→認諾調書の謄本
　　　　　　　　　　　判決離婚のとき→判決書の謄本と確定証明書

証　　　人　(協議離婚のときだけ必要です)		
署　　名 押　　印	乙川　明夫　　　印	丙山　太郎　　　印
生 年 月 日	昭和〇　　年　〇月　〇日	昭和〇　　年　〇月　〇日
住　　所	〇〇県〇〇市〇〇町 3丁目2　　番地 番　1　号	〇〇県〇〇市〇〇町 4丁目5　　番地 番　6　号
本　　籍	〇〇県〇〇市〇〇町 3丁目2　　番地 番	〇〇県〇〇市〇〇町 4丁目5　　番地 番

→ 父母がいま婚姻しているときは、母の氏は書かないで、名だけを書いてください。
　養父母についても同じように書いてください。
　□には、あてはまるものに☑のようにしるしをつけてください。

→ 今後も離婚の際に称していた氏を称する場合には、左の欄には何も記載しないでください（この場合にはこの離婚届と同時に別の届書を提出する必要があります。）。

→ 同居を始めたときの年月は、結婚式をあげた年月または同居を始めた年月のうち早いほうを書いてください。

届け出られた事項は、人口動態調査（統計法に基づく基幹統計調査、厚生労働省所管）にも用いられます。

未成年の子がいる場合は、次の□のあてはまるものにしるしをつけてください。
（面会交流）
　□取決めをしている。　　　　　　未成年の子がいる場合に父母が離婚をするときは、面会交流や
　□まだ決めていない。　　　　　　養育費の分担など子の監護に必要な事項についても父母の協議
（養育費の分担）　　　　　　　　　で定めることとされています。この場合には、子の利益を最も
　□取決めをしている。　　　　　　優先して考えなければならないこととされています。
　□まだ決めていない。

●署名は必ず本人が自署してください。
●印は各自別々の印を押してください。
●届出人の印を御持参ください。

離婚によって、住所や世帯主が変わる方は、あらたに住所変更届、世帯主変更届の手続きが必要となりますので、ご注意ください。
　なお、離婚届と同時にこれらの届けを出すときは、住所、世帯主欄は、変更後の住所、世帯主を書いてください。
　就業時間以外（土曜日、日曜日、祝日等）の住民異動届は受付できませんので後日届出ねがいます。

日中連絡のとれるところ
電話 (〇〇〇) 〇〇〇−〇〇〇〇
自宅 勤務先 呼出 (　　方)

（※実際の書式は、届出先の自治体にお問い合わせください。）

112　　　　第4章　財産分与請求手続

【参考書式10】　夫婦関係等調整調停申立書

この申立書の写しは，法律の定めるところにより，申立ての内容を知らせるため，相手方に送付されます。

受付印	**夫婦関係等調整調停申立書　事件名（　　　離婚　　　）**
	（この欄に申立て1件あたり収入印紙1，200円分を貼ってください。）
収入印紙　　　　円	
予納郵便切手　　　円	（貼った印紙に押印しないでください。）

○○ 家庭裁判所　御中　平成 ○ 年 ○ 月 ○ 日	申立人（又は法定代理人など）の記名押印	乙川　春子　　　　印

添付書類	（審理のために必要な場合は，追加書類の提出をお願いすることがあります。） ☑ 戸籍謄本（全部事項証明書）（内縁関係に関する申立ての場合は不要） ☑ （年金分割の申立てが含まれている場合）年金分割のための情報通知書 ☐	準口頭

申立人	本籍（国籍）	（内縁関係に関する申立ての場合は，記入する必要はありません。） ○○ 都道府県 ○○市○○町4丁目5番
	住所	〒○○○ - ○○○○　○○県○○市○○町4丁目5番6号　　　（　　　　方）
	フリガナ 氏名	オツカワ　ハルコ 乙川　春子　　　大正・昭和・平成 ○ 年 ○ 月 ○ 日生　（ ○○ 歳）
相手方	本籍（国籍）	（内縁関係に関する申立ての場合は，記入する必要はありません。） ○○ 都道府県 ○○市○○町4丁目5番
	住所	〒○○○ - ○○○○　○○県○○市○○町1丁目2番3号　　　（　　　　方）
	フリガナ 氏名	オツカワ　イチロウ 乙川　一郎　　　大正・昭和・平成 ○ 年 ○ 月 ○ 日生　（ ○○ 歳）
未成年の子	住所	☐ 申立人と同居　／　☐ 相手方と同居 ☐ その他（　　　　　　　　　　）　平成　年　月　日生（　　歳）
	フリガナ 氏名	
	住所	☐ 申立人と同居　／　☐ 相手方と同居 ☐ その他（　　　　　　　　　　）　平成　年　月　日生（　　歳）
	フリガナ 氏名	
	住所	☐ 申立人と同居　／　☐ 相手方と同居 ☐ その他（　　　　　　　　　　）　平成　年　月　日生（　　歳）
	フリガナ 氏名	

（注）　太枠の中だけ記入してください。未成年の子は，付随申立ての(1)，(2)又は(3)を選択したときのみ記入してください。　☐の部分は，該当するものにチェックしてください。

夫婦　(1/2)

第4章 財産分与請求手続　113

この申立書の写しは，法律の定めるところにより，申立ての内容を知らせるため，相手方に送付されます。

※ 申立ての趣旨は，当てはまる番号（1 又は 2，付随申立てについては(1)～(7)）を○で囲んでください。
　　□の部分は，該当するものにチェックしてください。

☆ 付随申立ての(6)を選択したときは，年金分割のための情報通知書の写しをとり，別紙として添付してください（その写しも相手方に送付されます。）。

申　立　て　の　趣　旨	
円　満　調　整	関　係　解　消
※ 1　申立人と相手方間の婚姻関係を円満に調整する。 2　申立人と相手方間の内縁関係を円満に調整する。	※ ① 申立人と相手方は離婚する。 2　申立人と相手方は内縁関係を解消する。 （付随申立て） (1) 未成年の子の親権者を次のように定める。 　　　　　　　　　　　　　　　　　については父。 　　　　　　　　　　　　　　　　　については母。 (2) （□申立人／□相手方）と未成年の子が面会交流する時期，方法などにつき定める。 (3) （□申立人／□相手方）は，未成年の子の養育費として，1人当たり毎月（□金　　　　　円 ／ □相当額）を支払う。 ④ 相手方は，申立人に財産分与として， 　　（□金　　　　　円 ／ ☑相当額 ）を支払う。 ⑤ 相手方は，申立人に慰謝料として， 　　（☑金　○○　円 ／ □相当額 ）を支払う。 ⑥ 申立人と相手方との間の別紙年金分割のための情報通知書（☆）記載の情報に係る年金分割についての請求すべき按分割合を， 　　（☑ 0 . 5 ／ □（　　　　　　　　　　）） と定める。 (7)

申　立　て　の　理　由		
同　居 ・ 別　居　の　時　期		
同居を始めた日… ⑳昭和 ○ 年 ○ 月 ○ 日　別居をした日… ⑳昭和 ○ 年 ○ 月 ○ 日 　　　　　　　　㊞平成　　　　　　　　　　　　　　　　　　　㊞平成		
申　立　て　の　動　機		
※当てはまる番号を○で囲み，そのうち最も重要と思うものに◎を付けてください。		
1　性格があわない　② 異 性 関 係　3　暴力をふるう　4　酒を飲みすぎる		
5　性的不調和　6　浪 費 す る　7　病 気		
8　精神的に虐待する ⑨ 家族をすててかえりみない 10 家族と折合いが悪い		
11　同居に応じない ⑫ 生活費を渡さない 13 そ の 他		

夫婦（2/2）

（申立書の書式については裁判所ウェブサイトから掲載）

【参考書式11】 管轄合意書

管轄合意書

　○○○○（以下「甲」という。）と○○○○（以下「乙」という。）は、両者間の夫婦関係調整調停事件に関し、○○家庭裁判所を管轄裁判所とすることに合意する。

以上

　平成○年○月○日

甲：

乙：

【参考書式12】　調査嘱託申立書

平成○年（家イ）第○号　夫婦関係調整調停事件（離婚）
申立人　○○○○
相手方　○○○○

調査嘱託申立書

平成○年○月○日

○○家庭裁判所　家事○係　御中

申立人代理人弁護士　○○○○

　頭書事件について、申立人は以下のとおり調査嘱託の申立てをする。

第1　嘱託先
　　　〒○○○－○○○○
　　　　○○市○○区○○1丁目2番3号
　　　　○○生命保険相互会社　○○○○部○○○○課
第2　送付を求める文書（嘱託事項）
　1　下記保険の本嘱託回答時点における解約払戻金の額
記
　　（1）　証券記号番号　（○○○）○○○○○○○
　　　　　契約日　平成○年○月○日
　　　　　被保険者　○○○○
　　　　　保険種類　年金保険
　　（2）　証券記号番号　（○○○）○○○○○○
　　　　　契約日　平成○年○月○日
　　　　　被保険者　○○○○
　　　　　保険種類　定期保険特約付終身保険
第3　証すべき事実
　　　申立人・相手方の夫婦共有財産の内容
第4　申立ての理由
　　　上記保険は、いずれも申立人・相手方の夫婦共有財産である可能性が高く、評価額を明確にする必要がある。

以上

【参考書式13】　調停調書（調停条項部分のみ抜粋）

調停条項

1　申立人と相手方は、本日調停離婚する。

2　相手方は、申立人に対し、財産分与（慰謝料含む。）として、300万円の支払義務があることを認める。

3　相手方は、申立人に対し、前項の金員を平成○年○月○日限り、○○銀行○○支店の申立人名義の普通預金口座（口座番号○○○○○○○）に振り込む方法により支払う。

4　相手方は、申立人に対し、本日、財産分与として、別紙物件目録記載の不動産を譲渡し、本日付財産分与を原因とする所有権移転手続をする。ただし、登記手続費用は申立人の負担とする。

5　当事者双方は、本件に関し、本調停条項に定めるもののほか、何らの債権債務がないことを相互に確認する。

以上

第2 離婚後の財産分与

＜フローチャート～離婚後の財産分与＞

1 離婚後に請求を行う場合の注意点

※財産分与請求権には除斥期間が定められており、離婚後2年以内に請求しなければ権利が消滅してしまうので注意が必要である（民768②ただし書）。

2 協議による財産分与

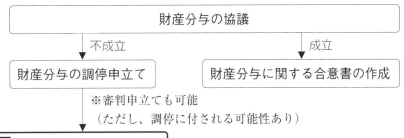

※審判申立ても可能
（ただし、調停に付される可能性あり）

3 調停による財産分与

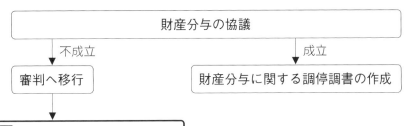

4 審判による財産分与

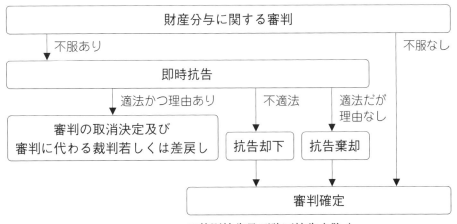

※特別抗告及び許可抗告を除く。

1 離婚後に請求を行う場合の注意点

---

(1) 除斥期間
(2) 離婚時の協議内容の把握

---

(1) 除斥期間

　財産分与請求権は、離婚後2年以内に請求しなければ権利が消滅します（民768②ただし書）。これは消滅時効ではなく、除斥期間と解されています（仙台家審平16・10・1家月57・6・158）。したがって、時効の中断（民147）や催告による期間の延長（民153）はありませんので注意が必要です。

　なお、離婚後2年以内に財産分与の合意をしたが、2年経過した後にその合意が無効とされた場合、除斥期間との関係が問題となります。この点について、東京高裁平成3年3月14日判決（判時1387・62）は、財産分与契約の錯誤無効が認められた場合には、財産分与請求権は民法768条2項ただし書の趣旨と、本件事案の下において財産分与請求をあらかじめ行わせることは期待できないことを考えると、時効の停止に関する同法161条の規定を類推適用する余地があり、本件財産分与契約の錯誤無効が確定した後に行う協議に代わる処分の請求が除斥期間の定めによって妨げられるものとは解されないと判示しました。

　したがって、除斥期間経過後に財産分与合意が無効となった場合や隠匿された財産が発覚した場合には、民法161条を類推適用することによって財産分与請求をするか、不法行為や不当利得を理由に請求することを検討することになるでしょう。これらの点をめぐっては以下のような事例があります。

① 東京地裁平成25年8月8日判決（平24（ワ）10136）

　原告が、被告に対し、離婚時に共有財産となる預金を隠匿されたことから、当該財産に関する財産分与を求める権利を失ったとして、除斥期間経過後に不法行為に基づく損害賠償等を請求したが、原告及び被告が各財産をそれぞれ管理していたこと、原告が離婚時に財産分与を求めていなかったことからすれば、被告が意図的に預金の存在を隠していたと認めることはできないこと等を理由に請求を棄却した事例

② 東京地裁平成21年11月9日判決（平18（ワ）24613）

　被告が離婚前に原告の金銭を無断で被告の銀行口座に入金したとして、原告が被告

第4章　財産分与請求手続　　119

に対し不当利得返還請求をした事案において、離婚した夫婦の一方が他方に対し財産の引渡し等を求める場合、それが夫婦の実質的共有財産に属するものであれば、財産分与手続においてその帰属を決するべきであるが、当該入金した金銭が原告及び被告の実質的共有財産なのか、原告の特有財産なのかは必ずしも明確とはいえないことから、原告の請求は不適法であるとはいえないが、当該入金については、少なくとも原告の黙示的な承諾があり、法律上の原因がないとはいえないとして請求を棄却した事例

③　東京地裁平成20年12月26日判決（平18(ワ)14211・平19(ワ)18158）

　離婚時に財産分与がなされなかった元妻名義及び子名義の貯金債権について、元妻の死亡後、子が金融機関に対し当該預金債権を相続又は時効取得したとしてその払戻しを請求した事案において、両預金債権は離婚時から2年が経過しており、元夫が請求することができない結果、現在子に確定的に帰属しているとして、子の請求を認めた事例

ケーススタディ

Ｑ　離婚後除斥期間が経過してから、相手方が財産を隠していたことが発覚しました。もう財産分与を請求することはできないのでしょうか。

Ａ　上記のとおり、除斥期間経過後に財産分与合意が無効となった場合や隠匿された財産が発覚した場合には、民法161条を類推適用することによって財産分与請求ができる可能性があります。また、隠匿行為の証拠が用意できれば不法行為や不当利得を理由に請求することも可能でしょう。

　　この点に関連して、裁判離婚の確定後、被告が夫婦の共有財産を故意に隠匿したため、原告が本来であれば受けられた財産分与を受けることができなくなったとして、不法行為に基づく損害賠償を請求した事案において、離婚訴訟において、自己の特有財産であるという見解のもとに財産の存在を主張せず、相手方当事者において、調査嘱託等の手段を講じて、預金の存在を主張し、その点についての攻撃防御を尽くすことは、離婚訴訟においては通常行われる攻撃防御方法であり、単に貯金及び預金の主張をしなかったというだけで、故意の隠匿行為であると評価し得るとは到底いえないとして、原告の請求を棄却した事例があります（東京地判平19・3・29（平18(ワ)13553））。

(2)　離婚時の協議内容の把握

　離婚後に財産分与の請求を行うことができるのは、離婚時に財産分与がなされていない場合です。したがって、離婚後に財産分与をしたいとの依頼があった場合、弁護士としては、離婚時に財産分与についてどのように取り扱われたのかにつき、調査をする必要があります。

　協議離婚をしている場合には、離婚協議書の内容を確認します。調停手続を経て離婚をしている場合には調停調書、訴訟手続を経て離婚をしている場合には和解調書あるいは判決書の内容を検討します。特に財産分与についてどのような合意や判断がなされたのかを検討します。例えば、離婚協議書であれば、同協議書で財産分与について特段の合意をしていない場合には、財産分与を清算条項の対象から除外する旨の記載がなければ、離婚後に改めて財産分与の請求をすることは難しいことが多いでしょう。また、財産分与には慰謝料の支払という性質もあるため、離婚時に慰謝料が支払われている場合には、財産分与に当たっては慰謝料を含めないなどの検討も必要です。

2　協議による財産分与

---

(1)　財産分与の具体的内容の確定
(2)　分与に伴う税金・諸費用の計算
(3)　合意内容の確認
(4)　財産分与に関する合意書（財産分与契約書）の作成

---

(1)　財産分与の具体的内容の確定

　離婚後に財産分与について協議する場合も、離婚時の財産分与の場合と基本的に変わりません。離婚自体は既に成立しているので、財産分与に集中して協議できることもあるでしょう。ただし、離婚後も子の養育費や面会交流で争っているような場合や相手方が一切協議に応じないような場合は、協議が難航することも考えられます。そのような場合には、家庭裁判所に対し、財産分与の審判又は調停を申し立てることになります。

第4章　財産分与請求手続　　121

【参考書式14】　財産分与請求書

(2)　分与に伴う税金・諸費用の計算

　分与に伴う税金や諸費用については、離婚後の財産分与であっても離婚時の財産分与の場合と変わりません（「本章第1①(2)」参照）。

(3)　合意内容の確認

　合意内容を定める際には常に履行確保の観点から検討する必要があることや清算条項を入れて紛争の蒸し返しを防止すべきことは既に述べたとおりです（「本章第1①(3)」参照）。財産分与に関する協議が調えばその内容についてよく確認します。

(4)　財産分与に関する合意書（財産分与契約書）の作成

　財産分与に関して協議が調えば、財産分与契約書を作成します。離婚協議書と異なる点は、離婚に関する合意や親権者の指定がないところです。

　この時、離婚協議書の際と同じく当事者間で財産分与契約書を作成することもできますし、公証役場において公正証書による財産分与契約書を作成することもできます。

【参考書式15】　財産分与契約書

ケーススタディ

Q　離婚後しばらくしてから財産分与について協議を開始しましたが、婚姻中に夫婦で貯めた相手方名義の預貯金が減っていっているようです。このような場合、どうすればよいでしょうか。

A　財産分与の対象財産については、離婚後の時間経過により、その範囲や価額が変動していることも考えられます。相手方が承諾なく費消した場合には、原則として、その金額を相手方が取得する金額から控除すべきです。

　もっとも、清算的財産分与における対象財産決定の基準時は、実務上別居時あるいは夫婦の協力関係が失われた時点と解されているところ、家庭裁判所が財産分与の具体的金額等を定める際に考慮する「一切の事情」（民768③）には、基準時

以降の財産変動も含まれるとされています。この点について、離婚後に財産分与請求がなされた場合には、分与の対象となる共同財産の範囲は別居ないし離婚時ではなく、その後の変動も考慮に入れるべきであり、また、その変動を来した理由も斟酌して分与額を定めるべきものと解するのが相当であるとした事例（福岡高決昭51・11・1家月29・3・82）もあります。

3 調停による財産分与

> (1) 申立手続
> (2) 調停手続
> (3) 調停成立に向けての検討事項
> (4) 調停手続の終了

(1) 申立手続

　当事者間で財産分与の協議が調わない場合には、財産分与調停を申し立てます（家事244・255）。財産分与は家事事件手続法別表第二に掲げる事項についての事件ですので（家事別表2④）、調停申立ての対象となります（家事244）。また、離婚後の財産分与は審判事項でもあるので、調停の申立てを経ずに審判を申し立てることもできます（家事39・別表2④・49①）。ただし、家庭裁判所は職権により調停に付すことができますので（家事274①）、通常は当事者間での話合いを先行させるという趣旨で調停に付すことが多いと思われます。したがって、協議により解決しない場合には、まずは、調停の申立てから始めるとよいでしょう。

【参考書式16】　財産分与請求の調停申立書

◆審判前の保全処分

　離婚時の財産分与請求に際して、財産分与請求権の実現が困難となるような事情がある場合には、離婚訴訟に附帯する財産分与申立てを本案として民事保全法に基づく保全処分の申立てによることになりますが、離婚成立後は離婚訴訟に附帯する財産分

与申立てという本案が存在しませんので、民事保全法ではなく家事事件手続法105条1項に基づく保全処分の申立てによることになります。

審判前の保全処分を申し立てるには、審判事件又は調停事件の係属が必要です。旧家事審判法下では、審判事件の係属が要件でしたが、家事事件手続法の施行に伴い、調停事件の係属でも申立て可能となりました。

審判前の保全処分の管轄は、審判事件又は調停事件が係属する家庭裁判所です（家事105①）。ただし、本案の家事審判事件が高等裁判所に係属している場合には、その高等裁判所が管轄します（家事105②）。

審判前の保全処分を申し立てるに当たり、その趣旨及び保全処分を求める事由を明らかにしなければならないのは離婚前の保全処分と同じですが（家事106①）、離婚前の保全処分とは異なり、離婚成立後なので離婚事由の蓋然性についての疎明は不要です。一方、保全処分には緊急性が必要とされるところ、調停事件は調停による解決が期待されていることから、緊急性の疎明には困難が伴うことが予想されます。立証の程度は疎明が必要であり（家事106②）、保全処分には執行力があります。

申立人は保全処分に際して担保を提供する必要があります。審判前の保全処分も担保については民事保全法を準用していることからすれば（家事115）、離婚前の保全処分の際と同程度の担保は必要であると解されます。

◆調停前の処分

財産分与請求権の実現が困難となるような事情がある場合の対策として、上記「審判前の保全処分」以外に「調停前の処分」（家事266①）があります。この処分は、審判以外の裁判（家事81・258①）であり、任意の履行を期待して発令されるものです。しかし、執行力がないため、実効性には乏しいという難点があります。ただし、過料の制裁（家事266④）はあるため、心理的に履行を促す効果はあります。

(2)　調停手続

財産分与調停の手続に関しては、基本的に離婚時の調停の場合と変わりません（「本章第1 [2] (2)」参照）。

(3)　調停成立に向けての検討事項

◆財産分与の具体的内容の確定

財産分与の具体的内容に関しても、離婚時の調停の場合と変わりません（「本章第1

2 (3)」参照）。ただし、2 の「ケーススタディ」のとおり、離婚後の共有財産の範囲の変動については考慮する必要があります。

◆分与に伴う税金・諸費用の計算

財産分与に伴う税金・諸費用の計算に関しても、離婚時の調停の場合と変わりません（「本章第1 1 (2)」参照）。

◆調停内容の確認（調停条項案の作成）

調停内容の確認に関しても、離婚時の調停の場合と変わりません（「本章第1 2 (3)」参照）。離婚の合意や親権者の指定がないところが異なります。

なお、合意条項例や調停条項例については、最高裁判所事務総局家庭局編『家事調停条項事例集〔新訂〕』（財団法人日本調停協会連合会、2002）、小磯治『夫婦関係調停条項作成マニュアル－文例・判例と執行までの実務－〔第5版〕』（民事法研究会、2012）、宇田川濱江ほか共編「ケース別離婚協議・調停条項作成マニュアル」（新日本法規出版、2013）の文献に多数掲載されていますので、そちらも参照してください。

また、新田和憲「財産分与が問題となる調停手続の運営について」ケース研究319号27頁～33頁（2014）に東京家庭裁判所立川支部における調停条項を作成する際の手控えの例が紹介されており、そちらも参考になります。

(4)　調停手続の終了

◆調停の成立

調停の成立に関しても離婚時の調停の場合と基本的に変わりません（「本章第1 2 (4)」参照）。ただし、財産分与は離婚と異なり身分関係の変動を生じさせないので、電話会議上で調停を成立させることも可能です（家事268③）。財産分与について当事者が合意し、それを調書に記載すれば調停が成立します。

調停調書に記載された財産分与に関する条項は確定した家事審判と同一の効力を有します（家事268①）。したがって、給付を内容とする財産分与の条項については、執行力を有する債務名義と同一の効力を有することとなるので（家事75）、執行に際して執行文の付与は不要です。

◆調停の不成立

協議がこう着している場合には裁判所から調停案が出されることもあります。それ

第4章 財産分与請求手続 125

でも協議が調わなければ調停は不成立となり（家事272①）、審判に移行します（家事272④）。

◆その他の終了事由

離婚時の調停手続と同じく、調停をしない措置がなされた場合（家事271）や、申立てを取り下げた場合（家事273①）には調停は終了します。

【参考書式17】 調停調書（調停条項部分のみ抜粋）

4 審判による財産分与

> (1) 審判の開始
> (2) 審判手続
> (3) 審判手続の終了

(1) 審判の開始

財産分与の調停が不成立に終わった場合には、審判に移行します（家事272④）。この時、調停申立時に審判の申立てがあったとみなされますので、改めて審判を申し立てる必要はありません。家事審判を申し立てた後、調停に付された事件は、調停の不成立と同時に、家事審判手続が再開します。

(2) 審判手続

調停手続と審判手続は性質を異にすることから、調停手続において当事者から提出された証拠や、家庭裁判所が収集した証拠は当然には引き継がれません。ただし、家庭裁判所は、通常は、職権で調停事件の記録を調査し、それを元に判断します。家庭裁判所が必要と判断したときは、当事者の陳述聴取や審問が行われることもあります。

家庭裁判所は、財産分与の審判に関しては、相当の猶予期間を置いて、審理を終結する日を定めますので（家事71）、当事者はそれまでに攻撃防御を尽くす必要がありま

す。また、家事事件手続法の施行に伴い、家庭裁判所は、審理終結後、審判をする日を定めることとなりましたので、当事者はスケジュールを把握することが可能となりました（家事72）。

　家庭裁判所は、審判事件が裁判をするのに熟したときは、審判をします（家事73①）。審判に際しては、審判書が作成され（家事76①）、当事者に告知されます（家事74①）。

　財産分与審判の主文については、松本哲泓「財産分与審判の主文について」家庭裁判月報64巻8号105頁～131頁（2012）にて詳細な分析がなされており、参考になります。

　審判に不服のある当事者は、即時抗告をすることができます（家事85①・156五）。即時抗告は、審判の告知を受けた日から2週間以内にしなければなりません（家事86①）。

(3) 審判手続の終了

　審判が確定すると審判手続は終了します。申立人は、審判が確定するまで審判の申立てを取り下げることができ、この場合にも事件は終了します（家事82②）。ただし、財産分与については特則があり、相手方が本案について書面を提出し、又は家事審判の手続の期日において陳述をした後にあっては、相手方の同意が必要です（家事153）。

ケーススタディ

Q　審判が出され、財産分与として金銭を支払うように命ぜられたにもかかわらず、相手方が履行してくれません。履行を確保するにはどのような方法がありますか。

A　審判が出されたにもかかわらず、それが履行されなければ画に描いた餅であり、依頼者の満足は得られません。家事事件手続法上の制度としては、履行勧告（家事289）や過料による制裁を背景とする履行命令（家事290①）があります。審判は執行力を有しますので（家事75）、相手方の財産が判明していればそれを差し押さえることもできます。

　事前に履行を確保する手段としては、前述のとおり、離婚調停時の保全処分（「本章第1 2 (1)」参照）、離婚後の審判前の保全処分（ 3 (1)参照）があります。その他、調停前の処分（家事266）もありますが、執行力がないゆえに実効性に乏しく、あまり利用されていません。

【参考書式14】　財産分与請求書

財産分与請求書

△△△△　殿

　○○○○は、貴殿と平成○年○月○日、離婚をしましたが（以下「本件離婚」といいます。）、本件離婚に伴う財産分与として、金○○円を請求致します。
　誠意あるご対応をいただけない場合には、家庭裁判所に対し、調停手続を申し立てます。

以上

平成○年○月○日

○○○○

【参考書式15】 財産分与契約書

財産分与契約書

第1条　甲は、乙に対し、財産分与として金○○○○円の支払義務があることを認める。

第2条　甲は、前条の金員を平成○年○月○日限り、○○銀行○○支店の乙名義の口座（普通○○○○○○○）に振り込む方法により支払う。ただし、振込手数料は甲の負担とする。

第3条　甲及び乙は、本件に関し、甲と乙との間には、本契約書に定めるほか何らの債権債務がないことを相互に確認する。

以上

本契約の成立を証するため本書2通を作成し、甲乙各自1通ずつ保有する。

平成○年○月○日

甲：

乙：

第4章　財産分与請求手続　　129

【参考書式16】　財産分与請求の調停申立書

この申立書の写しは，法律の定めるところにより，申立ての内容を知らせるため，相手方に送付されます。

| 受付印 | ☑ 調停　　　申立書　事件名（ 財産分与 ） |
| | 家事　□ 審判 |

（この欄に申立て1件あたり収入印紙1,200円分を貼ってください。）

印　紙

（貼った印紙に押印しないでください。）

| 収入印紙　　　　円 |
| 予納郵便切手　　円 |

| 　　○　○　家庭裁判所 御中　平成　○年○月○日 | 申　立　人（又は法定代理人など）の　記　名　押　印 | 甲山　花子　　㊞ |

| 添付書類 | | 準口頭 |

（注）太枠の中だけ記入してください。

申立人	本　籍（国　籍）	（戸籍の添付が必要とされていない申立ての場合は，記入する必要はありません。）　都　道　府　県	
	住　所	〒○○○ － ○○○○　　○○県○○市○○町○番○号○○アパート○号室　　　　　　　　　　　　　　　　　　　　　方）	
	フリガナ　氏　名	コウヤマ　　　　ハナコ　甲山　　　　花子	大正・昭和・平成　○年○月○日生（　　○　歳）
相手方	本　籍（国　籍）	（戸籍の添付が必要とされていない申立ての場合は，記入する必要はありません。）　都　道　府　県	
	住　所	〒○○○ － ○○○○　　○○県○○市○○町○番○号　　　　　　　　　　　　　　　　　　　　（　　　　方）	
	フリガナ　氏　名	オツノ　　　　ジロウ　乙野　　　　次郎	大正・昭和・平成　○年○月○日生（　　○　歳）

別表第二，調停(1/2)

この申立書の写しは，法律の定めるところにより，申立ての内容を知らせるため，相手方に送付されます。

申 立 て の 趣 旨
相手方は，申立人に対し，財産分与として金〇〇円を支払うとの調停を求めます。

申 立 て の 理 由
1 申立人と，相手方は，平成〇年〇月〇日婚姻し，一男二女をもうけましたが，相手方のパチンコ及び異性関係が原因で，夫婦関係が破綻し，平成〇年〇月〇日，未成年者らの親権者を申立人と定めて協議離婚しました。
2 相手方は，〇〇会社に勤務し，約〇〇〇万円の年収を得ており，また，別紙財産目録記載の不動産を所有しています。
3 申立人は，婚姻当時勤務していた会社に平成〇年〇月〇日まで勤務し，その後，平成〇年〇月から現在に至るまで，パートタイマーや派遣社員として勤務しました。
4 申立人と相手方が婚姻をした当初は資産というべきものはありませんでしたが，申立人と相手方が協力して蓄えた資産によって上記不動産を購入し，別紙財産目録記載の預金をしました。
5 このように，申立人の稼働及び家事労働による寄与によって，相手方は上記不動産を取得し，預金をしたのですから，財産分与として不動産の時価の2分の1に該当する金員と預金の2分の1の金員の支払を相手方に求めましたが，相手方は話合いに応じようとしませんので，申立ての趣旨のとおりの調停を求めます。

別表第二，調停（2／2）

第4章　財産分与請求手続　　131

財　産　目　録

【土　　地】

番号	所　　　　在	地　　番		地　目	地　　積		備　考
			番			平方メートル	建物1の敷地評価額〇〇〇万円
1	〇〇市〇〇町〇丁目	〇	〇	宅地	100	00	

財　産　目　録

【建　　物】

番号	所　　　　在	家屋番号	種　類	構　　造	床　面　積		備　考
						平方メートル	土地1上の建物評価額〇〇〇万円
1	〇〇市〇〇町〇丁目〇番地	〇番〇	居宅	鉄骨造2階建	60	00	

財　産　目　録

【現金，預・貯金，株式等】

番号	品　　　　目	単　位	数　量　（金　額）	備　　考
1	〇〇銀行定期預金 （番号〇〇〇－〇〇〇〇）		3,000,000円	
2	〇〇銀行普通預金 （番号〇〇〇－〇〇〇〇）		800,000円	

（申立書の書式については裁判所ウェブサイトから掲載）

【参考書式17】　調停調書（調停条項部分のみ抜粋）

調　停　条　項

1　相手方は、申立人に対し、財産分与（慰謝料含む。）として、300万円の支払義務があることを認める。

2　相手方は、申立人に対し、前項の金員を平成○年○月○日限り、○○銀行○○支店の申立人名義の普通預金口座（口座番号○○○○○○○）に振り込む方法により支払う。

3　当事者双方は、本件に関し、本調停条項に定めるもののほか、何らの債権債務がないことを相互に確認する。

以上

第 5 章

財産別の評価・
具体的分与方法の検討

134

第1　不動産
1　自　宅
ア　持家を売却

＜フローチャート〜持家を売却＞

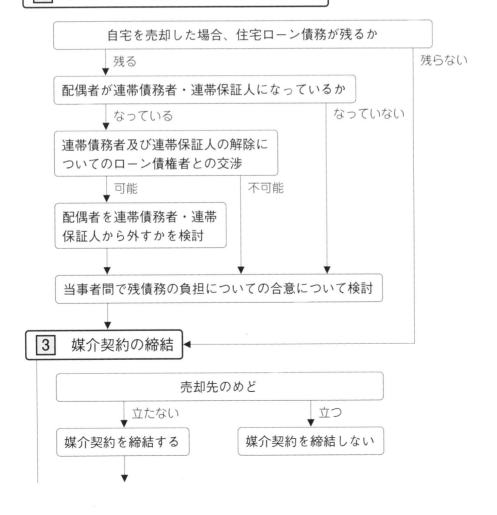

第5章　財産別の評価・具体的分与方法の検討

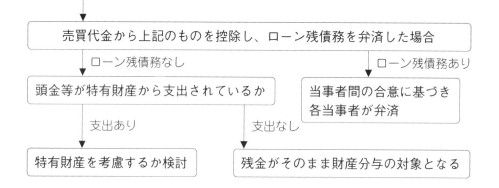

第5章　財産別の評価・具体的分与方法の検討　　137

1　自宅売却額の査定

---

(1)　査定の必要性
(2)　評価の基準時
(3)　査定方法

---

(1)　査定の必要性

　婚姻期間中（別居が先行する場合には別居時まで）に夫婦が取得した自宅（特有財産として取得したり、贈与を受けたりしたことが明らかなものは除きます。）は、その名義が夫又は妻のいずれであるかにかかわらず、実質的共有財産であり、財産分与の対象となります。

　なお、夫又は妻いずれかの親族から相続された不動産を自宅として使用している場合には、原則として、当該自宅は特有財産として取り扱われ、財産分与の対象から除かれます。

　財産分与の具体的内容を検討する上で対象財産の評価は欠かせません。特に、自宅の場合には、住宅ローン支払中で財産分与を行うことも多く、ローン残高と対象財産の評価額（時価）とを比較することは、自宅を財産分与においてどのように取り扱うかを検討する前提となりますので、自宅の評価をどのように行うかは重要な問題です。

　財産分与審判や訴訟において、自宅につき、その売却や売却金の分配が命じられることはありませんが、当事者間で合意ができれば、自宅を売却し、その売却金を分配する方法で解決することができます。

　財産分与の対象となる自宅を売却して、その売却金を当事者間で分けることで解決しようとする場合、まずは、自宅がいくらで売却可能なのかを知る必要がありますので、自宅の査定をします。

(2)　評価の基準時

　分与対象財産をいつの時点を基準に評価すべきか、という問題がありますが、この点、実務では裁判時（口頭弁論終結時又は審理終結時）を基準とするとされています（山本拓「清算的財産分与に関する実務上の諸問題」家庭裁判月報62巻3号26頁（2010））。なお、評

価の基準時については、「第2章 5 」で詳しく解説しています。

(3) 査定方法

　売却する場合の査定方法としては、不動産業者に査定を依頼するのが通常でしょう。査定後の売却手続を見据えれば、不動産業者に査定を依頼することになるのが通常ですし、査定だけであれば費用もかかりませんから、どこの不動産業者を売却の際に仲介業者として利用するかの見極めをするためにも、複数の不動産業者に査定をしてもらうことを検討するのがよいでしょう。

2 住宅ローン債務がある場合の検討事項

> (1) 住宅ローン債務残高の確認
> (2) オーバーローンかどうかの検討・残債務の支払者
> (3) 配偶者が連帯債務者・連帯保証人になっている場合
> (4) 債権者（ローン債権者）との交渉

(1) 住宅ローン債務残高の確認

　自宅に住宅ローンが残っている場合、売却した際に、売却金でローンを完済できるのか、それとも、売却金ではローンが完済できないのか（いわゆるオーバーローンなのか）を見極めるために住宅ローン残高を確認する必要があります。

　住宅ローンは、夫婦共同生活のための資産の形成・維持に関連して生じた債務であり、清算的財産分与の対象となりますから、自宅を売却する場合には、売却金から住宅ローンを控除した残額を当該夫婦の財産分与であるべき分与割合で分配するというのが通常です（「第2章 4 」及び「第5章第3」でも財産分与における住宅ローンを含む債務についての考え方について解説しています。）。

　なお、実務においては、自宅がオーバーローンの場合には分与対象財産とならないと考えられていますが、オーバーローンの自宅を売却すること自体が妨げられるわけではありません。ただし、オーバーローンの自宅を売却する場合の留意点については

(2)から(4)を参照してください。

　住宅ローン債務がある場合、まず、そもそも現段階で住宅ローンの残高がいくらあるのかを確認する必要があります。

　住宅ローンの残高については、債務者が金融機関に照会すれば、基本的には、「返済予定表」といった書面の形で、今後の支払予定とともに回答してもらえます。

（2）　オーバーローンかどうかの検討・残債務の支払者

◆オーバーローンかどうかの検討

　住宅ローンの残高を確認した後、オーバーローンかどうかを確認する必要があります。オーバーローンとは、所有している不動産を取得するためのローンの残高が、その不動産の時価を上回っていることをいいます（不動産の時価をどのように考えるかは、イ1を参照してください。）。

　オーバーローンでない場合は、一般的には自宅の時価からローンの残元金を控除した額を自宅の現在価値と評価して、各自の分与割合を乗じて分与額を決めることになります。

　他方、オーバーローンの場合は、仮にその物件を売却したとしても、ローンが残ってしまいますので、残債務をどのようにするかを検討する必要が生じてきます（最近では、自宅の時価の下落傾向が続く中で、ローン返済途中の場合、オーバーローンである場合が散見されます。オーバーローンの場合、誰が残債務の支払者となるかが問題となります。）。

　なお、場合によっては、自宅を売却してその代金をローンの支払に充てるという方法をとった際、自宅に抵当権が設定されていることなどから、金融機関から残債務について一括して支払うことを求められることがあるので注意が必要です。

◆残債務の支払者

　オーバーローンの自宅を売却する場合、売却後も住宅ローンが残りますので、どちらの当事者が残債務を支払い続けるのかについては、どちらの当事者に支払能力があるか等を踏まえて協議します。

　ただし、注意しなければならないのはローン債権者である金融機関が、調停等の手続には当事者として手続に参加しないので、当事者間で残債務の支払者を決めたとしても、内部的な解決とならざるを得ず、債権者である金融機関との関係では、ローン債権者を変更できるわけではなくせいぜい併存的債務引受けに留まってしまうという

ことです。

　もともとローン債務を負っていなかった当事者にも離婚後はローン債務を支払って
もらう合意をする場合に、その合意を金融機関にも対抗したい場合には、金融機関と
交渉し、当該金融機関をも当事者とした覚書等の書面を作成することが必須です。

(3)　配偶者が連帯債務者・連帯保証人になっている場合

　住宅ローンが残っているものの、オーバーローンでない自宅を売却する場合には、
通常その売却金をローンに充当すれば、住宅ローンは完済し、消滅します。このため、
配偶者が連帯債務者・連帯保証人になっていても問題ありません。

　しかし、オーバーローンの自宅を売却する場合には、売却後もローンが残るのであ
り、配偶者が連帯債務者・連帯保証人になっていれば、その配偶者も売却後の残債務
について責任を負い続けることになります。

　したがって、このような場合は、配偶者を連帯債務者・連帯保証人から除外するか
が問題になります。ただし、配偶者を連帯債務者・連帯保証人から除外するためには、
債権者の同意が必要となってきます。債権者としては、自宅不動産の売却は、抵当権
の抹消を伴い、担保物件を失うこととなりますから、配偶者を連帯債務者・連帯保証
人から除外することに同意する可能性は極めて低いでしょう（(4)も参照してくださ
い。)。

(4)　債権者（ローン債権者）との交渉

　オーバーローンの自宅を売却する場合には事前に債権者と交渉し、売却についての
同意を得ることが必須です。なぜならば、売却時に自宅に設定されている抵当権を抹
消してもらうことが必要だからです。したがって、売却手続においては、債権者と密
接に連携を取り合い、売却価格についても債権者の同意を得なければなりません。

　オーバーローンではない自宅でも、ローンが残っている場合には、繰上弁済や抵当
権抹消等の手続を債権者の協力を得て行うこととなりますので、売却前に債権者に連
絡を取って段取りをする必要があります。

第5章　財産別の評価・具体的分与方法の検討　　141

3　媒介契約の締結

> (1)　不動産業者の選定
> (2)　媒介契約の種類と仲介手数料
> (3)　媒介契約の締結

(1)　不動産業者の選定

　売却先のめどが立っていない場合は、基本的には、不動産業者に仲介を依頼することとなります。依頼をする不動産業者は、当該自宅を購入した不動産業者のほか、受任している弁護士が普段から依頼している不動産業者や当該自宅所在地の事情に詳しい不動産業者等が考えられます。

　他方、売却先のめどが立つ場合は媒介契約を締結する必要性は乏しいといえます。

(2)　媒介契約の種類と仲介手数料

◆媒介契約の種類

　不動産業者が仲介を行う媒介契約には、一般媒介契約、専任媒介契約及び専属専任媒介契約の3種類があります。

媒介契約の種類	依頼主への制限		宅地建物取引業者の義務	
	複数業者との契約	自己発見取引	指定流通機構（※）への登録義務	業務処理報告の義務
一般媒介契約	○	○	なし	なし
専任媒介契約	×	○	7営業日以内	2週間に1回以上
専属専任媒介契約	×	×	5営業日以内	1週間に1回以上

※　指定流通機構（通称：レインズ）とは、広く取引の相手方を探索し、早期の成約を目指すことを目的とする情報処理システムをいいます。

◆仲介手数料

仲介手数料については、宅地建物取引業法による上限の制限があります。売買の場合の仲介手数料の上限は以下のとおりとされています（宅建46①②、昭45・10・23建告1552）。

・売買価格が

200万円以下の場合：5％ ＋ 消費税別途

200万円を超え400万円以下の場合：4％ ＋ 消費税別途

400万円を超える場合：3％ ＋ 消費税別途

不動産の売買の場合、ほとんどの売買価格が400万円以上であると考えられます。この場合は、以下のような速算法を用います。

売買価格 × 3％ ＋ 6万円 ＋ 消費税別途

なお、仲介手数料は自宅の売買契約が成立して初めて発生するものとされています。実務上は、売買契約成立時に50％、決済及び引渡時に50％を支払うことが多いようです。

(3)　媒介契約の締結

媒介契約の種類や仲介手数料等を確認した後、媒介契約を締結します。媒介契約書は、国土交通大臣が定める標準媒介契約約款を用いることが多いです。宅建業者は、媒介契約が成立した後、遅滞なく、依頼者に書面を交付することが義務付けられています（宅建37）。

【参考書式18】　専任媒介契約書

4　売買契約の締結

> (1)　購入希望者との交渉
> (2)　物件情報の開示義務
> (3)　売買契約書の作成

（1） 購入希望者との交渉

　媒介契約を締結している場合、購入希望者との交渉は、仲介を依頼した不動産業者を通じて行うことになります。

　このため、仲介を依頼した不動産業者へ事前に「売買価格の希望額と譲れる範囲」、「代金の支払条件」、「引渡日時」等を伝えておくことになります。

　他方、媒介契約を締結していない場合は、自分で購入希望者と交渉しなければなりません。

（2） 物件情報の開示義務

　宅地建物取引業者は、一般に、宅地建物取引業法35条により、物件情報のうち重要なものについて説明する義務を負っています。

　また、売主に対しては、宅地又は建物の過去の履歴や隠れた瑕疵など、取引物件の売主や所有者しかわからない事項について、売主等の協力が得られるときは、告知書を提出し、これを買主等に渡すことにより将来の紛争の防止に役立てることが望ましいとされています（国土交通省「宅地建物取引業法の解釈・運用の考え方」35頁）。

（3） 売買契約書の作成

　宅地建物取引業法37条の規定により、宅地建物取引業者は一定の契約内容を記載した書面を作成し、交付する義務を負っています。

　仮に仲介業者を利用しない場合であっても、売買契約書を作成しておくことが後日の紛争を防止するために必須であるのは言うまでもありません。

5 売買の決済

（1） 決　済
（2） 引渡し
（3） 登記手続

(1) 決　済

　一般的な売買契約では、契約締結時に手付金を授受し、数週間から数か月後に残代金の決済と物件の引渡しを行います。代金の決済は通常当事者が一同に会して行います。

　決済日には、通常司法書士が立会いし、登記に必要な書類や情報を確認します。司法書士によって所有権の移転・抵当権等の抹消などに必要な書類・情報が確認できた後に残代金を支払います。

　他方、書類が不足していたり、情報が確認できないような場合は、決済は延期します。弁護士としては、依頼者の利益を損なわないように、同時履行を確保することは必須です。

(2) 引渡し

　(1)でも述べたように、売主は売買代金受領と引換えに、買主へ物件を引き渡し、買主のために所有権移転登記の申請手続を行うことになります。

(3) 登記手続

　登記手続は、基本的には司法書士に依頼することになります。仲介を依頼した不動産業者がいる場合は、当該不動産業者が指定の司法書士を手配してくれる場合が多いですが、必ず指定の司法書士を利用しなければならないわけではありません。

6　売買代金の分配

---

(1)　売買代金からの諸費用・税金の控除
(2)　頭金を特有財産から出している場合の分配時の考慮

---

(1)　売買代金からの諸費用・税金の控除

　自宅を売却し、売買代金を得た場合、当該売却代金から売却に必要な諸費用や税金、

住宅ローンがある場合にはそのローンを控除し、その残額を当事者間で分与割合で分配して清算することになります。

　自宅を売却した際に必要となる費用としては、仲介手数料、抵当権等抹消費用及び所有権移転登記手続費用（司法書士報酬・登録免許税）等が考えられます（仲介手数料については③(2)を参照してください。）。

　自宅を売却した際に必要となる税金としては、印紙税及び所得税・住民税です。印紙税とは、印紙税法に基づき契約書に収入印紙を貼付する税金です。通常、印紙税は、買主と売主が折半して負担します（なお、印紙代は、平成27年12月現在、売買の額が1,000万円超5,000万円以下の場合で、1万円（租特91）とされています。）。

　譲渡所得に対する所得税及び住民税とは、土地や建物を売却し、利益（いわゆる譲渡益。税法上「譲渡所得」といいます。）が生じた場合に、当該利益に対して課税される税金です。税額は、まず「譲渡所得」を計算し、その売却した土地建物等の所有期間（短期又は長期）に応じた税額計算の方法によって計算されます。譲渡所得税については、「第6章第2・第3②」を参照してください。

　そして、売却代金から、売却にかかる費用・税金を控除し、住宅ローンがある場合には、上記控除後の残金を同ローンの弁済に充て、その残金を当事者で分配します。オーバーローンの場合には、当事者間で分配する金銭が存在しないということになります。

アドバイス

〇控除すべき住宅ローン残高の考え方

　自宅の住宅ローンの返済がまだ終わっていない場合は、訴訟や審判になった場合は原則として、離婚時ないしは裁判時（口頭弁論終結時又は審理終結時）の住宅ローンの残高を住宅の時価から控除した残額を財産分与対象となる金額として評価することになります。

　ただし、別居後の住宅ローン返済にかかる自宅の名義人以外の寄与が全くないシンプルな場合においては、別居後のローン返済について、名義人でない者の寄与度を検討する必要がないので、別居時の住宅ローン残高を控除することで足りるとの指摘もあります（山本拓「清算的財産分与に関する実務上の諸問題」家庭裁判月報62巻3号33頁（2010））。

　これらの点を踏まえれば、別居後に自宅を売却して清算を行う場合には、実務上は、売却時における住宅ローン残高を控除した残金そのものを分配することも多いと思われます。

（2）　頭金を特有財産から出している場合の分配時の考慮 ∎∎∎∎∎∎

　分配に当たって問題となるのが、自宅の頭金について、婚姻前の預貯金等の特有財産から出捐されている場合です。

　自宅は、購入時から売却時までの間使用するため、一般にその価値は下落します。このため、単純に特有財産として支出した金額をそのまま当該支出した当事者が当然に取得するというのは問題がある場合があります。

　この点について、自宅の評価額から、取得価額に占める特有財産が原資とされた割合を控除して夫婦の実質的共有財産部分を算出した判例があります（大阪高判平19・1・23判タ1272・217）。このような判例の考え方は、清算的財産分与を行う上で公平なものであり、この問題についての1つの参考になります。この判例によれば、財産分与の対象となる額は、以下の計算式で算出されることになります。

　　財産分与の対象となる額 ＝ 自宅の評価額 × （1 － 特有財産の額 ÷ 取得額）

ケーススタディ

【ケース1】

Q　夫婦が婚姻後に貯めた夫婦の預貯金1,000万円と、妻の婚姻前の預金1,500万円の合計2,500万円で購入した不動産の時価が1,500万円になっている場合、妻の取得分はどのように計算すればよいですか。分与割合は2分の1とします。

A　前掲大阪高裁平成19年1月23日判決（判タ1272・217）によると、財産分与の対象となる額は、以下の計算式で算出されることになります。
　　財産分与の対象額 ＝ 1,500万円（自宅の評価額）
　　　　　　　　　　　　× （1 － 1,500万円 ÷ 2,500万円） ＝ 600万円
　　妻の取得額は、次の計算式で算出されるように、1,200万円になります。
　　（1,500万円 － 600万円） ＋ 600万円 × 1／2 ＝ 1,200万円

【ケース2】

Q　上記【ケース1】の Q で、妻の婚姻前の預金ではなく、妻の実家の援助が1,500万円であった場合はどのようにして処理をすればよいですか。

A　基本的に【ケース1】と同様の処理となります。

第5章　財産別の評価・具体的分与方法の検討

【参考書式18】　専任媒介契約書

専任媒介契約書

依頼の内容　㊙売却・購入・交換

この契約は、次の3つの契約型式のうち、専任媒介契約型式です。
・専属専任媒介契約型式
　依頼者は、目的物件の売買又は交換の媒介又は代理を、当社以外の宅地建物取引業者に重ねて依頼することができません。依頼者は、自ら発見した相手方と売買又は交換の契約を締結することができません。
　当社は、目的物件を国土交通大臣が指定した指定流通機構に登録します。
・専任媒介契約型式
　依頼者は、目的物件の売買又は交換の媒介又は代理を、当社以外の宅地建物取引業者に重ねて依頼することができません。依頼者は、自ら発見した相手方と売買又は交換の契約を締結することができます。
　当社は、目的物件を国土交通大臣が指定した指定流通機構に登録します。
・一般媒介契約型式
　依頼者は、目的物件の売買又は交換の媒介又は代理を、当社以外の宅地建物取引業者に重ねて依頼することができます。依頼者は、自ら発見した相手方と売買又は交換の契約を締結することができます。

　依頼者甲は、この契約書及び専任媒介契約約款により、別表に表示する不動産（目的物件）に関する売買（交換）の媒介を宅地建物取引業者乙に依頼し、乙はこれを承諾します。

平成〇年〇月〇日

甲・依頼者　　　　　　住所　〇〇県〇〇市〇〇町1－2－3
　　　　　　　　　　　氏名　甲野　太郎　　　　　㊞

乙・宅地建物取引業者　商号（名称）　株式会社〇〇不動産
　　　　　　　　　　　代表者　代表取締役　乙川　一郎　㊞
　　　　　　　　　　　主たる事務所の所在地　〇〇県〇〇市〇〇町1－1－1
　　　　　　　　　　　免許証番号　国土交通大臣(〇)第〇〇〇〇号

1　成約に向けての義務
　一　乙は、契約の相手方を探索するとともに、契約の相手方との契約条件の調整等を行い、契約の成立に向けて積極的に努力します。
　二　乙は、甲に対し、＊1 <u>電子メール</u>により、＊2 <u>2週間に1回</u>以上の頻度で業務の処理状況を報告します。
　三　乙は、広く契約の相手方を探索するため、目的物件につき、所在地、規模、形質、媒介価額その他の事項を、＊3 <u>〇〇〇〇</u>にこの媒介契約の締結の日の翌日から＊4 <u>7日</u>以内（乙の休業日を含みません。）に登録します。また、目的物件を登録したときは、遅滞なく、甲に対して宅地建物取引業法第50条の6に定める登録を証する書面を交付します。
　　　なお、乙は、目的物件の売買又は交換の契約が成立したときは、宅地建物取引業法第34条の2第7項に基づき当該契約に関する情報を指定流通機構に通知し、当該契約に関する情報は、当該指定流通機構から宅地建物取引業者に提供されるなど、宅地建物取引業法第50条の3及び第50条の7に定める指定流通機構の業務のために利用されます。
　　備考
　　　＊1　文書又は電子メールのうちいずれかの方法を選択して記入すること。
　　　＊2　宅地建物取引業法第34条の2第8項に定める頻度（2週間に1回以上）の範囲内で具体的な頻度を記入すること。
　　　＊3　当該目的物件の所在地を含む地域を対象として登録業務を行っている指定流通機構の名称を記入すること。
　　　＊4　宅地建物取引業法第34条の2第5項及び宅地建物取引業法施行規則第15条の8に定める期間（7日以内）の範囲内で具体的な期間を記入すること。
2　媒介に係る業務
　　乙は、1に掲げる義務を履行するとともに、次の業務を行います。
　一　乙は、甲に対し、目的物件を売買すべき価額又は評価額について意見を述べるときは、その根拠を明らかにして説明を行います。
　二　甲が乙に目的物件の購入又は取得を依頼した場合にあっては、乙は、甲に対し、目的物件の売買又は交換の契約が成立するまでの間に、宅地建物取引士をして、宅地建物取引業法第35条に定める重要事項について、宅地建物取引士が記名押印した書面を交付して説明させます。
　三　乙は、目的物件の売買又は交換の契約が成立したときは、甲及び甲の相手方に対し、遅滞なく、宅地建物取引業法第37条に定める書面を作成し、宅地建物取引士に当該書面に記名押印させた上で、これを交付します。
　四　乙は、甲に対し、登記、決済手続等の目的物件の引渡しに係る事務の補助を行います。

五　その他（　　　　　　　　　　　　　　　）

3　違約金等

一　甲がこの媒介契約の有効期間内に乙以外の宅地建物取引業者に目的物件の売買又は交換の媒介又は代理を依頼し、これによって売買又は交換の契約を成立させたときは、乙は、甲に対して、約定報酬額に相当する金額（この媒介に係る消費税額及び地方消費税額の合計額に相当する額を除きます。）を違約金として請求することができます。

二　この媒介契約の有効期間内において、甲が自ら発見した相手方と目的物件の売買若しくは交換の契約を締結したとき、又は乙の責めに帰すことができない事由によってこの媒介契約が解除されたときは、乙は、甲に対して、この媒介契約の履行のために要した費用の償還を請求することができます。

4　有効期間　この媒介契約締結後〇ヶ月（平成〇年〇月〇日まで）とします。

	（消費税及び地方消費税抜き報酬額）	（消費税及び地方消費税額の合計額）

5　約定報酬額　<u>売買価格×3％＋6万</u>　円と　<u>（売買価格×3％＋6万円）×8％</u>円　を合計した額とします。

6　約定報酬の受領の時期

<u>売買契約締結時</u>　とします。

第5章　財産別の評価・具体的分与方法の検討

別表

所有者	住　所 ○○県○○市○○町1−2−3	登記名義人	住　所 ○○県○○市○○町1−2−3
	氏　名　　甲野　太郎		氏　名　　甲野　太郎

所在地　　○○県○○市○○町3−3−3

目的物件の表示	土地	実　測	㎡	地目	(宅地)・田・畑・山林・雑種地・その他（　　　）	権利内容	(所有権)・借地権
		公　簿	○○㎡				
	建物	建築面積	㎡	種類		構造	造　　葺　　階建
		延面積	㎡	間取り			
	マンション	名　称	階　　号室			構造	造　　階建
		タイプ	LDK　　DK			共有持分	分の
		専有面積	㎡				

本体価格	20,000,000円	備考
消費税額及び地方消費税額の合計額	円	

媒介価額	総額 20,000,000円	

［ただし、買い依頼に係る媒介契約については、次の別表を使用することとして差し支えない。］

希望する条件

項　　目	内　　　容	希　望　の　程　度
物件の種類		
価額		
広さ・間取り等		
物件の所在地		

その他の条件（希望の程度もお書き下さい。）

注　「希望の程度」の欄には、「特に強い」、「やや強い」、「普通」等と記入すること。

第5章 財産別の評価・具体的分与方法の検討

専任媒介契約約款

（目的）

第1条 この約款は、宅地又は建物の売買又は交換の専任媒介契約について、当事者が契約の締結に際して定めるべき事項及び当事者が契約の履行に関して互いに遵守すべき事項を明らかにすることを目的とします。

（当事者の表示と用語の定義）

第2条 この約款においては、媒介契約の当事者について、依頼者を「甲」、依頼を受ける宅地建物取引業者を「乙」と表示します。

2 この約款において、「専任媒介契約」とは、甲が依頼の目的である宅地又は建物（以下「目的物件」といいます。）の売買又は交換の媒介又は代理を乙以外の宅地建物取引業者に重ねて依頼することができないものとする媒介契約をいいます。

（目的物件の表示等）

第3条 目的物件を特定するために必要な表示及び目的物件を売買すべき価額又は交換すべき評価額（以下「媒介価額」といいます。）は、専任媒介契約書の別表に記載します。

（宅地建物取引業者の義務等）

第4条 乙は、次の事項を履行する義務を負います。

一 契約の相手方を探索するとともに、契約の相手方との契約条件の調整等を行い、契約の成立に向けて積極的に努力すること。

二 甲に対して、専任媒介契約書に記載する方法及び頻度により業務の処理状況を報告すること。

三 広く契約の相手方を探索するため、目的物件につき、所在地、規模、形質、媒介価額その他の事項を、専任媒介契約書に記載する指定流通機構に媒介契約の締結の日の翌日から専任媒介契約書に記載する期間内（乙の休業日を含みません。）に登録すること。

四 前号の登録をしたときは、遅滞なく、指定流通機構が発行した宅地建物取引業法第50条の6に定める登録を証する書面を甲に対して交付すること。

2 乙は、前項に掲げる義務を履行するとともに、次の業務を行います。

一 媒介価額の決定に際し、甲に、その価額に関する意見を述べるときは、根拠を示して説明を行うこと。

二 甲が乙に目的物件の購入又は取得を依頼した場合にあっては、甲に対して、目的物件の売買又は交換の契約が成立するまでの間に、宅地建物取引士をして、宅地建

物取引業法第35条に定める重要事項について、宅地建物取引士が記名押印した書面を交付して説明させること。

三　目的物件の売買又は交換の契約が成立したときは、甲及び甲の相手方に対して、遅滞なく、宅地建物取引業法第37条に定める書面を作成し、宅地建物取引士に当該書面に記名押印させた上で、これを交付すること。

四　甲に対して、登記、決済手続等の目的物件の引渡しに係る事務の補助を行うこと。

五　その他専任媒介契約書に記載する業務を行うこと。

（媒介価額の変更の助言等）

第5条　媒介価額が地価や物価の変動その他事情の変更によって不適当と認められるに至ったときは、乙は、甲に対して、媒介価額の変更について根拠を示して助言します。

2　甲は、媒介価額を変更しようとするときは、乙にその旨を通知します。この場合において、価額の変更が引上げであるとき（甲が乙に目的物件の購入又は取得を依頼した場合にあっては、引下げであるとき）は、乙の承諾を要します。

3　乙は、前項の承諾を拒否しようとするときは、その根拠を示さなければなりません。

（有効期間）

第6条　専任媒介契約の有効期間は、3ヶ月を超えない範囲で、甲乙協議の上、定めます。

（報酬の請求）

第7条　乙の媒介によって目的物件の売買又は交換の契約が成立したときは、乙は、甲に対して、報酬を請求することができます。ただし、売買又は交換の契約が停止条件付契約として成立したときは、乙は、その条件が成就した場合にのみ報酬を請求することができます。

2　前項の報酬の額は、国土交通省告示に定める限度額の範囲内で、甲乙協議の上、定めます。

（報酬の受領の時期）

第8条　乙は、宅地建物取引業法第37条に定める書面を作成し、これを成立した契約の当事者に交付した後でなければ、前条第1項の報酬（以下「約定報酬」といいます。）を受領することができません。

2　目的物件の売買又は交換の契約が、代金又は交換差金についての融資の不成立を解除条件として締結された後、融資の不成立が確定した場合、又は融資が不成立のときは甲が契約を解除できるものとして締結された後、融資の不成立が確定し、これを理由として甲が契約を解除した場合は、乙は、甲に、受領した約定報酬の全額を遅滞なく返還しなければなりません。ただし、これに対しては、利息は付さないこととします。

（特別依頼に係る費用）

第9条　甲が乙に特別に依頼した広告の料金又は遠隔地への出張旅費は甲の負担とし、甲は、乙の請求に基づいて、その実費を支払わなければなりません。

第5章　財産別の評価・具体的分与方法の検討　　153

（直接取引）

第10条　専任媒介契約の有効期間内又は有効期間の満了後2年以内に、甲が乙の紹介に
　　よって知った相手方と乙を排除して目的物件の売買又は交換の契約を締結したとき
　　は、乙は、甲に対して、契約の成立に寄与した割合に応じた相当額の報酬を請求する
　　ことができます。

（違約金の請求）

第11条　甲は、専任媒介契約の有効期間内に、乙以外の宅地建物取引業者に目的物件の
　　売買又は交換の媒介又は代理を依頼することはできません。甲がこれに違反し、売買
　　又は交換の契約を成立させたときは、乙は、甲に対して、約定報酬額に相当する金額
　　（この媒介に係る消費税額及び地方消費税額の合計額に相当する額を除きます。）の
　　違約金の支払を請求することができます。

（自ら発見した相手方と契約しようとする場合の通知）

第12条　甲は、専任媒介契約の有効期間内に、自ら発見した相手方と目的物件の売買又
　　は交換の契約を締結しようとするときは、乙に対して、その旨を通知しなければなり
　　ません。

（費用償還の請求）

第13条　専任媒介契約の有効期間内において、甲が自ら発見した相手方と目的物件の売
　　買若しくは交換の契約を締結したとき、又は乙の責めに帰すことができない事由によ
　　って専任媒介契約が解除されたときは、乙は、甲に対して、専任媒介契約の履行のた
　　めに要した費用の償還を請求することができます。

2　前項の費用の額は、約定報酬額を超えることはできません。

（更新）

第14条　専任媒介契約の有効期間は、甲及び乙の合意に基づき、更新することができま
　　す。

2　有効期間の更新をしようとするときは、有効期間の満了に際して甲から乙に対し文
　　書でその旨を申し出るものとします。

3　前2項の規定による有効期間の更新に当たり、甲乙間で専任媒介契約の内容について
　　別段の合意がなされなかったときは、従前の契約と同一内容の契約が成立したものと
　　みなします。

（契約の解除）

第15条　甲又は乙が専任媒介契約に定める義務の履行に関してその本旨に従った履行を
　　しない場合には、その相手方は、相当の期間を定めて履行を催告し、その期間内に履
　　行がないときは、専任媒介契約を解除することができます。

第16条　次のいずれかに該当する場合においては、甲は、専任媒介契約を解除すること
　　ができます。

一　乙が専任媒介契約に係る業務について信義を旨とし誠実に遂行する義務に違反したとき。

二　乙が専任媒介契約に係る重要な事項について故意若しくは重過失により事実を告げず、又は不実のことを告げる行為をしたとき。

三　乙が宅地建物取引業に関して不正又は著しく不当な行為をしたとき。

（特約）

第17条　この約款に定めがない事項については、甲及び乙が協議して別に定めることができます。

2　この約款の各条項の定めに反する特約で甲に不利なものは無効とします。

（平2・1・30建告115）

イ 持家を維持

＜フローチャート〜持家を維持＞

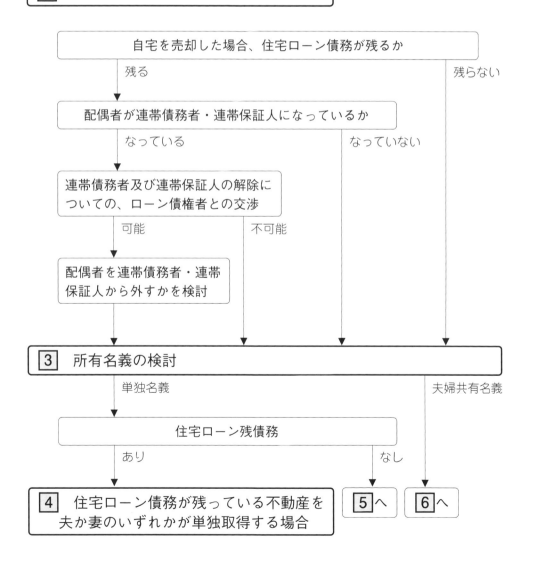

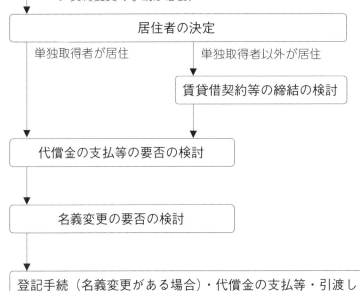

5 住宅ローン債務がない不動産を夫か妻のいずれかが単独取得する場合

※基本的な流れは 4 と同じ。

6 不動産を共有名義とする場合

※共有名義とすることのリスク
・相続による持分の分散
・相手方のローン・公租公課の滞納による差押え　など

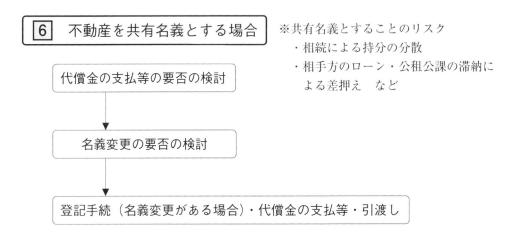

第5章　財産別の評価・具体的分与方法の検討　　　157

1 自宅の資産価値の確認

- (1)　査定の必要性
- (2)　評価の基準時
- (3)　査定方法

(1)　査定の必要性

　婚姻期間中（別居が先行する場合には別居時まで）に夫婦が取得した自宅（特有財産として取得したり、贈与を受けたりしたことが明らかなものは除きます。）は、その名義が夫又は妻のいずれであるかにかかわらず、実質的共有財産であり、財産分与の対象となります。

　なお、夫又は妻いずれかの親族から相続された不動産を自宅として使用している場合には、原則として、当該自宅は特有財産として取り扱われ、財産分与の対象から除かれます。

　持家を維持する場合、自宅を取得する当事者が相手方に対して、代償金を支払うかどうかやその金額をいくらにするか、あるいは、自宅を取得しない当事者に自宅以外の分与対象財産を取得させるかどうかや取得させる金額をいくらにするかにつき、検討しなければなりません。その検討のために自宅の価値を把握することは必須になります。

　財産分与審判や訴訟では、自宅の売却が命じられることはなく、維持することが前提となります。当事者の取得分額を算出する上で自宅の評価額を出す作業は必須となります。

(2)　評価の基準時

　ア 1 のとおりです。

(3)　査定方法

　自宅の評価額としては、調停や審判の際には、固定資産税評価額によっても差し支

えないとの指摘があります（近藤幸康「財産分与を巡る裁判例と問題点」判例タイムズ1352号89頁（2011））。確かに、当事者間で固定資産税評価額により評価することで合意ができれば、わざわざ査定する必要はありません。

　しかし、固定資産税評価額は、調査が容易な反面、あくまで固定資産税の算定の基礎となるものですので、一般に低額になります（おおむね公示価格の70％程度と考えられています。）。

　当事者間で固定資産税評価額により評価することについて合意できない場合には、住宅の時価を査定によって調査することが必要になってきます。

　相手方が不動産業者に依頼して住宅の査定をした場合、その査定額が相当であるかをめぐり争いになることもあります。そのような場合、調停では、当事者双方がそれぞれ不動産業者に依頼して住宅の査定をし、その平均をとるということも1つの方法として考えられます。

　この他に、査定の方法として、不動産鑑定士に依頼するという方法が考えられます。不動産鑑定士による不動産鑑定評価はある程度客観性・公平性があり、査定額の相当性も担保されている反面、場合によっては数十万円の鑑定費用が必要となるというデメリットもあります。とはいえ、審判や離婚訴訟において、当事者間で評価方法をめぐって激しい争いがある場合には、鑑定費用がかかるとしても、不動産鑑定士による鑑定をせざるを得ないことがあります。

2 住宅ローン債務がある場合の検討事項

---

　(1)　住宅ローン債務残高の確認
　(2)　オーバーローンかどうかの検討・残債務の支払者
　(3)　配偶者が連帯債務者・連帯保証人になっている場合
　(4)　債権者（ローン債権者）との交渉

---

(1)　住宅ローン債務残高の確認

ア ２ (1)のとおりです。

第5章　財産別の評価・具体的分与方法の検討　　159

(2)　オーバーローンかどうかの検討・残債務の支払者

　基本的には、ア 2 (2)のとおりです。ただし、自宅を維持する場合は、通常は、今後も一方当事者が自宅に居住することになるでしょう。このため、どちらが残債務を負担するかは、支払能力のほか、離婚後の生活状況も考慮に入れて検討する必要があります。

(3)　配偶者が連帯債務者・連帯保証人になっている場合

　配偶者が、住宅ローンの連帯債務者・連帯保証人になっていて、当該配偶者が自宅を取得しない場合は、連帯債務者・連帯保証人から除外するかどうかを検討する必要があります。

　ただし、連帯債務者・連帯保証人から除外するためには、ローン債権者である金融機関の承諾を得る必要があります。とはいえ、新たに連帯保証人を加えるといった事情がない限り、金融機関としては、配偶者を連帯債務者・連帯保証人から除外することに承諾する可能性は極めて低いでしょう。

　金融機関が承諾をしない場合は、最終的には内部的なものに留まるとしても、当事者間で住宅ローンの負担についての合意をせざるを得ません（当事者間で住宅ローンの負担について合意をしても、ローン債権者である金融機関との関係では意味はありません。なお、(4)も参照してください。）。

(4)　債権者（ローン債権者）との交渉

　ローン債権者たる金融機関の同意が得られれば、免責的債務引受けや借換えによる債務者の変更や負担割合を定めた履行引受けの合意をすることができますので、このような形での合意を検討する場合は、事前にローン債権者と交渉する必要があります。

　配偶者が連帯債務者・連帯保証人になっている場合も、配偶者を連帯債務者等から除外又は変更する場合は、ローン債権者との交渉が必要になってきます。ローン債権者の立場からすれば、連帯債務者・連帯保証人がなくなれば、その分債権が回収できないリスクが高まりますので、簡単には除外交渉に応じないことが多いと考えられます。

　ただし、配偶者を連帯債務者・連帯保証人から除外する一方で新たな連帯債務者・連帯保証人を用意できるような場合は、除外に応じてくれることもあり得ます。例えば、当事者の両親が就労しており、十分な収入が長期間期待できるような事案では、

当該当事者の両親を新たな連帯債務者・連帯保証人にすることについて、検討しても
よいかもしれません。

アドバイス

○金融機関との交渉が必要な場合の調停条項の例

　　例えば、調停条項に「相手方は、申立人に対し、別紙物件目録記載の不動産について、
　設定された抵当権の申立人を連帯債務者とする被担保債権につき、申立人を連帯債務者
　から除外し、相手方の単独債務となるよう、金融機関と交渉することを約束する。」とい
　った条項を入れておくということも考えられます。

---

3 所有名義の検討

---

(1)　単独名義にする場合
(2)　夫婦共有名義とする場合

---

(1)　単独名義にする場合

　離婚により同居を解消することになる以上、自宅についてもはや共同利用をするこ
とは予定されていません。そこで、自宅を売却をしない場合には自宅についてどちら
かの単独所有にすることを検討することになります。

　夫婦の間に未成熟の子がいる場合、親権者とはならない当事者が自宅の所有権を取
得し、親権者となる当事者及び子がそれまで住んでいた住居を出ることになれば、子
がこれまで生活していた場を失うことになります。両親の離婚に巻き込まれ、不安な
精神状況にある子が転校などによる交友関係の変動でさらなるストレスを受けること
は、子の福祉という観点から望ましいものではありません。

　このような点を考慮すれば、自宅を単独名義にする場合、親権者となって子を監護
をする当事者の名義にするのが望ましいことがあります。

　子が幼い場合には妻が親権者となることが多いと思われますが、妻は、住宅ローン
や代償金の支払能力がない場合が多いと思われます（これは、女性の社会進出が進ん

でいるとしても、夫は仕事、妻は家事・育児という役割分担は依然として存在してお
り、妻が定職についていないなどといったことがあるからです。）。自宅以外に分与対
象財産がない場合には、妻による代償金の支払や住宅ローンの負担等ができないため
に夫が自宅を妻の単独名義にすることについて承諾せず、自宅を妻の単独名義にでき
ないこともあります。

　そこで、当事者のうち、経済力のある夫が夫名義の自宅を保持し、ローンの弁済を
続け、妻は財産分与として自宅の純価値の一部を金銭で得るという解決をした判例も
あります（東京高判昭52・8・30判時872・85）。

　結局のところ、どちらの当事者の名義にするかを検討するに当たっては、離婚後の
当該自宅の利用状況や住宅ローンの支払能力・意思等を考慮することになります。

(2)　夫婦共有名義とする場合

　ところで、4でも述べますが、仮に、夫名義の自宅を妻の単独名義にしようとして
も、夫名義の住宅ローン債務が残っている場合、離婚した妻のために夫がローン債務
の履行を離婚後も継続するかが問題となります。仮に、夫がローン債務を履行しない
場合は、自宅の抵当権が実行され、結局、妻が自宅の所有権を失う可能性もあります。

　そこで、夫のローン債務の履行のインセンティブを与えるため（ないしはインセン
ティブを残すため）、あえて自宅を夫婦共有名義のままとしておいたり、単独名義から
共有名義とする方法も考えられます。

　ただし、自宅を夫婦共有名義にすることには問題点もあります。詳細は6で述べ
ます。

4　住宅ローン債務が残っている不動産を夫か妻のいずれかが単独取得する場合

(1)　ローン債務者が取得する場合
(2)　ローン債務者ではない者が取得する場合
(3)　ローン債務者の変更を行って新たにローン債務者となる居住者
　　が単独取得する場合

(1) ローン債務者が取得する場合 ▪▪▪▪▪▪▪▪▪▪▪▪▪▪▪▪▪▪▪▪▪▪▪▪▪▪

◆代償金の支払等の要否の検討（オーバーローンのときはどうするのかも含めて）

　ローン債務者が、住宅ローンの残っている不動産を取得する場合、相手方に対して、不動産の現在価値から住宅ローン残額を差し引いた金額（特有財産をどのように考慮するかも検討する必要があります。住宅ローン残高の考え方や特有財産の考え方について、ア 6 参照）に分与割合を乗じた金額を分与することになります。

　したがって、不動産を取得する者は、相手方が本来財産分与として取得する分に相当する金銭（財産分与相当額）を代償金として支払うことになります（家事195類推、鳥取家審昭39・3・25判タ176・215）。もし、自宅以外に財産分与の対象たる現預金等がある場合には、分与対象とはならない財産（いわゆる特有財産）からの代償金の支払というのではなく、自宅を取得しない者がその現預金等を取得するなどして当事者双方の公平を図ることになるのはもちろんです。

　このことからすれば、住宅ローン債務が残っている自宅を当該債務者が単独取得する場合であっても、当該自宅がオーバーローンのときは、代償金を支払う必要はないと考えられます。判例においても、オーバーローンの場合には、不動産の価値はゼロであって、清算すべき財産がないから、返済したローンの一部についても財産分与の対象とするべきではないとしたものがあり（東京高決平10・3・13家月50・11・81）、審判・訴訟ではオーバーローン不動産を清算的財産分与の対象とはしない取扱いがなされています。もっとも、オーバーローン状態であっても、他に積極財産がある場合には、他の積極財産との関係で自宅が分与対象財産になることはあり得ます（惣脇美奈子「財産分与と住宅ローン」判例タイムズ1100号57頁（2002））。

　また、オーバーローンの自宅について、清算的分与の対象財産とせず、扶養的分与の考慮事情とした判例もあります（長野地判昭32・12・4下民8・12・2271）。

　なお、離婚時に残った債務（オーバーローンでない場合を含みます。）について、どのようにして各当事者が負担するのかが問題になります。この点については、ア 2 を参照してください。この点について、審判や判決だと問題が十分解決できないこともありますので、調停や和解でのより柔軟な和解的解決が望まれるとの指摘があります（山本拓「清算的財産分与に関する実務上の諸問題」家庭裁判月報62巻3号26頁（2010））。

第5章　財産別の評価・具体的分与方法の検討　　163

ケーススタディ

【ケース1】

Q　住宅ローンのこれまでの支払額のうち元本に充当された金額を自宅の実質的価値であると考えることはできませんか。

A　判例には、自宅の資産価値はゼロに近く、清算対象とならなかったとしても、返済された住宅ローンの2分の1の支払を命じたものもあります（水戸家龍ヶ崎支審平9・10・7家月50・11・86、名古屋高金沢支決昭60・9・5家月38・4・76）。

　しかし、このような考え方を前提とすると、ローンの支払期間が長いほど自宅の実質的な価値が高くなってしまい、建物が経年によってその価値が減少することと整合性を欠くこととなります。

　むしろ、これまでに支払った住宅ローンは婚姻費用の分担とみるべきであり、仮に一方当事者が過大に負担している場合は、別途清算するかを検討すべきと考えます（近藤幸康「財産分与を巡る裁判例と問題点」判例タイムズ1352号91頁（2011））。なお、裁判所が当事者の一方が過度に負担した婚姻費用の清算のための給付も含めて財産分与の額及び方法を定めることができるとした、最高裁昭和53年11月14日判決（判時913・85）があります。

【ケース2】

Q　オーバーローンのため審判・訴訟で財産分与の対象から外された自宅は、離婚後どのような事後処理が想定されますか。

A　オーバーローンのため財産分与の対象から外された自宅は、清算未了の状態になります。

　当事者間において、離婚時に、オーバーローンの自宅についてどのような取扱いをするか協議ができていれば何の問題もないのですが、協議が成立せず、審判等で財産分与の対象外とされてしまった場合には問題が残ります。

　最近の判例で、離婚後、元夫が、元夫名義の自宅を占有する元妻に対し、使用料相当額の損害賠償を求めた事案があります。この事案では、裁判所は、自宅が元夫婦の共有の財産であることを前提として持分を認定し、元夫の持分権を元妻

が侵害したとして、不法行為に基づく使用料相当額の損害のうち、元夫の持分に応じた分の支払を認めました（東京地判平24・12・27判時2179・78）。

　この判例のように、オーバーローンの自宅について財産分与の対象外とされた場合には、離婚が成立したとしても、後日新たな紛争が生じることになりかねません。また、共有名義の自宅の場合は、一方当事者が他方当事者に共有物分割請求をしてくることもあり得ます。

　紛争の1回的解決という観点からは、オーバーローンの自宅であっても、極力当事者間の協議ないしは調停等の話合いにおいて何らかの取決めをしておくことが望ましいです（審判・訴訟になれば、少なくとも現在の実務では、単に財産分与の対象外とされてしまうだけです。）。例えば、自宅を住宅ローンの債務者の元夫に帰属させ、他方で、清算的ないし扶養的分与として子が成人するまでの間、自宅に賃借権や使用借権を設定するという解決をすることなどが考えられます。

◆名義変更の要否の検討

　[3]でも述べましたが、離婚後の当該自宅の利用状況や住宅ローンの支払能力・意思等を考慮して、ローン債務者が自宅を取得するかどうかを検討します（一般に、ローン債務者が単独で取得する場合としては、ローン債務者が居住を継続し、住宅ローンを支払う意思と能力がある場合が想定されます。）。

　検討の結果、ローン債務者が単独取得することとなり、仮に、当該自宅がローン債務者の名義になっていなければ（通常、ローン債務者が当該自宅の名義者になっていないということはないと思われます。）、ローン債務者への名義変更をしなければなりません。また、夫婦共有名義になっていれば、単独取得する者への共有持分の移転が必要です。

◆単独取得者ではない者が居住する場合の検討事項（賃貸借契約・使用貸借契約の締結等）

　自宅の単独取得者でない者が当該自宅に居住する場合、居住する者は、単独取得者と使用貸借契約ないしは賃貸借契約を締結することが考えられます。当事者間の合意さえ成立すれば、このような利用権の設定をすることは自由にできます。

　審判でも、年齢、健康状態、収入の有無・額及び扶養が必要な家族の有無などの生活状況を考慮して扶養的分与を加味して、使用借権又は賃借権の設定を命じたものがあります（二女が高校を卒業し、長男が小学校を卒業するまでの使用貸借を命じたもの（名古屋高決平18・5・31家月59・2・134）や、子供が高校を卒業するまでの賃貸借を命じ

たもの（名古屋高判平21・5・28判時2069・50））。審判・判決で利用権の設定が認められる場合の多くは、扶養的財産分与として設定されています。

　ただし、当該自宅に抵当権を設定しているローン債権者との関係では、当該抵当権が実行された場合、これらの利用権は当該抵当権設定後のものであることから、対抗できないことに注意が必要です（民執59②参照）。

◆登記手続・代償金の支払等・引渡し

　名義変更をする場合は、自宅を売却するときと同様に、通常、司法書士が立会いし、登記手続に必要な書類の確認等をした後、代償金の支払あるいは自宅以外の夫婦共有財産の引渡し・支払と引換えに自宅の引渡しをすることになります。弁護士としては、依頼者の利益を損なわないよう同時履行を確保することは必須です。

【参考書式19】　登記申請書・登記原因証明情報（財産分与による所有権移転）

(2)　ローン債務者ではない者が取得する場合

◆代償金の支払等の要否の検討（オーバーローンのときはどうするのかも含めて）

　ローン債務者ではない者が自宅を取得する場合、（ローン債務者ないしは負担者を変更しない限り）ローン債務者が自宅を取得するわけではないのに、ローンを支払い続けることになります。その一方で自宅を取得する者は、債務を直接負担することなしに自宅を取得することになります。そこで、代償金の支払の有無を検討する必要が生じてきます。

　自宅がオーバーローンでない場合は、分与割合が2分の1であれば、自宅の時価からローン残債務を控除した金額の2分の1の金額を代償金とすることになります。控除すべき住宅ローン残高の考え方については、ア6(1)の「アドバイス」をご参照ください。

　他方、自宅がオーバーローンの場合はどのように処理をするのかが問題になります。この点について、既に(1)でも述べたように、審判になった際には、オーバーローンの場合には、不動産の価値はゼロであるとして、財産分与の対象から外れることになります。

　とはいえ、調停の場面では、代償金の支払のほか、例えば夫婦間の内部的な取決めに過ぎないとしても、債務の負担を決めておくなど、柔軟な解決をすることが考えら

れます（自宅の抵当権が維持されれば自宅を取得する当事者は物上保証人になることに注意する必要があります。）。

　なお、代償金の支払による解決のほかに、自宅以外の他の財産分与の対象財産がある場合には、そちらをローン債務者に取得させることで解決できることもあるでしょう。

◆名義変更の要否の検討
　③でも述べましたが、離婚後の当該自宅の利用状況やローンの支払能力・意思を考慮して、ローン債務者ではない者が自宅を取得するかどうかを検討します。

　例えば、ローン債務者ではない者が名義を単独で取得する場合としては、子の親権を得て居住を継続するパートで働く妻といった場合のように、支払能力がないけれども居住する必要がある場合等が想定されます。

　単独取得者が自宅の名義人でない場合には、取得者への名義変更が必要であり、もともと共有者であれば、単独取得者への共有持分の移転が必要です。通常、ローン債務者が当該自宅の名義者でないことはないと思われますので（単独名義かどうかはともかくとして）、ローン債務者ではない者が自宅を単独取得する場合には、何らかの名義変更手続が必要になることがほとんどでしょう。

　なお、住宅ローンの約款においては、自宅を第三者に処分した場合は、ローン債務について期限の利益を喪失する旨が規定されていることがあるので注意が必要です。財産分与による処分であっても、上記要件に該当すると取り扱われることとなります。そのような場合は、債権者の特別な同意がない限り、名義変更をする場合、残債務を一括で支払わなければなりません。残債務を一括で支払うことができない場合には名義変更を諦めて他の方法による財産分与を検討せざるを得ないことになります。

◆単独取得者（ローン債務者ではない者）が居住する場合の検討事項
　単独取得者が居住する場合は、居住者が唯一の自宅所有者となることから、基本的には、相手方と賃貸借契約等を締結しなくても、当該自宅に居住することができます。

　ただし、③でも少し触れましたが、財産分与処理後も単独取得者にはならなかった当事者の住宅ローンが残る場合（ただし、上記のとおり、現実には、約款の制限によりこのような処理は原則としてできないことが多いでしょう。）には、ローン債務者でない当事者が居住を継続し、ローン債務を負う当事者が居住もしないのに住宅ローンを払い続けるという形になりますので、住宅ローンの弁済を怠り、自宅について抵当権が実行されてしまうというリスクがあることに注意する必要があります。

第5章　財産別の評価・具体的分与方法の検討　　167

◆登記手続・代償金の支払等・引渡し
　基本的には、(1)と同様の処理となります。

(3)　ローン債務者の変更を行って新たにローン債務者となる居住者が単独取得する場合

◆名義変更の要否の検討
　3でも述べましたが、離婚後の当該自宅の利用状況や住宅ローンの支払能力・意思を考慮して、新たにローン債務者となる居住者が自宅を取得するかどうかを検討します。ただし、ローン債務者の変更を行うためには、ローン債権者たる金融機関の承諾が必要であることに注意しなければなりません。
　例えば、これまで夫がローン債務者としてローンの支払を続けてきたものの、離婚後は妻と子が住宅に住み続け、かつ妻に夫と同程度の収入があるような場合は、ローン債務者を夫から妻に変更する方法を検討してもよいかもしれません。ただし、このような場合は、そもそも夫婦が連帯債務者になっていることも多いのではないかとも考えられます。
　単独取得者が自宅の名義人でない場合には、取得者への名義変更が必要であり、もともと共有者であれば、単独取得者への共有持分の移転が必要です。

◆債権者との交渉
　ローン債務者の変更を行う以上、ローン債権者たる金融機関との交渉は必須になります。

◆ローン契約者変更の手続
　ローン債権者たる金融機関の承諾が得られれば、ローン契約者変更の手続に入ります。具体的な手続については、各金融機関に確認することになります。

◆代償金の支払等の要否の検討
　基本的には、(1)に準じて考えることになります。

◆名義変更の要否の検討
　ローン債務者が住宅を取得することになるので、基本的には名義変更をすることになります。

168　　第5章　財産別の評価・具体的分与方法の検討

◆登記手続・代償金の支払等

　基本的には、(1)と同じ処理となります。

5 住宅ローン債務がない不動産を夫か妻のいずれかが単独取得する場合

> (1)　代償金の支払等及び名義変更の要否の検討
> (2)　単独取得者ではない者が居住する場合の注意点
> (3)　登記手続・代償金の支払等・引渡し

(1)　代償金の支払等及び名義変更の要否の検討

　自宅に住宅ローンが組まれていない（又は既に住宅ローンの支払が済んでいる）自宅をいずれかが単独取得する場合は、引き続き居住する当事者が取得して、他方当事者に対して代償金を支払うか他の分与対象財産を取得させるという処理をすることが多いと考えられます。

　その際、住宅を取得する当事者が他方当事者に対して代償金を支払うか他の分与対象財産を取得させることになります。

　代償金等の額は、基本的には対象不動産評価額に分与割合を乗じた額と当該住宅の評価額の差額となります。ただし、過去の婚姻費用の負担状況、扶養的分与、慰謝料等を考慮して代償金の額を調整することはあり得ます（近藤幸康「財産分与を巡る裁判例と問題点」判例タイムズ1352号90頁（2011））。

(2)　単独取得者ではない者が居住する場合の注意点

　例えば、引き続き居住する当事者に代償金を支払う能力がない、あるいは、自宅以外に財産分与の対象となる財産がないといったような場合は、他方当事者が取得するという処理をすることもあり得ます。そのような場合は、単独取得者ではない者は、引き続き居住することができるように、取得者との間で賃貸借契約は又は使用貸借契約を締結し、利用権を設定することになります。

第5章　財産別の評価・具体的分与方法の検討　　169

(3)　登記手続・代償金の支払等・引渡し

基本的に 4 (1)と同じ処理になります。

6　不動産を共有名義とする場合

> (1)　共有名義のリスク
> (2)　代償金の支払等・名義変更が必要になる場合
> (3)　居住者の決定とそれに伴う検討事項
> (4)　登記手続・代償金の支払等・引渡し

(1)　共有名義のリスク

　既に 3 でも述べましたが、離婚により自宅の共同利用をすることがなくなるため、どちらかの当事者の単独所有とすることをまず考えることになりますが、諸事情により共有名義のままにしておくこともあるかもしれません。審判・判決で、夫婦共有名義となっているオーバーローンの自宅につき、財産分与の対象外とされ、離婚後も共有名義のままになるということもあり得ます。また、理論的には、自宅不動産以外に分与対象財産がなく、いずれかの単独名義であった自宅を財産分与を原因としてあえて新たに共有名義にするということもあり得ます。

　共有名義には以下のリスクがありますので、注意が必要です。

　まず、共有名義にした場合には、各当事者それぞれが持分を有することになるので、例えば当事者の一方が再婚し、新たに子が生まれた後に相続が発生したような場合は、持分が分散することになり、権利関係が複雑になることが想定されます。

　また、居住しない当事者が住宅ローンを支払う場合、当該当事者が住宅ローンの支払を怠った場合は、持分が差し押さえられ、第三者に処分される可能性があります。

　さらに、固定資産税等について、共有者は、持分割合に関係なく、それぞれが連帯して全額を支払う義務があることになっています（税通9、地税10の2②）。そうすると、

居住しない当事者が固定資産税等の支払を怠った場合、住居している当事者の持分についても、差押えがなされる可能性があります。

　仮に、財産分与の際には自宅を夫婦の共有名義にすることについて特に問題がなかったとしても、離婚後の事情によって共有物分割の訴え（民258）を提起されてしまい、新たな紛争が生じてしまうこともあります（なお、妻及び子が居住する夫婦共有名義の不動産について、別居中の夫が妻に対してした共有物分割請求が権利の濫用とされた事案として、大阪高裁平成17年6月9日判決（判時1938・80）があります。）。

　このように、離婚後も共有名義にしておくことは決して望ましい状態ではありませんから、当事者間でよく協議をし、自宅を売却してしまうか、当事者いずれかの単独所有とする合意を成立させるのがよいと思われます。合意が成立せず、審判・判決になれば、オーバーローンの自宅以外に分与対象財産がない場合に、分与対象財産なしとして共有名義の自宅不動産について何ら権利関係の変更がないままということになる可能性が高くなってしまいます。

(2)　代償金の支払等・名義変更が必要になる場合

　④や⑤で述べたことに準じて考えることになります。

(3)　居住者の決定とそれに伴う検討事項

　離婚後の当該住宅の利用状況やローンの支払能力・意思を考慮して、どちらが居住するのか決定することになります。

　夫婦の共有名義とする場合は、引き続き居住を継続する者に、他方の者が利用権を設定するかどうかを検討する必要があります。

(4)　登記手続・代償金の支払等・引渡し

　④(1)で述べたとおりです。

第5章　財産別の評価・具体的分与方法の検討　　171

【参考書式19】　登記申請書・登記原因証明情報（財産分与による所有権移転）

登　記　申　請　書

登記の目的　所有権移転
原　　　因　平成○年○月○日財産分与
権　利　者　○○郡○○町34番地（住民票コード12345678901）
　　　　　　　　甲野　花子
義　務　者　○○市○○町二丁目12番地
　　　　　　　　法務　太郎
添付情報
　　　登記識別情報又は登記済証　　登記原因証明情報
　　　代理権限証明情報　　印鑑証明書　　住所証明情報
登記識別情報（登記済証）を提供することができない理由
　　　□不通知　□失効　□失念　□管理支障　□取引円滑障害　□その他（　　　　　）
□登記識別情報の通知を希望しません。
平成○年○月○日申請　　○○法務局○○支局（出張所）
申請人兼義務者代理人　　○○郡○○町34番地
　　　　　　　　甲野　花子　㊞
　　連絡先の電話番号　　○○－○○○○－○○○○
　　課税価格　　　　　　金○円
　　登録免許税　　　　　金○円
不動産の表示
　　不動産番号　1234567890123
　　所　　　在　○○市○○町一丁目
　　地　　　番　23番
　　地　　　目　宅地
　　地　　　積　123・45平方メートル
　　不動産番号　0987654321012
　　所　　　在　○○市○○町一丁目23番地
　　家 屋 番 号　23番
　　種　　　類　居宅
　　構　　　造　木造かわらぶき2階建
　　床 面 積　1階43・00平方メートル
　　　　　　　　2階21・34平方メートル

登記原因証明情報

1　当事者及び不動産
　(1)　当事者　権利者(甲)　甲野　花子
　　　　　　　　義務者(乙)　法務　太郎
　(2)　不動産の表示
　　　　所　　　在　○○市○○町一丁目
　　　　地　　　番　23番
　　　　地　　　目　宅地
　　　　地　　　積　123・45平方メートル
　　　　所　　　在　○○市○○町一丁目23番地
　　　　家屋番号　23番
　　　　種　　　類　居宅
　　　　構　　　造　木造かわらぶき2階建
　　　　床 面 積　1階　43・00平方メートル
　　　　　　　　　　2階　21・34平方メートル
2　登記の原因となる事実又は法律行為
　(1)　甲と乙は、平成○年○月○日、協議により離婚しました。
　(2)　平成○年○月○日、乙甲の間において、乙は甲に対し上記不動産を分与する旨の
　　　協議が成立しました。
　(3)　よって、上記不動産の表示に記載した不動産の所有権は、同日、乙から甲に移転
　　　しました。

平成○年○月○日　　　○○法務局○○出張所
　上記の登記原因のとおり相違ありません。
　　　(権利者)　　住所　○○郡○○町○○34番地
　　　　　　　　　甲　甲野　花子　㊞
　　　(義務者)　　住所　○○市○○町二丁目12番地
　　　　　　　　　乙　法務　太郎　㊞

（法務省ウェブサイトを参考に作成）

ウ 自宅賃借権を分与

<フローチャート〜自宅賃借権を分与>

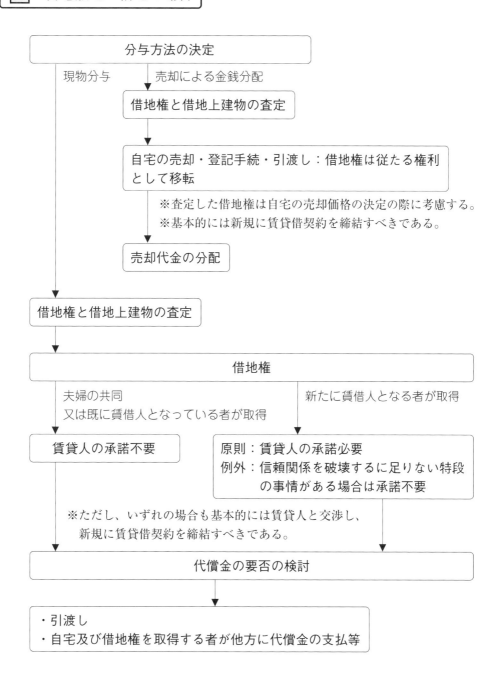

2 自宅建物が借家の場合

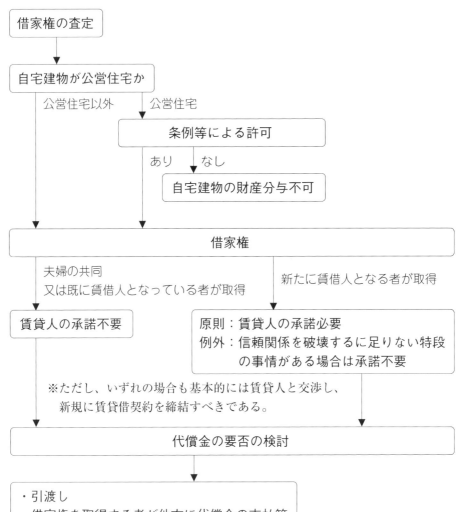

第5章　財産別の評価・具体的分与方法の検討　　175

1　自宅敷地が借地の場合

---

(1)　分与方法の決定（現物分与か売却による金銭分配か）
(2)　借地権と借地上建物の査定
(3)　売却する場合
(4)　現物分与の場合

---

(1)　分与方法の決定（現物分与か売却による金銭分配か）

　現物分与にするか、売却による金銭分配にするかという分与方法の決定については、自宅の敷地が借地の場合は、借地権の査定をどのようにすべきかという問題と、賃借人の変更が生じる場合にはどのように対応すべきかという点を検討する必要があります。

　財産分与審判や訴訟で売却及び売却代金の分配が命じられることはありません。売却による解決ができるのはそのような合意ができる場合に限られます。

(2)　借地権と借地上建物の査定

◆査定方法

　借地権とは、「建物の所有を目的とする地上権又は土地の賃借権をいう」とされています（借地借家2一）。このうち、土地の賃借権が問題になる場合が多いので、以下では土地の賃借権を念頭において述べます。

　借地権は、民法上の賃借権と比べ、存続期間が最短30年間と伸長され（借地借家3）、正当理由がない限り、期間満了による更新拒絶が認められず（借地借家6）、建物買取請求権が認められる（借地借家13）などといった有利な点があります。このため、借地権は、実質的には土地の価値の6割から7割を占めるともいわれています。

　おおまかな借地権の価額を把握したい場合は、借地権の目的となっている宅地について、更地としての価額に借地権割合を乗じて求めます。この借地権割合は、借地事情が似ている地域ごとに定められており、路線価図や評価倍率表に表示されています（路線価図や評価倍率表は、国税庁ウェブサイトで閲覧できます。）。

　ただし、国土交通省の不動産鑑定評価基準では、借地権の取引慣行の有無、その成

熟の程度によって、借地権の価格は異なってきます。さらに、借地権を第三者間で売買を前提とするのか、借地契約当事者間での売買を前提にするのかで、借地権の価格は異なってくるものであることに注意すべきです。このように借地権の価格は一律ではなく、その地域、契約の内容、その残存期間、当事者間等々によって大きく価格が異なってくるので、その時価を厳密に求めたい場合には、不動産鑑定を活用することになります。

借地上の建物の評価方法については、ア1を参照してください。

アドバイス

〇借地と底地

　借地権付きの宅地のことを底地といいます。借地権付きの土地の所有権を底地権といいます。

　賃借人から賃貸借契約の存続期間中支払われる純賃料の現在価値と、その期間の満了後、所有権者が使用収益の権能を回復することによる経済的利益の現在価値の合計が、底地の価値となります。

　理論的には、借地権の価格と底地の価格の合計が土地価格になるようにも思えますが、実際には、必ずしもそのようにならない場合もあります。

◆代償金支払等の要否の検討

　借地権及び自宅建物の評価額を基本として、分与する内容に応じて代償金の支払の有無やその金額（他に分与対象財産がある場合には、当該財産を借地権を取得しない当事者が取得することで代償金支払の必要がない場合もあります。）を検討します。

(3)　売却する場合

◆売買契約の締結

　第三者に自宅を売却する手続は、基本的には、ア4で述べたとおりとなります。ただし、あらかじめ地主に承諾を得ないまま建物を第三者に売却した場合は、民法87条1項の類推適用により、土地の賃借権の無断譲渡（民612①）となり、賃貸借契約を解除（民612②）されてしまう可能性があることに注意が必要です。

　第三者に売却する場合は、基本的には新規に当該第三者と土地の所有者とが賃貸借契約を締結することになります。

◆売買の決済

ア 5 で述べたとおりとなります。

◆売買代金の分配

ア 6 で述べたとおりとなります。

(4) 現物分与の場合

◆貸主の承諾の要否

建物を現物分与することによって当該建物の名義が変わる場合も、土地の賃借権の無断譲渡（民612①）となってしまいます。無断譲渡の場合、原則として賃貸人が賃貸借契約を解除することは可能ですが（民612②）、当該賃借権の譲渡が賃貸人に対する背信的行為と認めるに足りない特段の事情がある場合は、例外的に賃貸人から解除をすることはできません（最判昭41・4・21判時447・57、最判平3・9・17判時1402・47等）。

ただし、夫婦がこれまで当該建物で同居していたので、離婚により一方が居住しなくなったとしても、大きく建物の使用態様が異なるわけではありません。

この点について、夫は宅地を賃借し妻はその地上に建物を所有して同居生活をしていた夫婦の離婚に伴い、夫が妻へ借地権を譲渡した場合において、賃貸人は夫婦の同居生活及び妻の建物所有を知って夫に宅地を賃貸したものである等の判示事情があるときは、借地権の譲渡につき賃貸人の承諾がなくても、賃貸人に対する背信行為とは認められない特別の事情があるというべきであるとした判例があります（最判昭44・4・24判時556・47）。このような救済判例はあるものの、借地権譲渡を受ける当事者の代理人弁護士としては、事前に貸主の承諾を得ておくべきですし、貸主と新たな賃貸借契約を締結する方が無難でしょう。

◆貸主との交渉

上記のような判例があるとしても、借地権及び建物を取得する当事者を新たな賃借人とする賃貸借契約を締結する方が無難ではありますので、財産分与に先立ち、貸主と交渉をします。

その際は、賃借人が変わっても地代は滞りなく支払うことや、今までと使用態様はほとんど変わらないこと等を貸主に伝え、説得することになります。

なお、貸主が承諾に応じない場合には、裁判所に対して貸主の承諾に代わる許可を求めることができます（借地借家19①）。借地上の建物を第三者に譲渡しても貸主には

不利とならないにもかかわらず、貸主が借地権の譲渡を承諾しないという場合には、裁判所は貸主の承諾に代わる許可を出すことになります。一般論として、財産分与によって借地権及び建物の名義が変更されたとしても、貸主に不利益が生じることは基本的には考えにくいので、特別な事情がない限り、裁判所が代諾許可を出す可能性は高いといえます。

◆賃貸借契約の締結

　貸主の了解が取れれば、新たな賃貸借契約を締結します。

◆登記手続・引渡し

　建物の名義が変更になる場合は、所有権移転登記の手続を行うことになります。

　具体的な登記の手続については、司法書士に依頼することになります。代償金の支払が発生するような場合、代償金の支払を受ける側の弁護士としては、依頼者の利益を損なわないように同時履行を確保することが必須であるのは、ア⑤の場合と同様です。

2　自宅建物が借家の場合

> (1)　借家権の査定
> (2)　借家権を財産分与する場合の検討事項
> (3)　貸主との交渉
> (4)　賃貸借契約の締結
> (5)　引渡し

(1)　借家権の査定

◆査定方法

　借家権とは、借地借家法が適用される建物の賃借権をいいます。飲食店舗等の事業用の店舗では、集客力の関係から賃借人の地位を買いたいということもあり得ます。しかし、離婚の際に問題となる自宅については、基本的には借家権自体に価値がある

として、財産分与の対象として考慮することはそれほど多くないと考えられます。なお、借家権価格については、澤野順彦『借地借家の正当事由と立退料判定事例集〔改訂版〕』39頁（新日本法規出版、2009）を参照してください。

◆代償金支払等の要否の検討

　既に述べたように、自宅の借家権自体に価値があるとして、財産分与の際に考慮することは多くないので、代償金の支払の有無や他の分与対象財産を取得させることによる調整を検討することも多くはないと考えられます。

(2)　借家権を財産分与する場合の検討事項

◆貸主の承諾の要否

　借家権の場合も借地権と同様に、借主の名義が変更になる場合は、賃借権の譲渡になりますので、貸主の承諾がなければ、原則として賃貸借契約を解除される可能性があります。

　もっとも、自宅の使用態様が大きく異なることはない等という点から、借地権の場合と同様に、賃貸人に対する背信行為とは認められない特別の事情があり解除が認められないことも考えられます（1(4)「◆貸主の承諾の要否」を参照してください。）。とはいえ、名義が異なる場合は、貸主と新たな賃貸借契約を締結することが無難であるのはいうまでもありません。

◆公営住宅の場合（公営住宅法27条2項との関係）

　公営住宅法27条2項は、「公営住宅の入居者は、当該公営住宅を他の者に貸し、又はその入居の権利を他の者に譲渡してはならない。」と規定していますので、公営住宅の場合は、権利の承継ができないのが原則です。

　ただし、条例等により、名義人の死亡や離婚等やむを得ない理由がある場合には、従前からの同居者であれば賃貸人たる地方公共団体の許可を条件として権利の承継が認められている場合もあります。

　したがって、これらの条件が満たされない場合は、そもそも財産分与ができないということになります。

【参考書式20】　賃借権譲渡の承諾についてのお願い

(3) 貸主との交渉

借地権の場合と同様に、貸主に名義変更について交渉をします。なお、貸主が承諾に応じない場合には、借地権の場合とは異なり、裁判所に対して貸主の承諾に代わる許可を求めることができないことに注意が必要です。

(4) 賃貸借契約の締結

貸主の了解が取れれば、貸主と自宅に住み続ける者との間で新たな賃貸借契約を締結します。

(5) 引渡し

引渡しの際に、代償金の支払が発生するような場合は、代償金の支払を受ける側の弁護士としては、依頼者の利益を損なわないように同時履行を確保することが必須であるのは、ア⑤の場合と同様です。

第5章 財産別の評価・具体的分与方法の検討　　181

【参考書式20】 賃借権譲渡の承諾についてのお願い

平成○年○月○日

賃借権譲渡の承諾についてのお願い

（賃貸人）　住　所　○○県○○市○○町1−2−3

　氏　名　甲野　太郎　殿

（賃借人）

　氏　名　乙川　一郎　㊞

　私が賃借している下記(1)の住宅の賃借権の全部を下記(2)の者に譲渡したいので、承諾願います。

記

(1)　住宅	名　称	○○○○
	所在地	○○県○○市○○町3−4−5
(2)　譲受人	住　所	○○県○○市○○町1−1−1
	氏　名	丙山　花子

承　諾　書

　上記について、承諾いたします。

　　（なお、　　　　　　　　　　　　　　　　　　　　　　　　　）

平成○年○月○日

（賃貸人）　住　所　○○県○○市○○町1−2−3

　氏　名　甲野　太郎　㊞

2 収益不動産

＜フローチャート～収益不動産＞

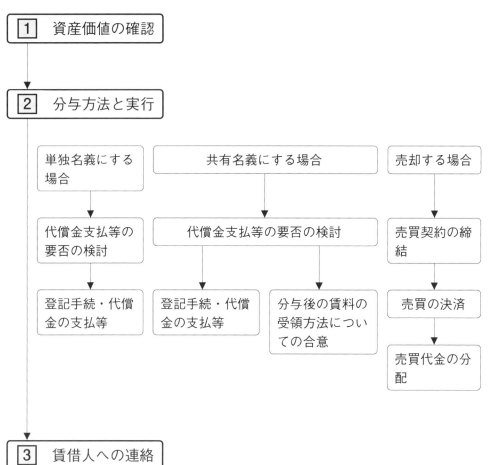

第5章　財産別の評価・具体的分与方法の検討　　183

1　資産価値の確認

---

(1)　査定の必要性
(2)　評価の基準時
(3)　査定方法
(4)　収益不動産に抵当権が設定されている場合の検討事項

---

(1)　査定の必要性

　婚姻期間中（別居が先行する場合には別居時まで）に夫婦が取得した収益不動産（特有財産で取得したり、贈与を受けたことが明らかな物件は除きます。）は、その名義が夫又は妻のいずれであるかにかかわらず、実質的共有財産であり、分与対象財産となります。

　財産分与は、夫婦の実質的共有財産の清算である以上、分与対象財産の評価が必要です。

　この点、財産分与の協議や調停において、路線価、固定資産税評価額、公示地価などの公的評価基準等を参考にするなどして夫婦間で評価額についての合意をすることができれば、合意した評価額に基づき、財産分与の方法を検討することになります。もっとも、収益不動産には様々な形態のものがあり、上記公的評価基準のみでは、評価額について合意ができない場合もあります。そのような場合には、不動産会社に査定の依頼をしたり、不動産鑑定士等に収益不動産の鑑定を依頼する必要があります。当事者が行う私的な鑑定結果につき、争いがある場合には、裁判所が選任する鑑定人による鑑定が行われることもあります。

(2)　評価の基準時

　評価の基準時は、裁判時（口頭弁論終結時又は審理終結時）です。

(3)　査定方法

　不動産販売会社等に無料の査定をしてもらう方法があります。
　もっとも、上記査定のみでは、その査定額の正確性について争いが生ずる場合があ

ります。そのような場合は、費用は要しますが、専門家である不動産鑑定士に鑑定を依頼することが考えられます。

(4) 収益不動産に抵当権が設定されている場合の検討事項 ■ ■ ■ ■ ■ ■

収益不動産には、当該不動産の購入代金債務（以下「不動産ローン」といいます。）を被担保債権とする抵当権が設定されている場合があります。収益不動産が実質的共有財産であれば、その購入代金債務である不動産ローンについても夫婦がともに負担すべきであり、財産分与ではその処理について検討する必要があります。

具体的には、分与対象財産が、収益不動産のみであれば、収益不動産の時価から不動産ローンの残金を控除した残額が、分与対象財産であるとされる例が多いとされています（福岡家審昭44・3・13判タ243・311）。抵当権付不動産に関し、既払額のうち元金充当分の合計額が上記不動産の実質的価値であると評価する判例もあります（名古屋高金沢支決昭60・9・5家月38・4・76、東京弁護士会法友全期会家族法研究会編「離婚・離縁事件実務マニュアル〔第3版〕」174頁（ぎょうせい、2015））。もっとも、この名古屋高裁の判例の考え方によれば、ローンの支払期間が長いほど不動産の実質的な価値が高くなってしまい、建物が経年によってその価値が減少することと整合性を欠くために、一般化できる考え方ではないとの指摘もあります。

これに対し、上記控除後の残額がマイナスであれば、財産分与請求権は生じませんが、必要に応じて不動産ローンの残金をどのように処理するかについて協議する必要があります。

アドバイス

○収益不動産の評価方法

不動産の評価においては、不動産鑑定評価基準が参考になります。不動産鑑定評価基準とは、国土交通省作成の、不動産鑑定士が不動産の鑑定評価を行うに当たっての統一的基準です。同基準によれば、不動産の価格を求める鑑定評価の基本的な手法は、原価法、取引事例比較法及び収益還元法に大別され、このほかに3手法の考え方を活用した開発法等の手法があるとされています（不動産鑑定評価基準7章1節）。また、同基準によれば、収益還元法は、賃貸不動産の価格を求める場合に特に有効であるとされています（不動産鑑定評価基準7章1節Ⅳ1）。もっとも、正確な不動産評価のためには、専門家である不動産鑑定士に依頼する必要があるでしょう。

また、不動産評価の簡易な方法として、財産評価基本通達も参考になります。財産評

価基本通達は、相続税及び贈与税を計算する際に対象財産の価額評価基準として国税庁が定めた基準であり、同通達には、借家権、貸家及び貸家建付地の評価方法が定められています。収益不動産の評価に時間や費用をかけたくないのであれば、同通達を利用することが考えられます。もっとも、同通達は、あくまで課税上の評価基準にすぎないため、ケースによっては、当該収益不動産の実情に即した適切な評価にならないことがあることに留意すべきでしょう。

2 分与方法と実行

> (1) 単独名義にする場合
> (2) 共有名義にする場合
> (3) 売却する場合

(1) 単独名義にする場合

◆代償金支払等の要否の検討

実質的共有財産である収益不動産を一方の単独名義にするに際し、当該収益不動産の評価額が、上記単独名義人の取得すべき財産分与額を上回るときは、上記単独名義人は、他方に対して、その差額を代償金として支払うか他の分与対象財産を取得させる必要があります。

例えば、上記の場合において、夫婦共有名義から夫の単独名義に変更する場合、妻の単独名義から夫の単独名義に変更する場合、元々夫の単独名義であったものをそのままにして名義を変更しない場合のいずれにおいても、夫は妻に対して、代償金を支払うか他の分与対象財産を取得させる必要があるでしょう。

◆賃貸人たる地位の承継

収益不動産を財産分与する場合は、賃貸人たる地位の承継が問題になります。

① 賃貸人たる地位は、譲渡人と譲受人との合意により承継させることができます。

（山本敬三『民法講義Ⅳ−1契約』494頁（有斐閣、2005））。上記承継においては、賃借人の

同意は不要です（最判昭46・4・23判時634・35）。したがって、財産分与の協議や調停において、例えば、夫から妻に承継させる場合には、合意により、賃貸人たる地位を承継させることができます。

② 上記承継の合意がない場合であったとしても、収益不動産が譲渡され、譲受人が所有権移転登記をしている場合には、当該不動産の譲渡により、特段の事情のない限り、賃貸人としての地位がこれに伴って当然に譲受人に移転し、旧所有者は賃貸借関係から離脱するとされています（大判大10・5・30民録27・1013、最判昭39・8・28判時384・30）。この場合も、賃借人の同意は不要です（最判昭46・4・23判時634・35）。

◆既発生の賃料債権について

分与対象財産の法定果実についても、基準時に現存する限り、分与対象財産となる（高松高決昭63・10・28家月41・1・115）とされています（沼田幸雄「財産分与の対象と基準」野田愛子＝梶村太市編『新家族法実務大系〔1〕親族〔I〕婚姻・離婚』487頁（新日本法規出版、2008））。

したがって、収益不動産が分与対象財産である場合、基準時に現存する既発生の賃料債権も分与対象財産です。既発生の賃料債権については、収益不動産とは別に、財産分与においてどのように処理するかを決めなければなりません。

◆登記手続・代償金の支払等

元々、単独名義であった場合で、他の者の単独名義に変更する場合には、財産分与を原因とする所有権移転登記手続をします。元々、夫婦共有名義であったものを単独名義に変更する場合には、財産分与を原因とする共有持分移転登記手続をします。

代償金の支払を要する場合は、履行確保のため、所有権移転登記手続と代償金の支払を同時履行として引換え給付を命じる例が多いとされています（山本拓「清算的財産分与に関する実務上の諸問題」家庭裁判月報62巻3号40頁（2010））。

(2) 共有名義にする場合

◆代償金支払等の要否の検討

実質的共有財産である収益不動産を共有名義にするに際し、当該収益不動産の一方の持分評価額が、上記一方の者の取得すべき財産分与額を上回るときは、上記一方の者は、他方に対して、その差額を代償金として支払うか他の分与対象財産を取得させる必要があります。

この点、共有名義にする場合は、分与割合に応じた共有にするケースが多いと思わ

第 5 章　財産別の評価・具体的分与方法の検討　　187

れますので、その場合には、代償金の支払等は不要です。もっとも、例えば、共有名義にする場合でも、分与割合に比して他方が持分を多く取得する場合、例えば、夫の単独名義から、夫と妻の共有名義にする場合で、分与割合に比して妻が夫よりも多くの持分を取得する場合には、妻が、夫に対して、代償金を支払うなどの必要があります。

◆既発生の賃料債権について

(1)で既述したとおりです。

◆登記手続・代償金の支払等

婚姻中から夫婦共有名義としており、財産分与によってもその持分割合について変更しない場合を除いて、財産分与を原因とする共有持分移転登記手続をします。代償金の支払を要する場合は、履行確保のため、所有権移転登記手続と代償金の支払とを同時履行として引換え給付を命じる例が多いとされています（山本・前掲40頁）。

◆分与後の賃料の受領方法についての合意

共有名義とする場合には、分与後の賃料受領方法についても協議し、合意をしておくのがよいでしょう。

上記賃料受領方法としては、例えば、夫婦が、各自、賃借人から分与割合に応じた金額の賃料を受領する方法が考えられます。この場合は、収益不動産の管理費等の負担方法についても、夫婦双方で別途協議する必要があるでしょう。

(3)　売却する場合

◆売買契約の締結

財産分与の方法として、収益不動産を売却してその売却代金（控除すべき費用等については「本章第1　1ア 6 」参照）を分配するという方法が考えられます。もっとも、このような方法は、協議又は調停で合意ができるときのみに可能であって、審判及び判決で売却及び売却金の分配が命じられることはありません。

売却による清算をする場合には、次のような点に注意が必要です。

収益不動産の売買契約においては、賃料や敷金・保証金の取扱いに留意する必要があります。

賃料については、例えば、引渡日の前日までの分は売主に、引渡日以降の分を買主

に帰属させることが考えられます。

　また、収益不動産の譲渡がなされ、所有権移転登記がなされた場合には、賃貸人たる地位の承継がなされるところ、旧賃貸人に差し入れられていた敷金は、旧賃貸人に対する賃借人の未払賃料・損害賠償の支払義務があれば、これに当然に充当され、敷金をめぐる権利義務関係は、その残額についてのみ、新賃貸人に承継されます（最判昭44・7・17判時569・39）。したがって、売買契約の際には、買主は、承継する敷金返還債務の金額及びその処理方法（通常は売買代金から減額することになるでしょう。）について合意しておくのがよいでしょう（阿部・井窪・片山法律事務所編『契約書作成の実務と書式－企業実務家視点の雛型とその解説』81頁（有斐閣、2014））。

◆売買の決済

　売却する場合の流れや手続については、「本章第1　1ア 3 ～ 5 」で詳しく解説していますので、そちらを参照してください。

◆売買代金の分配

　売買代金から売却費用を控除して不動産ローンを弁済し、なお残額があれば分与対象財産となり、それを、分与割合を2分の1として財産分与の処理をするのであれば、その割合で各取得分額を算定し、当該取得分額を双方に分配します。なお、特段の事情があったり、当事者で合意できるのであれば、上記2分の1とは異なる割合での取得分額の算定は可能です。

　夫婦の実質的共有財産である単独名義の収益不動産を売却してその売却代金の分与を受ける側の代理人を務める弁護士は、確実に売却代金の分配を受けられるようケースに応じて工夫することが求められます。

アドバイス

○共有名義にした場合のリスク

　　共有物に変更を加えるには、共有者全員の合意が必要です（民251）。また、第三者に共有物の利用権（使用借権、賃借権、用益物権）を設定する契約を結ぶこと、既に存在する利用権設定契約を解除することも、共有物の管理（ただし、保存行為を除きます。）（民252）に当たるとするのが一般的であり（最判昭38・4・19民集17・3・518〔賃貸借の締結〕、最判昭29・3・12民集8・3・696〔使用貸借の解除〕、最判昭39・2・25民集18・2・329〔賃貸借の解除〕、佐久間毅『民法の基礎2－物権』197頁（有斐閣、2006））、かかる共有物の管理は、各共有者の持分の価格に従い、その過半数で決する必要があります。

第5章　財産別の評価・具体的分与方法の検討　　189

　　したがって、収益不動産の財産分与において、夫婦の共有名義にした場合には、相手方の対応によっては、収益不動産に変更を加えたり、財産分与後に新たに賃貸借契約をしたり、賃貸借契約を解除することができないリスクがあります。

3　賃借人への連絡

(1)　連絡が必要な場合
(2)　連絡の内容

(1)　連絡が必要な場合

　賃貸人たる地位に変更があった場合には、賃借人に連絡するのがよいでしょう。例えば、賃貸人たる地位が、夫から妻に変更された場合や、夫と妻の共有名義から妻の単独名義に変更された場合等です。

(2)　連絡の内容

　賃料の支払先に変更があった場合は、その変更された支払先の連絡をすべきです。
　旧賃貸人に対する賃借人の未払賃料・損害賠償債務が、旧賃貸人に差し入れられていた敷金に当然に充当され、敷金をめぐる権利義務関係が、その残額についてのみ新賃貸人に承継された場合には、その充当された未払賃料及び損害賠償債務の内容、並びに新賃貸人に承継された敷金返還債務の金額についても連絡するのがよいでしょう。

アドバイス

○連絡先等の入手
　　収益不動産の賃貸人たる地位を新たに承継する者は、事前に、賃借人の連絡先や収益不動産の管理状況等について、相手方から詳細な情報を入手しておくのがよいでしょう。

第2　預貯金・動産・その他の権利
1　預貯金

＜フローチャート～預貯金＞

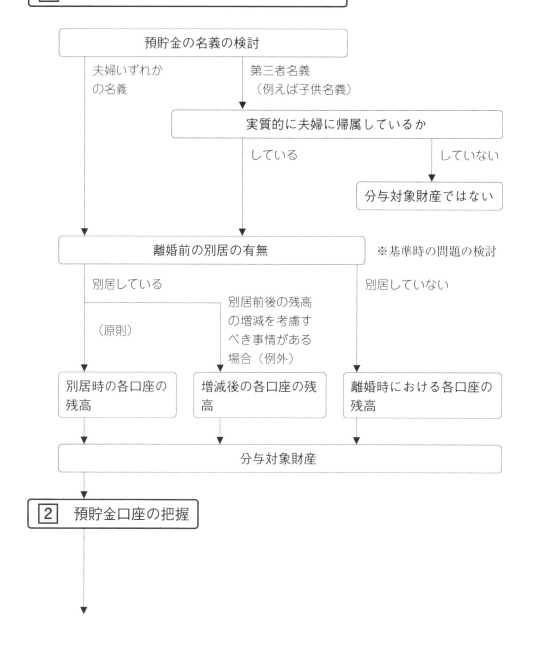

3 分与方法の検討

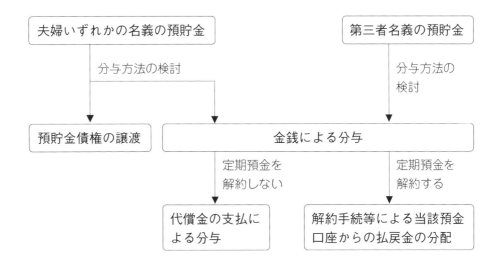

1 財産分与の対象となり得る預貯金の検討

> (1) 名義の問題
> (2) 基準時の問題

(1) 名義の問題

◆夫婦いずれかの名義の預貯金

夫婦いずれかの名義の預貯金で、実質的共有財産といえる預貯金は、分与対象財産に含まれます。これに対し、夫婦いずれかの名義の預貯金でも、婚姻前からの特有財産（例えば、婚姻前に働いて得た預貯金）や婚姻後の特有財産（例えば、婚姻後に妻が相続や贈与により取得した預貯金）といえるものは、分与対象財産には含まれません。

なお、分与対象財産確定のための検討事項については、「第2章」で詳しく解説していますので、そちらを参照してください。

◆第三者名義の預貯金

夫婦以外の第三者名義の預貯金の場合であっても、分与対象財産に含まれる場合があります。実務上しばしば問題となるのは、子供名義の預貯金です。子供名義の預貯金であったとしても、実質的に夫婦に帰属していると認められる預貯金は、分与対象財産に含まれます。実質的に夫婦に帰属しているか否かは、「財産形成の趣旨・目的等に照らして判断する必要」があります（山本拓「清算的財産分与に関する実務上の諸問題」家庭裁判月報62巻3号7頁（2010））。例えば、子供自身が小遣いやアルバイト代等を貯金したような場合は子供の固有財産ですが、夫婦が子の将来の学費に備えて行っていた預貯金などは夫婦の実質的な共有財産であるといえるでしょう。

このように、子供名義の預貯金については、それがどのような性質の預貯金であるかを見極める必要があります。

(2) 基準時の問題

◆どの時点の預貯金を財産分与の対象とすべきか

実務上は、別居が先行していれば、別居時に存在した財産、別居していないのであ

れば、離婚時に存在した財産がそれぞれ対象となります（秋武憲一『新版離婚調停』295頁（日本加除出版、2013））。

◆分与対象財産の評価の基準時

　預貯金の評価の基準時も、原則として別居時であるとされています。別居が先行していない場合は、調停の直近時が基準時になります（秋武・前掲295頁）。

◆例外的に別居前後の増減が考慮される場合

　例外的に、別居前後の預貯金額の増減が考慮されることもあります。例えば、「本来は他方配偶者から支払われるべき婚姻費用に充てたために残高が減少し、かつ、過去の婚姻費用の清算〔中略〕が別途求められていないような場合には、減少後の残高によることも」考えられます。「なお、基準時直前に多額の預貯金が引き出され、その使途等が合理的に説明されないような場合には、それに相当する額が何らかの形で残存していたと推認する余地がある」とされています。また、「判明している預貯金の額が確実に認定できる収入及び支出に照らして明らかに少なすぎる場合には、一定額の預貯金を推計するということ」も考えられます（山本・前掲34頁）。

ケーススタディ

Q　①　実質的共有財産は、夫名義の預貯金のみであり、その別居時の残高は2,000万円でしたが、離婚時には1,000万円に減少していた場合、財産分与の対象となる預貯金はいくらですか。

　　　②　別居前の夫婦の実質的共有財産が、夫名義の預貯金2,000万円と妻名義の預貯金1,000万円でしたが、別居直前に上記妻名義の預貯金から1,000万円が引き出されて、別居時の上記妻名義の預貯金残高が0円になっていた場合には、財産分与の対象となる預貯金はいくらですか。

A　①　預貯金は、実質的な共有財産であれば、分与対象財産であり、分与対象財産である預貯金は、実務上、原則として、別居時を基準に確定し評価します。したがって、このケースでは、原則として、分与対象財産である預貯金は、2,000万円であると評価します。別居後の増減は原則として考慮しません。このケースでは、分与割合についてのいわゆる2分の1ルールを適用すれば、妻は夫に対して、1,000万円の財産分与請求権があります。

② 妻が、妻名義の預貯金口座からの1,000万円の引出しの使途について合理的に説明できないような場合には、それに相当する額が何らかの形で残存していたと推認する余地があります（上記「◆例外的に別居前後の増減が考慮される場合」参照）。この場合の財産分与の方法は、様々な方法が考えられますが、例えば、上記夫名義の預貯金残高2,000万円から上記直前引出し分の1,000万円を差し引き、その残額の2分の1の500万円を妻に分与する方法等が考えられるでしょう。

2 　預貯金口座の把握

---

(1)　預貯金の種類
(2)　調査方法

---

(1)　預貯金の種類

　銀行預金には、①定期預金、②積立預金、③普通預金、④当座預金等の種類があります。郵便貯金には、①通常貯金、②定額貯金、③積立貯金等の種類があります。

(2)　調査方法

　相手方が、相手方名義の預貯金口座を任意に開示しない場合には、財産分与を請求する側において調査をする必要があります。相手方名義の預貯金を調査する方法としては、弁護士法23条の2に基づく照会（いわゆる「弁護士会照会」）を利用する方法があります。また、「家庭裁判所は、必要な調査を官庁、公署その他適当と認める者に嘱託し、又は銀行、信託会社、関係人の使用者その他の者に対し関係人の預金、信託財産、収入その他の事項に関して必要な報告を求めることができる」（家事62・258①）とされており、調停や審判等の手続ではこの調査嘱託の制度を利用する方法もあります。

　預貯金が特有財産であるか否かが争われているときや、別居前や別居後の預貯金額の増減を確認する必要がある場合には、上記方法により、取引履歴を取り寄せることが検討されるべきでしょう。

第5章　財産別の評価・具体的分与方法の検討　195

> **アドバイス**

○社内預金と財形貯蓄

　社内預金は、使用者が、労働者の委託を受けて、給与の一部を天引きするなどして労働者の貯蓄金を預かり管理する制度です（労働基準法18②）。社内預金には、①使用者自身が直接労働者の預金を受け入れて自ら管理する場合と、②労働者個人名義の預金通帳を使用者が保管する場合の2つの形式があるとされています。

　財形貯蓄は、労働者が、金融機関などと契約を結んで、一定期間にわたり定期的に給与から天引きされた金銭を積み立てる制度です。財形貯蓄には、勤労者財産形成貯蓄（一般財形貯蓄）、勤労者財産形成年金貯蓄（財形年金貯蓄）、及び勤労者財産形成住宅貯蓄（財形住宅貯蓄）の3種類があるとされています。

　社内預金や財形貯蓄も、預貯金の場合と同様、実質的共有財産であれば分与対象財産です。相手方が会社勤めであった場合には、社内預金や財形貯蓄の有無等についても確認する必要があるでしょう。相手方が任意の開示に応じない場合には、弁護士会照会や調査嘱託の制度を利用して、勤務先や金融機関に照会する必要があります。

> **ケーススタディ**

Ｑ　郵便貯金の残高や取引状況を調査するときの照会先はどこですか。

Ａ　郵便貯金の残高や取引状況を調査するときは、郵便局ではなく、株式会社ゆうちょ銀行の各貯金事務センターへ照会します。貯金事務センターは国内に数か所あります。貯金の新規口座開設地により、どこの貯金事務センターに照会請求するのかが異なります（東京弁護士会調査室『弁護士会照会制度〔第4版〕』134頁（商事法務、2013））。

3 | 分与方法の検討

(1)　金銭による分与
(2)　預貯金債権の譲渡

(1) 金銭による分与

財産分与の原則的な方法は、一方から他方への金銭の支払です。

預貯金の分与の方法としては、分与割合に応じて分与すべき金額を預貯金口座から払い戻し、それを分与する方法があります。定期預金の場合は、満期前に解約すると満期解約のときと比べて金利が減る場合がほとんどですし、例えば、高利率のときに成約した定期預金はそのまま維持したいということもあるでしょうから、他に手持ち資金があるのであれば、当該定期預金は解約せずに、その手持ち資金で、基準時における当該定期預金相当額に分与割合を乗じた金額を相手方に分与する方法（代償金の支払）があります。

(2) 預貯金債権の譲渡

銀行に対する預金債権は、通常、譲渡禁止特約が付されているため、原則として、債権譲渡による分与はできませんが、銀行によっては、上記分与を承認することもあります。銀行の預金債権の譲渡による分与を検討する場合には、事前に銀行に、預金債権の譲渡による分与が可能かどうかを確認するべきでしょう（梶村太市『離婚調停ガイドブック〔第4版〕―当事者のニーズに応える』354頁（日本加除出版、2013））。

これに対し、株式会社ゆうちょ銀行の郵便貯金に関する諸規定には、郵便貯金債権は、譲渡することができない旨規定されています。これらの規定からすると、郵便貯金債権の譲渡による分与は、原則としてできないと思われます。

「預貯金債権の譲渡」という方法での分与は、協議や調停等で合意をすれば、上記の限度で認められ得ることとなります。しかし、審判や判決では、預貯金債権を財産分与として名義人から移転せずに、その名義人にそのまま帰属させるのが普通です。そして、この場合、預貯金債権が名義人に帰属することを前提に、基準時における預貯金債権相当額を分与対象財産として評価し、上記名義人から他方当事者に対する金銭分与が命じられることとなります。

アドバイス

○預貯金債権を譲渡する場合の調停条項例

　預貯金債権を譲渡する場合の調停条項の一例としては、次のものが考えられます（梶村・前掲355頁）。

1　相手方は、申立人に対し、財産分与として、本日、相手方名義の次の預金債権を譲渡する。
　　　○○銀行○○支店
　　　口座番号○○○○○○○
　　　平成○年○月○日現在の残高　金○○○万○○○○円
2　相手方は、申立人とともに、○○銀行○○支店に対し、前項の債権譲渡の承諾を得る手続をする。

2 自動車

<フローチャート～自動車>

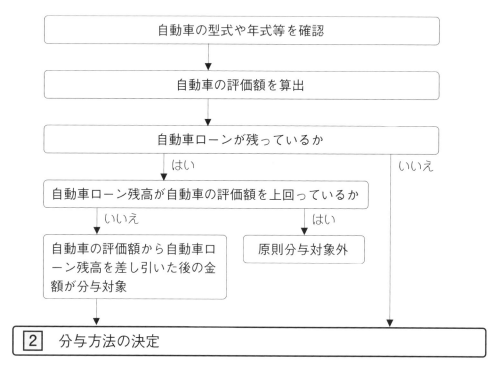

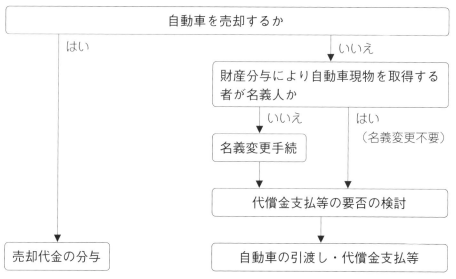

第5章　財産別の評価・具体的分与方法の検討　　199

1 資産価値の把握

---

(1)　査定の必要性
(2)　評価の基準時
(3)　査定方法
(4)　自動車ローンが残っている場合の検討事項

---

(1)　査定の必要性

　婚姻期間中に夫婦いずれかが購入した自動車は、財産分与の対象財産となります（ただし、特有財産を原資として購入したことが明らかな場合には、対象財産から除かれます。）。

　通常、財産分与を行う時点では新車ではなく中古自動車になっていると思われますから、財産分与の内容を決めるためには、まずは、当該中古自動車がどれくらいの価値があるかを把握しなければなりません。

　中古自動車は、車種の人気・需要、年式や走行距離など様々な要因で資産価値が変動するため、自動車が財産分与の対象となる場合には、査定をして評価額を算出する必要があります。

(2)　評価の基準時

　自動車の評価額については、財産分与時（口頭弁論終結時・審理終結時）とするのが一般的です。ただし、一方当事者の主張に沿う形で別居時を基準時として自動車の評価をした判例もあります（名古屋高判平21・5・28判時2069・50）。

(3)　査定方法

　自動車の評価額の査定に当たっては、まず、車検証等で自動車のメーカー名、型式や年式等を確認し、走行距離計（オドメーター）で走行距離を確認します。

　そして、確認した自動車の情報を基に、中古車の価格相場を参考にして評価額を査定します。中古車の取引相場を確認する方法としては、オートガイド社が発行する「オートガイド自動車価格月報」（レッドブックと呼ばれています。）等を利用する方法や、インターネットの中古車販売サイト等で車種・年式・走行距離等の近い車両の取引価

格の平均をとる方法等が考えられます。

アドバイス

○適正な評価額の算定のために
　複数の中古車買取業者等が中古車の価格を無償で査定するサービスを提供しており、実務では、自動車の査定をそのような業者に依頼することもよくなされます。適正な評価額を算定するため、いくつかの業者に査定を依頼してみるのもよいでしょう。

---

(4)　自動車ローンが残っている場合の検討事項

　自動車ローンが残っている場合には、自動車の評価額から自動車ローン残額を差し引いた金額について、財産分与を検討することとなります。

　この場合に、自動車ローンの残額が自動車の評価額を上回るいわゆるオーバーローンの状態であれば、基本的には自動車は財産分与の対象となりません（他の種類の分与対象財産を入れると、債務＜積極財産となる場合には、車を分与対象として処理することも考えられますが、分与対象財産が自動車のみということになれば、現在の実務では、財産分与請求権は発生しないということになります。もっとも、オーバーローンの不動産と同様に、当事者間でオーバーローンの自動車の取扱いについて協議を行い、その名義移転やローン支払についての合意をすることは可能です。）。

　また、自動車ローンが残っている場合には、離婚するという理由で当然に自動車の名義変更ができるわけではなく、名義変更に当たってローン会社の許可が必要となることがほとんどです。そのため、名義変更についてローン会社の許可が得られない場合には、自動車ローンの残額を弁済した上で名義変更をする方法や、名義変更が必要でない分与方法を選択する必要があります。

2 　分与方法の決定

---

(1)　名義変更しない場合
(2)　名義変更する場合
(3)　売却する場合

（1） 名義変更しない場合

◆代償金支払等の要否の検討

　自動車を売却せず、名義を有する当事者（以下「名義人」といいます。以下、便宜上、ローン会社の所有権留保がついている場合のローン名義者（通常、使用者として登録されていることが多いと思われます。）も含めることとします。）が自動車を取得する場合には、名義人は相手方に対し、原則として、自動車の評価額（自動車ローンが残っている場合には、自動車の評価額から自動車ローン残額を差し引いた金額）の2分の1（分与割合が2分の1の場合）を、代償金として支払うか同価値の他の分与対象財産を分与することになります。ただし、自動車の取得や管理費用の負担に当たって一方当事者が特に寄与している場合には、代償金等金額の検討に当たりそのような寄与について考慮することも考えられます。

◆代償金の支払等・引渡し

　名義人が自動車を取得する場合には、名義変更の手続は必要ありませんので、名義人が、相手方に上記の代償金を支払うか他の分与対象財産を取得させます。相手方が自動車を占有している場合には、名義人が相手方から自動車の引渡しを受けることにより、自動車の財産分与手続は完了します。

（2） 名義変更する場合

◆代償金支払等の要否の検討

　自動車の名義を有しない当事者が、自動車を取得する場合には、名義を有しない当事者が、相手方に対し、原則として、自動車の評価額（自動車ローンが残っている場合には、自動車の評価額から自動車ローン残額を差し引いた金額）の2分の1（分与割合が2分の1の場合）を代償金として支払うか同価値の他の分与対象財産を取得させることになります。

　なお、名義移転に要する費用（移転登録手数料、ナンバープレート代金（変更する場合）等）の負担方法についても、負担者の確認が必要です（実務では、分与を受ける者が負担することが多いです。）。

◆代償金の支払等・名義変更・引渡し

　代償金の支払あるいは他の分与対象財産を取得させることと引換えに自動車の名義

変更及び引渡しを行います。

　名義を有しない当事者が自動車を取得する場合は、所有者の変更があったときから15日以内に管轄の運輸支局で移転登録（名義変更）の申請をしなければなりません（道路運送車両法12①）。

　名義変更手続の際に必要な書類としては、譲渡証明書、両当事者の印鑑証明書、車検証、車庫証明書、移転登録申請書等が必要となります。また、名義を有しない当事者が単独で自動車の名義変更手続を行う場合には、相手方の委任状が必要となります。名義を有しない当事者は、確実にこれらの書類も受領しておくことが必要です。

【参考書式21】　譲渡証明書

(3)　売却する場合

　自動車を売却する場合には、基本的に、売却代金の2分の1（分与割合が2分の1の場合）ずつを当事者それぞれが取得します。

　自動車の売却時には、車検証、自賠責保険証明書、自動車税納税証明書（軽自動車の場合には軽自動車税納税証明書）等の書面が必要となります。

　自動車ローンの残債務が存在し、自動車の所有名義がローンを組んでいるディーラーや信販会社になっている場合には、基本的に、自動車ローンを完済しなければ売却することができませんので、注意が必要です。

　なお、自動車の売却先が決まっていない場合には、中古車買取業者に買取りを依頼することになります。

　審判・判決で自動車の売却及びその売却金分配が命じられることはありません。売却してその売却金を分配するという方法は、話合いによる解決でしか実現できません。

アドバイス

○必要書類の再発行について

　　自動車の売却等の際に、車検証等の必要書類をなくしてしまっている場合があります。そのような場合には、書類の再発行をする必要があります。

　　車検証は登録をした運輸支局、自賠責保険証明書は保険会社、納税証明書は管轄の都道府県税事務所に再発行を請求します。

第5章　財産別の評価・具体的分与方法の検討　　203

【参考書式21】　譲渡証明書

第21号様式（譲渡証明書）

譲 渡 証 明 書

次の自動車を譲渡したことを証明する。

車　名	型　式	車　台　番　号	原動機の型式
○○	○－○○○○	○○○○－○○○○○○	○○○○

譲渡年月日	譲渡人及び譲受人の氏名又は名称及び住所	譲渡人印
	甲野　太郎 ○○県○○市○○町1－2－3	㊞
平成○年 ○月○日	乙川　花子 ○○県○○市○○町3－2－1	
備　考		

（日本工業規格Ａ列5番）

（注）型式の変更等があった場合は、備考欄にその旨を記入すること。

3 株 式

＜フローチャート〜株　式＞

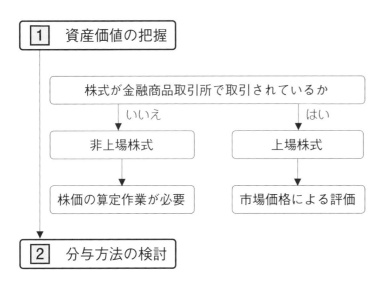

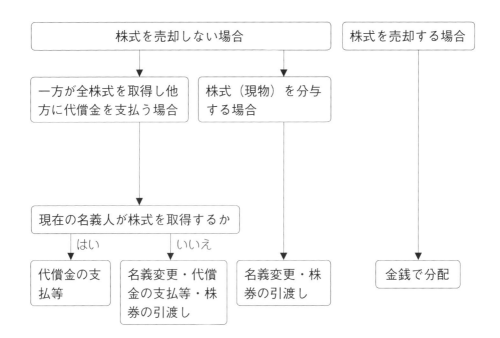

第5章　財産別の評価・具体的分与方法の検討　　205

1 資産価値の把握

---

(1)　上場株式
(2)　非上場株式
(3)　評価の基準時

　婚姻期間中に夫婦のいずれかが購入した株式は、財産分与の対象財産となります（ただし、特有財産を原資として購入したことが明らかな場合には、対象財産から除かれます。）。

(1)　上場株式

　上場株式とは、金融商品取引所（東京証券取引所やJASDAQ等）に上場されている株式をいいます。上場株式は、市場価格（金融商品取引所が公表する各取引日の終値）が株式の評価額となります。

(2)　非上場株式

　非上場株式とは、上場株式以外の株式のことです。非上場株式は、市場価格が存在しないため、株価の算定をしなければなりません。株価の算定には、①配当還元方式（将来期待される1株当たりの予想配当金額を基に株価を算定する方法）、②収益方式（会社のキャッシュフローを基に株価の算定を行う方法）、③類似業種比準方式（類似業種の上場会社の市場価格等によって株価を算定する方法）、④純資産方式（会社の純資産を基にして株価の算定を行う方法）など様々な方法があり、それぞれの方法には一長一短があります。

　そのため、判例では、複数の評価方法を用いて、非上場株式の株価を算定することが多いです。例えば、財産分与に関する判断事例ではありませんが、札幌高裁平成17年4月26日決定（判タ1216・272）は、会社が株主から自社の株式を買い取る事案において、配当還元方式を1、純資産方式を1、収益方式を2の割合で組み合わせる併用方式を用いて株価を算定し、一方、千葉地裁平成3年9月26日決定（判時1412・140）は、発行済株式の10％を保有し会社の取締役を務めていた大株主が第三者に株式を譲渡する事案

において、純資産方式と、配当還元方式との価格の平均値により株価を算定しています。

このように、非上場株式の評価は非常に難しく、専門的な知識が求められるため、評価額に争いのある場合には、公認会計士等の専門家に評価を依頼すべきでしょう（秋武憲一『新版離婚調停』315頁（日本加除出版、2013））。

(3) 評価の基準時

株式の評価の基準時は、財産分与時（口頭弁論終結時・審理終結時）とするのが通常です（判例多数）。ただし、別居時と裁判時（原審口頭弁論終結時に比較的接近した時点）の各時価の平均額を評価額とした判例もあります（広島高岡山支判平16・6・18判時1902・61）。

また、株式を別居後裁判時までに売却している場合には、一般的に売却時が基準時となります（秋武憲一＝岡健太郎『離婚調停・離婚訴訟〔改訂版〕』177頁（青林書院、2013））。

ケーススタディ

Q　夫の経営している株式会社の株式を夫が持っていますが、この株式も財産分与の対象となるのでしょうか。

A　株式の取得時期や取得の経緯等から、夫の経営している会社の株式が夫婦で協力して築いた財産といえる場合には、財産分与の対象となります。この場合にも、株式の価値をどのように評価するかが問題となります。

2 分与方法の検討

(1) 現物を分与する場合
(2) 売却をして金銭で分配する場合

（1） 現物を分与する場合

　財産分与の対象となる株式が分割可能である場合（例えば、A社の株式が2,000株あり、財産分与の分与割合が2分の1の場合に、当事者それぞれが1,000株ずつ取得するような場合）には、現物（株式）分与することが考えられます。審判・判決の場合には現物分与が命じられるケースは少なく、金銭での清算を命じられることが多いです。

　非上場株式のうち、会社の定款で株式の譲渡に承認手続が必要であると定められているもの（譲渡制限株式）については、株式を分与する際に会社の承認手続が必要となります（会社134・136〜139）。非上場株式の現物分与を検討する際は、会社の定款等により、譲渡制限が付されているかどうかを確認しましょう。

（2） 売却をして金銭で分配する場合

◆譲渡制限のない株式

　上場株式については、証券会社を通じて株式を売却します。非上場株式については、会社に売却するか、若しくは、第三者に売却することとなります。なお、会社には株式を買い取る義務はありませんので、会社が買取りを拒む場合には、第三者に売却することとなります。

◆譲渡制限のある株式

　譲渡制限のある株式については、株式を第三者に売却する場合には、当該株主は、会社に対して譲渡の承認を請求しなければなりません（会社134・136〜139）。株主は、譲渡承認の請求と併せて、会社が譲渡を承認しない場合には、会社若しくは指定買取人が株式を買い取ることを請求することができます（会社138一ハ）。

3 　分与の実行

（1） 名義変更しない場合
（2） 名義変更する場合
（3） 売却する場合

(1) 名義変更しない場合

◆代償金支払等の要否の検討

これまで株式の名義人であった者が、今後も株式を保有し続ける場合には、名義変更の必要はありません。この場合には、株式の保有を続ける当事者が他方当事者に対して、分与割合が2分の1の場合、株式評価額の2分の1に相当する金額の代償金を支払うか同価値の他の分与対象財産を取得させることになります。

(2) 名義変更する場合

◆代償金支払等の要否の検討

これまで株式の名義人でなかった者が、株式の全部又は一部を取得する場合には、名義変更が必要となります。

株式の全部を名義人でなかった者が取得する場合には、取得する当事者は、分与割合が2分の1の場合、株式の評価額の2分の1に相当する金額の代償金をこれまでの名義人であった者に支払うか同価値の他の分与対象財産を取得させます。

分与割合を2分の1とするのが相当な事案であるにもかかわらず、評価額が2分の1ずつとならない現物分与を行う場合は、その差額を代償金等で調整することになります。

◆代償金の支払等・名義変更・株券の引渡し（株券発行会社の場合）

会社に対し、株主の名義変更を申請し（会社133）、名義人になろうとする者は必要に応じてこれまでの名義人であった者に対して代償金の支払等を行います。

株券発行会社の場合には、名義人になろうとする者が、株券の引渡しを受け、会社に株券と共に株式名義書換請求書を提出し、名義書換手続を行います。

株券廃止会社の場合には、両当事者が共同して会社に対して、名義書換請求を行います（会社133②）。名義書換えを受ける側の代理人であれば、株式名義書換請求書作成への協力を相手方に要請することを忘れてはいけません。

【参考書式22】 株式名義書換請求書

(3) 売却する場合

株式を売却する場合には、分与割合が2分の1の場合、売却代金を2分の1ずつ分配することとなります。なお、譲渡制限株式の場合には、2(2)のとおり、譲渡承認手続を経る必要があります。

第5章 財産別の評価・具体的分与方法の検討　209

【参考書式22】　株式名義書換請求書

① 株券発行会社の株式名義書換請求書

平成○年○月○日

株式名義書換請求書

○○○○株式会社＿＿＿＿御中

名義書換請求総株式数	○，○○○株

上記の貴社株式につき、株券を添えて名義書換えを請求いたします。

住所	〒○○○－○○○○ ○○県○○市○○町1-2-3
氏名	甲野　花子　　　　㊞
電話番号	○○○（○○○）○○○○

② 株券廃止会社の株式名義書換請求書

平成○年○月○日

株式名義書換請求書

○○○○株式会社_____御中

名義書換請求総株式数	○，○○○株

上記の貴社株式につき、共同して名義書換えを請求いたします。

株主（譲渡人）

住所	〒○○○－○○○○ ○○県○○市○○町1-1-1
氏名	乙川　一郎　　　　㊞
電話番号	○○○（○○○）○○○○

取得者（譲受人）

住所	〒○○○－○○○○ ○○県○○市○○町1-2-3
氏名	甲野　花子　　　　㊞
電話番号	○○○（○○○）○○○○

4 生命保険

<フローチャート〜生命保険>

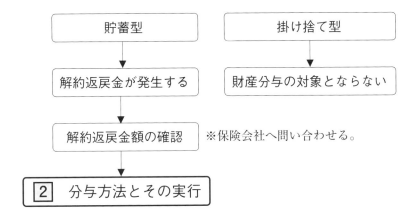

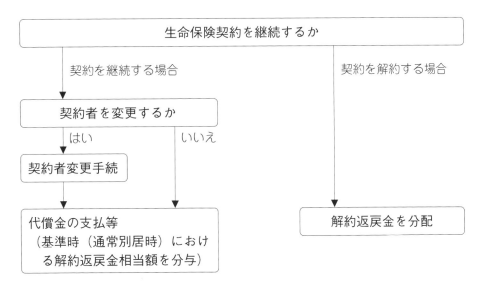

1 資産価値の把握

```
(1)  貯蓄型
(2)  掛け捨て型
(3)  調査方法
```

---

(1) 貯蓄型

　生命保険には、「貯蓄型」と呼ばれるものと「掛け捨て型」と呼ばれるものがあります。

　貯蓄型の生命保険は、解約した場合に解約返戻金が発生しますので、契約者（保険料の負担者）や保険金の受取人の名義に関係なく、解約返戻金（又は満期払戻金）が財産分与の対象となります。学資保険も生命保険の一種と捉えられていますが、学資保険は子供の教育目的で契約がなされているものであり、財産分与では他の生命保険と少し異なる考慮要素がありますので、別に解説しています（「本章第2 6」参照）。

　なお、契約者が婚姻前から貯蓄型の生命保険契約を締結し、保険料を支払っていた場合には、婚姻前までの期間に相当する解約返戻金は夫婦が協力して築いた財産とはいえません。また、別居後に契約者が保険料の支払を継続している場合にも、別居後の期間に相当する解約返戻金は夫婦が協力して築いた財産とはいえません。

　そのため、財産分与の対象となるのは、婚姻後別居時までの保険料の払込期間に相当する解約返戻金相当額であると考えるべきでしょう。

ケーススタディ

Q　夫が契約者となっていた保険契約について、別居後夫が妻に無断で保険契約を解約し、解約返戻金を受け取っていました。この場合、既に支払われた解約返戻金は財産分与の対象とならないのでしょうか。

A　財産分与の対象となります。

　実務では財産分与の対象となる財産は別居時を基準時とする運用がなされています。したがって、別居後に分与対象となる生命保険が解約され、一方当事者に

第5章　財産別の評価・具体的分与方法の検討　　213

解約返戻金が支払われた場合には、契約者が受け取った解約返戻金のうち婚姻後、別居時までの保険料の払込期間に相当する解約返戻金については、別居時に存在していた夫婦が協力して築いた財産といえますので、財産分与の対象となります。

(2)　掛け捨て型

　掛け捨て型の生命保険は通常、解約返戻金が発生しないため、財産分与の対象となりません。ただし、当事者が掛け捨て型の生命保険であると思っていても、調査によって解約返戻金が発生することが判明する場合もありますので、注意が必要です。手元の資料から解約返戻金がないことが明確な場合を除いて、解約返戻金についての調査・証明書を取得してもらうと漏れがなく、安心です。

(3)　調査方法

　生命保険の資産価値（解約返戻金相当額）については、契約者から保険会社へ問い合わせて確認する方法が一般的であり、最も正確な金額を知ることができます。なお、保険証券等を確認して、証券番号や契約番号を保険会社に伝えることにより、保険契約の確認がスムーズにできます。

　婚姻前から生命保険契約を締結している場合には、婚姻時の解約返戻金の金額と、別居時の解約返戻金の金額をそれぞれ算定してもらいましょう。

　ところで、そもそも、配偶者がどのような保険に加入しているのか不明な場合があります。そのような場合には、預金通帳の取引履歴を確認することにより、加入している生命保険会社や保険料の金額等を知ることができる場合があります（銀行振込で保険料を支払っている場合等）。また、弁護士会の照会制度（弁護士23の2）を利用して一般社団法人生命保険協会に照会するなどして、保険の種類、証券番号、保険期間、被保険者名、保険金受取人名、解約の有無等を調査することができます。

2 　分与方法とその実行

(1)　契約を継続する場合
(2)　解約して金銭分配を行う場合

(1)　契約を継続する場合

◆契約者の変更をする場合

　財産分与において、当事者で協議の上、生命保険契約の契約者を、現在の契約者である一方当事者から、他方当事者へ変更することが考えられます。その場合には、保険会社に対し変更手続の申出をした上で、生命保険の名義変更請求書を提出します。なお、名義変更請求書は各生命保険会社それぞれで書式が異なっているため、保険会社に名義変更請求書用紙の交付を求めましょう。

　なお、契約者の変更は、財産分与につき、協議や調停で合意ができたときに初めてできるものであり、審判や判決において、財産分与の実行方法として、契約者変更が命じられることはありません。審判等では、婚姻後、別居時までの保険料払込期間に相当する解約返戻金を財産分与の対象として評価し、専ら金銭での分与が命じられることになります。

アドバイス

〇保険金受取人の変更について

　離婚の際に、契約者でなく、保険金受取人の変更を検討しなければならない場合があります。

　例えば、夫婦の場合、夫が契約者及び被保険者で、妻が保険金受取人という保険契約を締結していることが多いです。離婚後も保険金受取人を元配偶者のままにしておくことは可能ですが、通常、夫は、離婚後も元配偶者（元妻）が保険金を受け取ることは、望まないでしょう。そのような場合、離婚に際して、保険金受取人を妻から夫の両親や子供等、家族構成に照らして保険金受取人としてふさわしい人物に変更しておかなければなりません。

　保険金受取人の変更手続は、保険金受取人の同意なく契約者が単独で行うことが可能です。具体的な手続については、保険会社に確認するようにしてください。

　なお、被保険者（保険の保障対象となる人）を変更することは通常できません。

◆代償金の支払等をする場合

　契約を継続する場合の契約者（契約者の変更をした後の契約者を含みます。）は、他の当事者に対して、基本的に、分与割合が2分の1の場合は、婚姻後、別居時までの解約返戻金相当額の2分の1を代償金として支払うか同価値の他の分与対象財産を取得させることになります。

第5章　財産別の評価・具体的分与方法の検討　　215

　婚姻前から生命保険契約を締結している場合には、基本的に、分与割合が2分の1の場合は、婚姻時の解約返戻金の金額と、別居時の解約返戻金の金額との差額の2分の1が代償金等の額となります。

【参考書式23】　生命保険の名義変更請求書（契約者名義変更請求書）

（2）　解約して金銭分配を行う場合

　生命保険契約を解約する場合には、契約者から保険会社に解約の申込みを行い、解約返戻金の支払を受け、分与割合が2分の1の場合は、解約返戻金を2分の1ずつ分配することになります。

　生命保険契約の解約の際には、解約請求書（各保険会社により書式は異なります。）及び契約者の本人確認のための資料（運転免許証の写し等）を提出する必要があります。

　なお、解約して金銭で分配を行うことは、財産分与につき、協議や調停で合意ができたときに初めてできるものであり、審判や判決において、財産分与の実行方法として、解約手続及びその解約返戻金の分配が命じられることはありません。

216   第5章　財産別の評価・具体的分与方法の検討

【参考書式23】　生命保険の名義変更請求書（契約者名義変更請求書）

平成○年○月○日

契約者名義変更請求書

○○○○生命保険会社　御中

現契約者
　　　住所　〒○○○－○○○○
　　　　　　　○○県○○市○○町○丁目○番○号
　　　氏名　○○○○　印
　　　　　　（Ｔ・Ⓢ・Ｈ○年○月○日生）

次のとおり、契約者名義の変更を請求いたします。

証券番号	○○○－○○○○－○○○○	
新契約者	住所　〒○○○－○○○○ 　　　　○○県○○市○○町○丁目○番地	
	氏名　○○○○ 　　　（生年月日　Ｔ・Ⓢ・Ｈ○年○月○日）	
	連絡先　電話番号（○○○）○○○－○○○○	
	現契約者との関係（　配偶者　）	
変更理由	現契約者と新契約者の婚姻関係を解消するため	

＜添付書類＞
　現契約者本人確認書類（運転免許証）

第5章 財産別の評価・具体的分与方法の検討　　217

5　退職金

＜フローチャート～退職金＞

1 分与対象性の検討と資産価値の評価方法

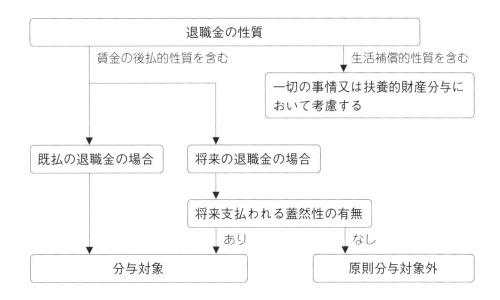

2 具体的な分与額の考え方
　・勤続年数と、勤続年数に占める婚姻期間は何年か
　・婚姻期間に対応する退職金のうち配偶者が寄与する割合は
　　どれくらいか

3 分与方法

【既払の退職金の場合】

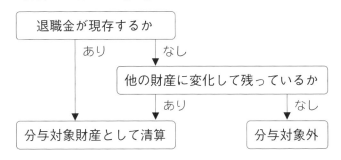

【将来の退職金の場合】

離婚時を支払時期とする場合

・中間利息の控除によって退職金の評価額を調整する方法
・離婚時に退職したと仮定した額をもって退職金額と評価する方法

将来の支給時を支払時期とする場合

・定年退職時の退職金額を清算対象となる退職金額と評価する方法
・離婚時に退職したと仮定した額をもって退職金額と評価する方法

第5章　財産別の評価・具体的分与方法の検討　　219

1 分与対象性の検討と資産価値の評価方法

(1)　既払の退職金の場合
(2)　将来の退職金の場合

(1)　既払の退職金の場合

　退職金が財産分与の対象財産となるかどうかは、当該退職金の性質によって分かれてきます。これは、夫婦が婚姻期間中に築いた共有財産を離婚に際して清算するという財産分与請求の制度趣旨に基づくものです。すなわち、退職金が労働の対価的側面を有している場合には、夫婦の他方による家事労働等を含めた種々の協力を通して勤務を継続できたからこそ獲得できたものといえることから、離婚時にその協力によって形成された相応分を分与すべきとなり、そうでない場合は、確実に分与の対象になるとは言い難くなります。

　この点、一般的に、企業の退職金規定等に基づいて支給される退職金は、賃金の後払的性質を有するというのが有力な見解であり、争いがあるものの労働の対価的な性格を中心としていることは否定できませんので（本澤巳代子「財産分与の対象（退職金・年金）」野田愛子＝梶村太市編『新家族法実務大系〔1〕親族〔I〕婚姻・離婚』511頁（新日本法規出版、2008））、原則として分与対象財産となるといわれています（山本拓「清算的財産分与に関する実務上の問題」家庭裁判月報62巻3号8頁（2010））。

　もっとも、退職金に労働の対価としての性質が含まれていない事案においては、分与対象財産と評価されない可能性があります。この点、東京家裁八王子支部平成11年5月18日審判（家月51・11・109）は、「退職金あるいは功労金が清算的財産分与の対象となるのは、夫婦の一方配偶者の他方配偶者の永年の労働への貢献を離婚時において金銭的に清算するという財産分与の性格からして、離婚時に既に退職金が支払われているか、近い将来に確定額の退職金が支払われることが明らかである場合に認められる」とした上で、当該事案においては、退職金が離婚後約1年経過後に支払われており、勤務先の統廃合という偶発的事情によって支給が決まったものであったことから、離婚時にはその支給も不確定であったという特殊な事情があるほか、支給の趣旨が「勤務先の合併に伴う」、「生活補償」であったという事情も併せ考慮して、最終的には当該退職金が財産分与の対象となる退職金あるいは功労金に該当しないと判断しています

ので、この事案と同様に、退職金に労働の対価としての性質以外の趣旨が含まれている場合には、同様に、財産分与の対象から外されてしまう可能性も考えられます。ただし、この場合でも、民法768条3項の「一切の事情」として考慮され、あるいは、扶養的財産分与として考慮される余地はあります（山本・前掲9頁）。

　ところで、退職金が財産分与の対象財産と評価される場合であっても、既に退職金が支払われているのか、将来退職時に支払われる未払の債権であるかによって、離婚時にどのように評価するのか、また、どのように清算するのかが大きく異なってきます。

　まず、既に支給され、又は具体的に支給が決定された退職金については、財産分与の基準時に現存する限り清算の対象となることに異論はありません（山本・前掲9頁、大津千明「財産分与の対象財産の範囲と判断の基準時」判例タイムズ747号133頁（1991）、福岡家小倉支審昭46・8・25判タ289・394）。

　もっとも、通常は、支給された額が預金されている等、様々な形の資産に変化していることが多いと思われます。その場合には、他の夫婦共有財産と同様に変化後の資産の種類のまま清算対象に算入されることになります（二宮周平＝榊原富士子『離婚判例ガイド〔第3版〕』113頁（有斐閣、2015））。

　例えば、夫の退職金約1,643万円がほぼ全額預金されている事案において、妻の寄与率を3分の1と評価した上で分与を認めた判例があります（東京高判昭58・9・8判時1095・106）。また、支給された退職金を原資に不動産や証券等を購入した場合には、退職金が形を変えて残存していると評価できるので、これらの財産に対して他方配偶者の寄与率分に応じた分与を認めることになります（退職金が家屋・アパートの建築費にそれぞれ使用されていた場合にその残存価値を分与対象財産として認めた例として、前掲福岡家裁小倉支部昭和46年8月25日審判があります。）。

アドバイス

○退職金が既に支給され、別の財産に変容している場合

　退職金が財産分与の基準時から相当以前に支給されている場合、「別の財産に形を変えて残存している」と評価できるのかどうかの判断が困難な場合があります。そのような場合には、退職金の支給時に遡って、夫婦の共有財産の変動状態を、銀行の取引履歴等から精査する必要があります。この点、相手方が任意に古い預貯金通帳等の開示を行わない場合には、調査嘱託等を活用することが考えられます。

(2) 将来の退職金の場合

　いまだ支払われていない将来の退職金のうち、離婚時に退職金の支給が確定している場合には、退職金が賃金の後払的性質であると評価されるものである限り、清算対象財産になることは異論ありません（梶村太市＝徳田和幸『家事事件手続法〔第2版〕』287頁（有斐閣、2007））。

　問題は、支給が確定的とはいえない将来の退職金の取扱いをどのようにするかです。昨今の経済情勢からすれば、勤務先の倒産、給与の減額といった事態が生じることも十分考えられますし、事情変更の原則を根拠に退職金の支給率が引き下げられる可能性も否定できないからです。また、将来のことですから、予期せぬリストラや、退職金が支給されない懲戒解雇による退職ということも考えられます。

　この点、実務の取扱いとしては、支給される蓋然性が高いことを条件に清算対象財産になるとしています（大津・前掲133頁）。

　どのような場合に支給の蓋然性が高いと評価されるのかについては、具体的事実関係をもとに判断することになりますが、勤務先の倒産、給与の減額、リストラないしは懲戒解雇といった将来の不確定要素をどのように評価すべきなのか、言い換えれば、どの程度具現化していれば支払の蓋然性があるといえるのかが検討される必要があると指摘されています（新田和憲「財産分与が問題となる調停手続の運営について」ケース研究319号19頁（2014））。

　例えば、支給時期が10年以上先であっても、公務員である場合等、勤務先によっては受領の蓋然性が高いと評価される場合があり得ますし（二宮＝榊原・前掲115頁）、逆に定年退職時期を数年先に控えた事案であっても、分与対象財産に算入されない場合も考えられるでしょう。

アドバイス

○未払退職金についての情報の収集方法

　　上記のように、未払の退職金の場合には、将来支給される蓋然性があるかどうかが重要ですが、蓋然性の有無を判断する過程において、退職金の支給条件や算定基準等の詳細な情報が必要となってきます。当事者が任意にそれらの資料を提出しない場合、あるいは証明が困難な場合は、勤務先への調査嘱託等を利用することになるでしょう。

○企業年金の分与方法

　　企業年金については離婚時年金分割制度の対象となりませんが、その原資として退職金規定等に基づく退職金が充てがわれている場合には、退職金の一部又は全部を年金化

したものにすぎず、その本質は賃金の後払と評価できますので、退職金と同様に、財産分与の対象財産として算定することができます。

この場合の分与方法としては、今後支給される予定の年金額に対して、支給の都度、分割払をさせる定期金支払という形をとることもありますし、将来の支給予定額の総額を現在価値に引き直して離婚時に一括支払をさせる方法も考えられます。いずれにせよ、将来の退職金の分与方法（ 3 (2)で詳述します。）と同様の問題が生じることになります。

ケーススタディ

Q 夫との離婚の時点では、まだ夫が在職中で、定年退職時期は6年先です。夫の会社の現時点での経営状態はかなり良好のようですが、宅地開発や住宅販売等を行う会社であり、企業規模は従業員15名の小企業です。このような場合、夫の将来の退職金は財産分与の対象財産として考慮されるのでしょうか。また、仮に考慮されないとしたら、夫の将来の退職金については、財産分与の評価において、完全に諦めないといけないのでしょうか。

A 現時点での勤務先の経営状態が良好であっても、その業種が景気に左右されやすいものであり、退職時期である6年先の経営状態が現在と同じとはいえない可能性が高いこと、企業規模が小さいため、なおさら、安定した経営状態が存続することが期待しにくいことからすると、財産分与の対象財産として夫の将来の退職金が考慮されない可能性があります。

しかしながら、たとえ将来の退職金が分与対象財産と評価されない場合であっても、財産分与において考慮されるべき「一切の事情」に含まれると判断される可能性はあります。この点、将来支給される予定の共済組合の長期掛金についての事案ではありますが、財産分与の対象財産であると主張した妻に対して、支給されるかどうかについて不確定的要素を含んでいるとして分与対象財産とは認めなかったものの、最終的には「その他本件に現れた諸般の事情を考慮」して、妻が請求していた過去の婚姻費用の分担金295万円の支払と併せて、夫に350万円の支払を認めた判例があります（東京高判昭61・1・29判時1185・112）ので、将来の退職金についても同様に、財産分与の対象財産とは判断されなくとも、他の財産の清算と総括して分与額を加算する方向で一部認められる余地はあります。

第5章　財産別の評価・具体的分与方法の検討　　223

2 具体的な分与額の考え方

> (1)　勤続年数と婚姻（同居）期間
> (2)　寄与率

(1)　勤続年数と婚姻（同居）期間

　財産分与が、夫婦が協力して築き上げてきた共有財産の分与という清算的要素を含む制度であることからすると、退職金が分与対象財産となる場合であっても、婚姻期間に対応する額に限定されるのが原則です。

　そのため、実務上は、夫が婚姻前から就労している場合には婚姻期間に対応する額を実質的な共有財産として扱ったり（福岡家小倉支審昭46・8・25判タ289・394）、離婚までに別居期間がある場合には、退職金の維持形成に寄与した同居期間のみに対応する額に限定したり（横浜家審平13・12・26家月54・7・64）しています。

ケーススタディ

Q　夫との婚姻期間は23年ですが、結婚以前に夫は既に10年間現在の会社に勤務していました（夫の総勤続年数33年）。退職金の支給規定によると、勤続期間33年の場合の退職金は700万円です。この場合、財産分与として妻に認められる金額はいくらになるのでしょうか。

A　実務的には、以下の計算式で算定されることが多いです（東京弁護士会弁護士研修センター運営委員会編『家族法－平成17年度専門弁護士養成連続講座』200・218頁（商事法務、2007））。

　　退職金額　×　（同居期間÷労働期間）　×　寄与率

　本ケースの場合、財産分与の対象として評価される退職金額は約487万円です（ただし、所得税や市町村民税が控除されるとする判例もあります（東京高決平10・3・13家月50・11・81）。）。

　上記約487万円をもとに、妻の寄与率を同金額に乗じて、最終的な妻への財産分与額を決定します（寄与率については(2)参照）。例えば、妻の寄与率が4割とされ

た場合には、約195万円が妻への財産分与として認められることになります（700万円×（23年÷33年）×0.4）。

(2) 寄与率

寄与率については、その他の夫婦共有財産の分与と同様に原則として2分の1とする実務例が多いです。もっとも、夫婦間の具体的事情に応じて、退職金形成への他方配偶者の寄与率が2分の1以下しか認められない場合もあります（東京弁護士会弁護士研修センター運営委員会・前掲201・218頁）。

3 分与方法

- (1) 既払の退職金の場合
- (2) 将来の退職金の場合

(1) 既払の退職金の場合

1 (1)のとおり、退職金が既に支払われている場合には、預貯金や株式、不動産などの様々な形の資産に変化していることが多いと思われます。その場合には、それらの財産を分与対象財産として清算することになります。この点、夫の退職金約1,643万円がほぼ全額預金されている場合で、妻の寄与率を3分の1として、預金の清算を認めた判例があります（東京高判昭58・9・8判時1095・106）。また、支給された退職金の一部で不動産建築費を捻出していた事案において、不動産に変形して退職金の価値が残存していたものと評価し、婚姻（内縁）解消時の不動産の時価のうち退職金からの捻出額相当部分について、分与対象財産として計算された判例もあります（福岡家小倉支審昭46・8・25判タ289・394）。

(2) 将来の退職金の場合

退職金が未払である場合には、配偶者の事故・病気、勤務先の倒産・経営不振など

第5章　財産別の評価・具体的分与方法の検討　　225

の不確定要素があり、受給が確実とはいえないため、分与対象財産としての退職金を
いくらと評価するのかが問題となってきます。また、離婚時には支払義務者の資力が
ないことも考えられますので、支払時期を離婚時とするのか又は退職金の支払時期と
するのかも問題となります。

◆離婚時を支払時期とする事例

　離婚時における一挙解決という点を重視して、財産分与としての退職金の支払時期
を離婚時とする方法が実務上とられる場合があります。この場合、退職金の支払の不
確実性をどのように調整して金額に反映するかによって、更に算定方法が2つに分か
れます。

①　中間利息の控除等によって退職金の評価額を調整するもの

　将来受領できる退職金を、勤務期間のうちの婚姻期間の割合で按分し、中間利息の
控除等により現在額に評価して、離婚時の支払を命じた判例があります。東京地裁平
成11年9月3日判決（判時1700・79）は、婚姻期間26年、うち別居4年、夫が6年後に定年退
職予定の事案において、「将来退職金を受け取れる蓋然性が高い場合には、将来受給す
るであろう退職金のうち、夫婦の婚姻期間に対応する分を算出し、これを現在の額に
引き直したうえ、清算の対象とすることができる」と判断しています。なお、この事
案では退職金の額につき、今後の昇給分を考慮していないこと及び高率の中間利息を
複利で控除していることから低い金額となっています。

②　離婚時に退職したと仮定した額をもって退職金額と評価するもの

　分与対象財産としての退職金額を、現時点で退職したと仮定した場合の退職金額と
評価し、その額を勤務期間のうちの同居期間の割合で按分した額を清算対象として、
離婚時の支払を命じる方法があります。実務的には多くとられる方法といわれていま
す（松本哲泓「財産分与審判の主文について」家庭裁判月報64巻8号118頁（2012））。

　以上のように、離婚時に清算する場合には、退職金額をいくらと評価するにせよ、
支払義務者に一括支払できる資力が不可欠となってきます。そこで、この問題点を裁
判所も考慮し、高率の中間利息を複利で控除するなどして、低めの額と評価しがちだ
といわれています（二宮周平＝榊原富士子『離婚判例ガイド〔第3版〕』115・117頁（有斐閣、2015））。

アドバイス

○中間利息の控除方法

　中間利息の控除方法については、複利法のライプニッツ方式を採用するのが実務的に
は多いようです。この方式は、一般に債券や事業用不動産のような収益財産について、
その財産の利回りや純利益を考慮して当該財産の現在の価値を算定する時に用いられる

方法です。これに対して、ホフマン方式という単利の控除方法もあります。ホフマン方式の場合には、単利法になりますので、ライプニッツ方式よりも割り引かれる中間利息は少なくなります。そのため、現在価値を少しでも多く見積もる（＝最終的に認められる分与財産額が多くなる）ことが可能となります。

　この点、交通事故訴訟においては、18歳未満の学生や幼児の逸失利益を算定する際に、実務上、その収入額を全年齢平均として立証を簡便とする代わりに、逸失利益額が膨大になることを防ぐためにライプニッツ方式を採用することで衡平が保たれています。交通事故訴訟ではありますが、このような実務的な取扱いからすると、財産分与の局面においても、退職金の支給時期が相当先である場合や支給が確実といえない場合には、ホフマン方式ではなくライプニッツ方式が採用される可能性が高いといえるでしょう（原田宜子「財産分与事件の調査について」ケース研究255号57頁（1998））。

　以上のような中間利息の控除方法をどのようにするのかという問題のほか、中間利息を何％とするのかという問題もあります。近年の低成長・低金利という経済事情を考慮して、もっと低い利率で算定すべきだという主張も見られますが、実務的には、民事所定の法定利率である5％とすることが多いようです（原田・前掲58頁）。

◆将来の支給時を支払時期とする事例

　退職金の支払の不確実性を、財産分与の支払時期に反映させることで調整する方法が実務上とられることもあり、将来における退職金の支給時を実際の支払時期とする判例があります。この場合、財産分与の対象となる退職金額の評価時期をいつとするかについて、更に方法が2つに分かれます。

① 　定年退職時の退職金額を清算対象となる退職金額と評価するもの

　横浜地裁平成9年1月22日判決（判時1618・109）は、婚姻期間19年、うち別居3年、夫の退職金支払時期は未定であるものの近い将来支払われる可能性があるという事案において、確実に退職金を取得できるか未確定であり、金額も確定されていないから、現時点では確定金額の支払を命じることは相当でないとして、将来夫に退職金が支払われたとき、妻に対しその受領した金額（額は未定）の2分の1を支払う（判決文としては「原告が○○からの退職金を受領したとき、その受領金額の2分の1を支払え」）ことを命じています（なお、控訴審である東京高裁平成10年3月18日判決（判時1690・66）においては、支払日を退職金支給時としたものの、金額については確定額としています。）。

② 　離婚時に退職したと仮定した額をもって退職金額と評価するもの

　婚姻期間23年、夫が7年後に定年退職する事案で、分与対象となる退職金の評価額と

しては離婚時に退職したと仮定した場合に得られる額とし、そのうち所得税等相当額を控除した残額の半分に相当する金額について、婚姻前の勤続年数分の支給率に当たる金額を差し引いた残額を、夫が退職金を支給されたときに支払うことを命じた判例があります（水戸家龍ヶ崎支審平9・10・7家月50・11・86）。

このほか、離婚時に退職したと仮定した退職金を基準に、支払時期を退職金支給時とするものとして、広島高裁平成19年4月17日判決（家月59・11・162）もあります。

この点、離婚時に退職したと仮定した額をもって退職金額とする点では上記判例3つと同じであるものの、通常、離婚時に自己都合退職した場合よりも、定年退職時まで在職した上で退職した場合の方が在職期間の長さの点において得られる退職金が高額となることを考慮して、財産分与額を増額修正する判例もあります。例えば、名古屋高裁平成12年12月20日判決（判タ1095・233）では、婚姻期間19年、うち別居4年、夫が9年後に定年退職するという事情の下において、離婚時に自己都合退職したものと仮定して取得できる退職金をもとに婚姻から別居までの期間に比例した部分である約907万円を原則として清算の対象とするものの（つまり財産分与としては約453万5,000円となります。）、将来実際に定年退職した場合に得られる退職金のうち婚姻期間に比例した部分を計算すると約1,160万円となるという事情を考慮して、この差額を「一切の事情」として結局夫が退職手当を受給した時には妻に550万円を支払えと判断しています。

将来の退職金支給時を支払時期とする場合、現時点で資力がなくても清算できる点に長所がありますが、退職時期が不確定であり、配偶者の任意の履行に期待するしかなく、執行の確実性が低いという問題点があるほか、退職前に支払義務者である配偶者が死亡した場合には、勤務先の規定による死亡退職金の受給権者に対して、元配偶者が支払を請求できるのかという問題も生じると指摘されています（二宮＝榊原・前掲117頁）。また、支払義務者の死亡の事実を知らなければ請求の機会のないまま消滅時効が成立する危険性もあります。

それゆえ、評価される退職金額が高額とされる可能性がある半面、離婚時に清算することを望む当事者が多いといわれています（二宮＝榊原・前掲115・117頁）。

アドバイス

○将来の退職金の清算方法の注意点

将来の退職金について、離婚時に清算する方法をとるのか、将来の退職金支払時に清算する方法をとるのかについては、依頼者に長所と短所をよく説明し、理解を得る必要があります。その上で、支払義務者の現在の資力、職場の経営状況（将来の退職金支払能力）、支払義務者の職業の安定性、定年までの期間、定年退職時の退職金額と離婚時に

228　　第5章　財産別の評価・具体的分与方法の検討

退職した場合の退職金額の差、支払義務者の離婚後の生活状況、支払義務者の性格等の様々な事情を入念に検討し、事案に応じた最適の方法を選択する必要があります。

その結果、将来の支払を希望する場合には、執行可能性についても十分検討しておく必要があります。

ケーススタディ

Q　将来の退職金について、将来、退職金が支給された時を支払時期とする方法を選択した結果、「将来、被告が勤務先から退職金を支給された時は、金500万円を支払え」という判決を獲得することに成功しました。もっとも、実際に夫が定年退職したものの、一向に判決文記載の金額を支払いません。この場合、夫の財産に対して差押え等の執行をすることができるのでしょうか。

A　本ケースのように、具体的な確定金額の支払を命じる判決を獲得している場合には、執行も可能です。

例えば、東京高裁平成10年3月13日決定（家月50・11・81）では、主文において、「抗告人は相手方に対し、抗告人が勤務先から退職金を支給されたときは、612万円及びこれに対する同支給日の翌日から支払済みまで年5分の割合による金員を支払え」と命じていますが、確定金額の支払を命じている点で、条件成就執行文を得て執行することが可能です。同様に、東京高裁平成10年3月18日判決（判時1690・66）は、「（勤務先から）退職金の支払を受けたとき、金500万円を支払え」という主文となっていますが、この場合も確定金額の支払を命じていることから、条件成就執行文の付与を申し立てた上で執行することが可能です（東京弁護士会弁護士研修センター運営委員会編『家族法－平成17年度専門弁護士養成連続講座』200頁（商事法務、2007））。

他方で、「原告が勤務先からの退職金を受領したとき、その受領金額の2分の1を支払え」というような内容の判決であった場合には、金額が確定していないため、強制執行上の問題が残ります。

将来の支払を選択する場合には、くれぐれも画餅とならないように注意しましょう。

6 学資保険

＜フローチャート～学資保険＞

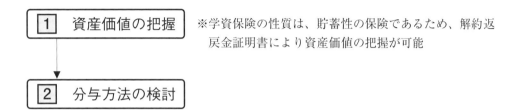

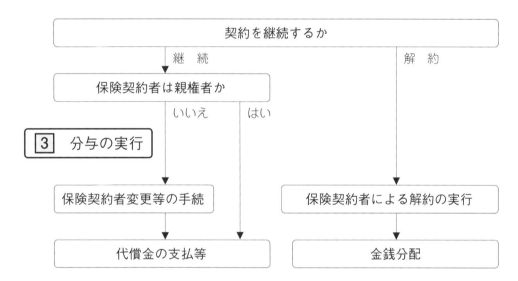

1 資産価値の把握

---

(1) 保険内容の把握
(2) 資産価値の評価方法

---

(1) 保険内容の把握

学資保険とは、教育費のための資金を積み立てることを主たる目的とする保険です。保険内容は、満期受取金のみのものや、一定の年齢に達した場合に祝い金が給付されるものなど様々ですが、貯蓄性の保険であることは共通しています。貯蓄性の保険については、婚姻期間中にその保険料を支払っている場合には財産分与の対象となります（ただし、婚姻期間中の保険料の支払であっても、相続財産等一方当事者の特有財産からの支払である場合には対象外となります。）。

保険内容については、学資保険の契約締結時に交付される保険内容通知書の記載を参考として把握する方法があります。保険内容通知書を紛失した場合であっても、保険会社から再発行を受けることが可能です。

学資保険の有無を把握したい場合、預金口座からの保険料引落しがないかを通帳により確認する方法のほか、学資保険も生命保険の一種であるため、源泉徴収票や確定申告書の生命保険料控除欄を確認することで学資保険の有無を把握できる可能性があります。ただ、いずれの方法によっても、保険の内容まで確認できるわけではありませんので（学資保険ではない生命保険の可能性もありますので）、保険料支払がある場合には、その事実を相手方に指摘し、相手方から保険内容を開示させるなどして保険内容を把握する必要があります。

(2) 資産価値の評価方法

学資保険は、上記のとおり、貯蓄性の保険であることから、解約する場合には、解約返戻金を受け取ることができます。したがって、学資保険の資産価値は、保険会社に対し、別居時（離婚時）における解約返戻金証明書の発行を要求することによって評価できます（分与対象財産確定のための基準時の問題については、「第2章 1 (3)」に詳しい解説があります。）。

第5章　財産別の評価・具体的分与方法の検討　　231

　解約返戻金証明書の発行を保険会社に対し請求できるのは、原則として保険契約者本人に限られます。学資保険の契約者が相手方である場合には、相手方に対し、解約返戻金証明書の発行を求めることが必要となるでしょう。

アドバイス

〇学資保険の分与対象財産性

　子供の名義の預貯金の場合には、財産分与の対象となるかが問題になることがあります（「第2章 3 (2)」、「本章第2　1 1 (1)」参照）。

　学資保険も、将来の子供の就学のための資金を貯蓄するという趣旨では、子供の名義の預貯金と同様の性質を有します。では、学資保険も、子供の名義の預貯金と同様に、分与対象財産性が問題となるのでしょうか。

　この点、子供の名義の預貯金につき、分与対象となるか争いが生じるのは、子供の名義の預貯金の預金返還請求権が子供に帰属するためです。

　しかしながら、学資保険の場合、解約返戻金及び満期金その他給付金の返還請求権は保険金受取人に帰属します（保険金受取人は契約者と一致することが多いです。これは、契約者と保険金受取人が異なる場合には、保険金受取時に保険金受取人に贈与税が課税される場合があるからであり、特段の事情がない限り、契約締結時に一致させているはずです。）。

　したがって、学資保険は、子供の名義の預貯金のように分与対象財産性が法的に問題となることはありません。

2　分与方法の検討

（1）　契約継続か解約かの検討
（2）　契約を継続する場合

（1）　契約継続か解約かの検討

　1 で述べたように、財産分与においては、別居時（離婚時）の解約返戻金相当額を

分与対象財産として取り扱うことになりますが、実際に解約しなければいけないわけではなく、契約を継続することも可能です。

学資保険を継続するか解約するかを検討するに当たっては、解約返戻金の額、満期日までの期間を考慮することとなります。

学資保険は、教育費の貯蓄を主たる目的とするものですが、子供の病気等に備える医療保障や、契約者死亡の際に保険料を免除する特約が付されていることが多いです。そのため、学資保険を満期前に解約した場合には、解約返戻金が払込済保険料よりも大幅に減額されることがあります。そこで、通常は、学資保険の満期日までの期間及び満期日に受け取ることのできる給付金を、現時点で解約した場合の解約返戻金と比較し、継続するか否かを検討することとなるでしょう。

(2)　契約を継続する場合

◆親権者と契約者の関係

学資保険の場合、契約者が親権者である必要はなく、契約者と被保険者の関係が3親等以内であれば契約が可能とする商品が多いです。そのため、離婚により、契約者が親権者でなくなったとしても、契約の存続は可能で、離婚後は、契約者と親権者が異なるというケースがあり得ます。

保険金は保険金受取人に支払われます。学資保険では、契約者が保険金受取人とされることが多く、この場合、親権者と契約者が異なる場合であっても、保険金は親権者ではない契約者に支払われることとなります。

このように、離婚によって契約者（保険金受取人）と親権者が異なることになる場合、契約者に支払われた保険金を、契約者から親権者に対し交付する合意を離婚時にしておくことも可能ですが、後日の紛争（結果的に、同合意が履行されなかったなどの紛争）を予防するためには、離婚時において、契約者（保険金受取人）と親権者を一致させておくことが望ましいと考えられ、その場合には、③(1)の契約者変更手続を履践しておく必要があります。

◆代償金支払等の要否の検討

学資保険の保険料を共有財産から支払っていた場合、学資保険も分与対象財産となります。そのため、契約を継続する場合の離婚後の学資保険契約者（保険金受取人）は、相手方に対し、代償金を支払うか、他の分与対象財産を取得させることになりま

第5章　財産別の評価・具体的分与方法の検討　233

す。代償金や取得させるべき分与対象財産の金額は、「解約返戻金相当額×分与割合」
で算出されます。

3 分与の実行

> (1)　契約継続の場合
> (2)　解約して金銭分配する場合

(1)　契約継続の場合

◆契約者変更の手続

　2 (2)のとおり、離婚後の契約者（保険金受取人）と親権者が一致しなくなる場合
には、契約者（保険金受取人）変更の手続を履践することが望ましいです（契約者（保
険金受取人）と親権者が一致する場合には、下記「◆代償金の支払等」を参照してく
ださい。）。具体的には、以下の方法によって、契約者変更の手続を履践すると同時に、
保険金受取人変更の手続を行います。

　契約者変更の手続は、現契約者と新契約者の両者立会いのもと、手続を実施するこ
とが原則ですが、新契約者のみで手続を実施するために必要な書類は、おおむね以下
のとおりです。なお、詳細については、各保険会社で異なることから、担当者又はコ
ールセンターなどに問い合わせることが必要となるでしょう。

①　保険証券

②　委任状（各社フォーマットをウェブサイト等から取得します。）

③　旧契約者の印鑑登録証明書

④　新契約者の本人確認書類

⑤　新契約者と旧契約者との身分関係の明らかとなる戸籍謄本（全部事項証明書）

　離婚が成立した後だと、委任状や印鑑登録証明書取得について協力を得られないこ
ともありますから、協議又は調停段階で各書類を収集しておくべきでしょう。審判や
判決で、契約者や保険金受取人の変更が命じられることは通常ないので、このような
解決は、合意に基づかなければ難しいです。

◆代償金の支払等

　離婚後、学資保険の契約者となる者から、相手方に対し、別居時解約返戻金額に分与割合を乗じた額を代償金として支払うか同価値の他の分与対象財産を取得させることが原則となります。

　保険料の原資として、一部特有財産が含まれる場合には、支払った保険料の割合を考慮して代償金の支払を行うこととなります。

　もっとも、別居後に相手方が保険料を支払っていた場合には、離婚後に学資保険契約者となる者は、相手方に対し、代償金と併せて相手方が支払った保険料を支払うことが相当です。この点、学資保険の満期保険金の返戻率は、通常100％を超えることから、相手方に対し保険料を支払ったとしても、離婚後に学資保険契約者となる者に損失がないことが多いです。

(2)　解約して金銭分配する場合

　学資保険を解約して金銭を分配する場合には、契約者が解約手続を行い、相手方に対し、別居時解約返戻金額に分与割合を乗じた額を支払うか同価値の他の分与対象財産を取得させることとなります。相手方としては、契約者が解約返戻金を費消することのないよう、代理人の預り金口座等での管理を求めるべきでしょう。なお、別居時解約返戻金額と実際の解約返戻金額の差額は、別居後保険料を支払った者が取得することとなります。審判や判決で解約してその解約金を分配するように命じられることはないので、合意ができない限りこのような解決はできません。

7 ゴルフ会員権・リゾート会員権

＜フローチャート～ゴルフ会員権・リゾート会員権＞

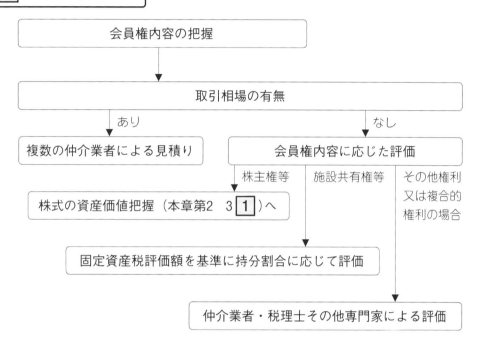

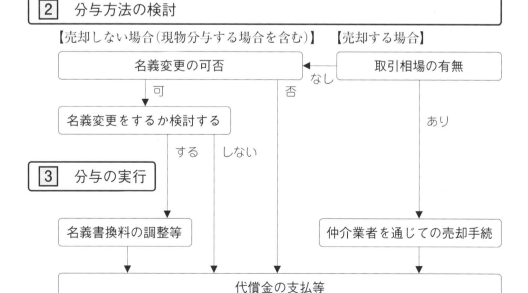

1 資産価値の把握

> (1) 会員権の内容の把握
> (2) 資産価値の評価方法

(1) 会員権の内容の把握

　ゴルフ会員権及びリゾート会員権の種類は、クラブの経営形態によって異なります。クラブの経営形態としては、社団法人制クラブ、株主制クラブ、預託金制クラブ及び所有権付（施設共有制）クラブなどがあります。ゴルフ会員権及びリゾート会員権には、様々な種類がありますが、婚姻期間中に会員権を購入した場合には、財産分与の対象となります（購入原資が、一方当事者の相続財産である場合など特有財産である場合は除きます。）。

　会員権の内容は、おおむね、社団法人制クラブの場合は社団法人の社員たる地位、株主制クラブの場合は株主権及びその他施設利用とこれに伴う権利、預託金制クラブの場合には預託金返還請求権及びその他施設利用とこれに伴う権利、所有権付（施設共有制）クラブの場合にはクラブ施設の「建物の区分所有等に関する法律」による専有部分の持分及びその他施設利用とこれに伴う権利となります（今中利昭＝今泉純一『会員権問題の理論と実務〔全訂増補版〕』18頁（民事法研究会、2001））。ゴルフ会員権では、社団法人制、株主制及び預託金制又はこれらの併用形態がとられるのが通常です。他方、リゾート会員権では、預託金制及び所有権付（施設共有制）又はこれらの併用形態がとられるのが通常です。

　会員に対しては、会員であることを証する書面（以下「会員権証書」といいます。）が施設経営企業から発行される場合が多いです。会員権証書には、会員が預託金を預け入れたことや株主であることを証するとの記載がされるのが通常です。したがって、会員権内容を把握するためには、まずは、このような書面を確認することが必要となります。

(2) 資産価値の評価方法

　会員権の資産価値を把握するためにまず調査すべきは、取引相場の有無です。取引

相場がある場合には、取引相場を基準として会員権を評価することとなります。ただし、上場株式のような市場が存在するわけではないので、複数の仲介業者から見積りを取得することにより相当な価格を調査する必要があります。

　会員権に取引相場がない場合には、会員権の内容により評価方法が異なります。会員権の内容が株主権及びその他施設利用とこれに伴う権利である場合には、基本的には株式の評価方法（「**本章第2　3 1** 」参照）と同様に評価することとなります。会員権の内容が「建物の区分所有等に関する法律」による専有部分の持分及びその他施設利用とこれに伴う権利である場合には、固定資産税評価額等を基準に持分割合に応じて評価することとなるでしょう。

　以上、会員権の内容を極めてシンプルなものとして、その評価方法について解説しましたが、実際には、会員権の内容が、株主権と預託金返還請求権の複合である場合など様々なパターンがあります。評価を行う際には、会員権証書等から、会員権の内容を正確に把握し、会員権の内容に適した評価を行うことが求められます。特に、取引相場のない会員権については、施設経営企業の資金状態により預託金の返還を実現できない場合など様々な要素によって評価額が異なることとなるため、信頼できる仲介業者・税理士その他専門家による評価を実施する必要があるでしょう。

2 　分与方法の検討

（1）　売却しない場合（現物分与する場合を含む）
（2）　売却して金銭で分配する場合

（1）　売却しない場合（現物分与する場合を含む）

　会員権を現物分与する場合、名義変更の可否が問題となります。上記のとおり、会員権の内容は様々であるところ、施設経営企業の会則等により、会員権の譲渡が禁止されている場合があります。このような場合、名義変更をすることは不可能であることから、代償金等の支払又は売却代金の分配により財産分与を実施することとなるでしょう。

また、会員権の譲渡自体は認められる場合であっても、会員権の譲渡を施設経営企業に対抗するためには、施設経営企業の譲渡承認が必要となる場合が多いです。施設経営企業が譲渡を承認するかは、理事会や会則等で定められた承認基準によることとなります。財産分与に伴い名義変更を実施する場合には、承認基準を調査し、名義変更を実施できるか否かを検討するべきです。

(2)　売却して金銭で分配する場合

取引相場の存在する会員権については、複数の仲介業者による見積りを実施し、売却手続を進めていくこととなるでしょう。

他方、取引相場の存在しない会員権については、売却を行うことが困難なことがほとんどですから、結局は、(1)のように、現物での分与を行うか、現在の名義者である当事者の保有としたままにして、保有する当事者が他方当事者に対して、必要に応じて金銭（代償金）を支払うことになるでしょう。もっとも、取引相場が存在しない会員権であっても、会員権に預託金返還請求権が含まれる場合であって、預託金の据置期間が経過しているときは、施設経営企業に対し、預託金の返還を求めることにより、会員権を現金化し、その金銭を分与対象とすることが可能な場合もあります。

3 　分与の実行

> (1)　名義変更しない場合
> (2)　名義変更する場合
> (3)　売却する場合

(1)　名義変更しない場合

会員権の名義変更をせずに現在の会員権保有当事者がそのまま保有を継続する場合には、名義人である当事者は、他方当事者に対し、代償金を支払うか他の分与対象財産を取得させる必要性があり、例えば、分与割合を2分の1とする場合であれば、会員

第5章　財産別の評価・具体的分与方法の検討　　239

権の評価額の半額の代償金を支払うか同価値の他の分与対象財産を取得させる必要が
あります。

> ### アドバイス
>
> ○別居後に支払った年会費相当額の取扱い
>
> 　会員権の名義変更をしない場合に、名義人が別居後に支払った年会費等は財産分与に
> おいてどのように取り扱うべきでしょうか。
>
> 　この点、年会費は、会員権の利益を享受する者において負担すべきであって、名義人
> が年会費等を負担したのであれば、代償金等から差し引くなどの清算の必要はないでし
> ょう。

(2)　名義変更する場合

◆代償金支払等の要否の検討

　代償金支払（あるいは他の分与対象財産を取得させること）の要否については、名
義変更しない場合と同様に考えます。会員権を保有する当事者から他方当事者への代
償金の支払あるいは他の分与対象財産を取得させることを検討することとなります。

◆代償金の支払等・名義変更

　名義変更手続については、各施設によって異なることから、各施設に問合せの上、
必要書類を収集することとなります。

　名義変更を実施する場合に問題となるのは、名義書換料の負担についてです。多く
のクラブでは、会員権の名義書換えの際に、名義書換料を支払うことが必要となりま
す。名義書換料の相場は300万円から30万円程度であって、当事者間で名義書換料を
どのように負担するべきか問題となります。

　名義書換料は、非会員が名義書換請求手続をする際に課される承諾料の性質を持つ
（大阪高判昭63・5・31判時1296・63）ものであって、通常は譲受人が支払うものとされま
す。同判例は、ゴルフ会員権の譲受人が、ゴルフ場に対し名義書換えを要求したもの
の、ゴルフ場が名義書換料の不払等を理由にこれを拒否した事案です。この判例の考
え方からすれば、財産分与の審判や判決において、名義書換料の負担を考慮せずに現
物分割が命じられた場合、譲受人として名義書換えを実施するためには、譲受人がク

ラブに対し名義書換料を支払う必要があります。

　もっとも、協議や調停においては、名義書換料についての負担も踏まえて柔軟に解決することができますので、その負担についても合意をしておくとか、名義書換料の負担も踏まえて財産全体の分与内容や分与金額を算出するようにしておくことが望ましいでしょう。名義書換料のほかにも、クラブによっては、入会金や保証金等、様々な名目の初期費用がかかることもありますので、注意が必要です。特に、現物で会員権の分与を受けようとする当事者から依頼を受けている弁護士は、名義書換料や初期費用等の負担が依頼者に想定外の出費とならないよう、解決する前に十分に説明し理解を得た上で事件処理を行わなければなりません。

　名義変更に必要な書類の交付と代償金の支払（あるいは他の分与対象財産を取得させること）は同時履行が原則でしょう。

◆会員権譲渡と対抗要件

　会員権の財産分与として、名義変更を行う場合、名義書換手続（理事会による承認、名義書換料の支払等）を実施すれば施設経営企業に対して、会員権譲渡の効力を主張することができます。では、会員権の名義変更を、施設経営企業以外の第三者に対抗するには、どのような手続が必要でしょうか。

　会員権譲渡の第三者対抗要件について、最高裁は、「会員権の譲渡をゴルフ場以外の第三者に対抗するには、指名債権の譲渡の場合に準じて、譲渡人が確定日付のある証書によりこれをゴルフ場に通知し、又はゴルフ場会社が確定日付のある証書によりこれを承諾することを要し、かつ、そのことをもって足りるものと解するのが相当である」と判示しました（最判平8・7・12判時1608・95）。同判例は、預託金制会員権について判示したものですが、社団法人制、株主制及び所有権付（施設共有制）会員権の場合にも、各会員権に含まれる施設利用権とこれに伴う権利は、指名債権又はこれに準じたものであることから確定日付のある証書による通知が必要となります。もっとも、預託金制会員権以外の会員権では、確定日付のある証書による通知と併せて会員権証書（株券）の交付や移転登記の手続が必要となります（今中利昭＝今泉純一『会員権問題の理論と実務〔全訂増補版〕』247頁（民事法研究会、2001））。

(3)　売却する場合

　会員権を売却する場合には、複数の仲介業者による見積りを実施した上で、売却手

続を進め、売却代金から仲介手数料等の諸経費を差し引いた上で、分与割合を2分の1とする場合であれば、それぞれ2分の1ずつ取得することとなります。

また、売却の際に、会員権の名義書換えが停止されているため、売却を実施できない場合があります。そのような場合には、念書売買（名義書換えができるようになり次第、これを実施する旨の念書による売買）が行われることもありますが、名義人と買主との間で、後日トラブルとなる場合もあることから、売却を急がないのであれば、財産分与では一方当事者のいずれかが会員権を保有することとし、代償金等による解決を図るべきでしょう。なお、審判や判決で売却してその売却金を分配するよう命じられることはないので、合意ができない限り、このような解決はできません。

第3 債 務

<フローチャート〜債 務>

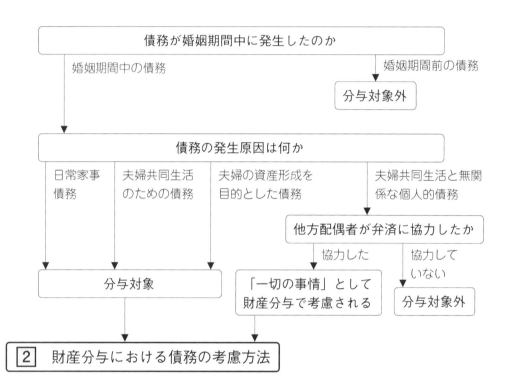

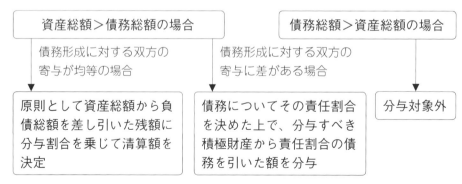

1 財産分与において考慮される債務の範囲

---

(1) 債務の発生時期
(2) 債務の発生原因

---

(1) 債務の発生時期

　夫婦が婚姻期間中に築いた共有財産を離婚に際して清算するという財産分与請求の制度趣旨からすると、婚姻前に夫婦の一方が負った債務については、原則として財産分与の対象財産として考慮されません。つまり、財産分与において清算が問題となるのは、婚姻期間中に夫婦の一方ないし双方が負った債務の負担についてのみとなります。

　この点、民法は基本的には夫婦別財産制を採用していますので、(2)に述べる日常家事債務に該当しない限り、夫婦の一方が負担した債務について他方が責任を負うことは原則としてありません。

　それゆえ、債務については、たとえ婚姻期間中に発生したものであっても、原則として離婚時の清算の対象にはならないと従前は考えられていました（大津千明「財産分与の対象財産の範囲と判断の基準時」判例タイムズ747号133頁（1991）、東京弁護士会弁護士研修センター運営委員会編『家族法－平成17年度専門弁護士養成連続講座』192頁（商事法務、2007））。また、財産分与の法的性質の1つとして、夫婦の「協力によって得た財産」の清算という要素が含まれていることからしても、分与対象となるのは積極財産だけであって、債務については分与対象とすることが予定されていないと考えられていました（二宮周平＝榊原富士子『離婚判例ガイド〔第3版〕』124頁（有斐閣、2015））。

　しかし、最近の実務においては、夫婦が協力して得た積極財産が分与の対象となるのと同じように、債務についても分与の対象となると扱われています（東京弁護士会弁護士研修センター運営委員会・前掲192頁）。例えば、東京地裁平成11年9月3日判決（判時1700・79）は、「債務についても夫婦共同生活の中で生じたものについては、財産分与に当たりその債務発生に対する寄与の程度（受けた利益の程度）に応じてこれを負担させることができる」として、その負担割合は、財産形成に対する寄与の場合と同様、特段の事情のない限り平等と解するべきとしています。

このように、債務についても財産分与の対象として考慮すべきであるという最近の実務の流れからすると、債務の発生時期がいつであるのか（婚姻期間中であるのか、婚姻期間前であるのか）だけでなく、(2)で述べるように債務の発生原因が何であるのかが重要となってきます。すなわち、婚姻期間前の債務であれば、そもそも夫婦共有財産の清算的要素が欠落しますので、原則として財産分与の対象財産とはなりません。他方で、婚姻期間中の債務であっても、その負担原因によっては、財産分与の法的性質である清算的要素の趣旨からして、分与対象財産とならない場合も生じてきます。

アドバイス

○婚姻前の債務について夫婦の一方が婚姻中に返済した場合

　婚姻前の借金について、原則として夫婦共有財産の問題は生じません。

　しかしながら、夫婦の一方が他方の負っていた婚姻前の債務について、婚姻中に協力して返済を行った場合については、その協力を清算的財産分与で評価すべきだとする見解もあります（大津千明『離婚給付に関する実証的研究』120頁（日本評論社、1990））。この点、名古屋地裁昭和49年10月1日判決（判時786・68）は、婚姻の約5か月後に夫が勤務先の金約230万円を使い込んだために生じた借金について、妻が自らの給料を原資に返済した事案において、「一切の事情を考慮して」財産分与として返済額の半分である115万円を認めています。債務の発生時期が婚姻後すぐであることからすると、婚姻前の債務の返済であっても、この判例と同様に一切の事情として財産分与の清算時に考慮される可能性はあります。

(2)　債務の発生原因

◆個人的な債務

　夫婦共同生活と無関係な個人的な債務は、分与対象財産とはなりません。これは、財産分与制度が、夫婦が共同生活において築き上げてきた夫婦共有財産の清算という法的要素を含むことからして、当然のことといえます。

　それゆえ、夫婦共同生活とは関係のない個人的な遊興費やギャンブルなどの賭け事による借財、個人の趣味のための借金、身内や友人に融資するための借金、相続債務などは、たとえ婚姻期間中に発生したものであっても分与対象財産として算入されません（松谷佳樹「財産分与と債務」判例タイムズ1269号7頁（2008））。

　夫婦の一方が行った投資の失敗も、基本的には後述するような夫婦共有財産の形成を目的として負ったものでない限り、清算対象とはなりません（東京弁護士会弁護士研修

センター運営委員会・前掲194頁）。

　もっとも、例外的に、上記のような夫婦の一方が負った個人的な債務についても、夫婦の他方が弁済に協力した場合には、結果的に夫婦共有財産が何ら形成されていなかったとしても、「一切の事情」として考慮される可能性があります（山本拓「清算的財産分与に関する実務上の諸問題」家庭裁判月報62巻3号15頁（2010））。これは、財産分与制度が夫婦共有財産の清算という趣旨を含むことからの当然の帰結といえます。

　また、債務の原因の大半が個人的な投資の失敗であったとしても、当該債務の一部が生活費に使用されていた場合には、債務の一部が財産分与算定の基礎とされる可能性もあります（東京地判平5・2・26判タ849・235）。

◆日常家事債務
　民法761条は、夫婦の一方が日常家事に関して第三者と法律行為をしたときは、他の一方は、その法律行為によって生じた債務について連帯して責任を負うと規定しています。この規定は、日常の家事に関する法律行為についての夫婦連帯責任を定めたものです。

　ここにいう「日常家事」とは、夫婦の共同生活関係から生じる通常の事務や夫婦共同生活に通常必要とされる一切の事項と一般的にいわれていますが、具体的に何が日常家事の範囲とされるのかについては、夫婦の社会的地位や職業、資産、収入、地域社会の慣習等の具体的な事実関係をもとに、客観的に法律行為の種類、性質等を考慮して決められることになります（判例・通説とされる折衷説です。このほか、個々の夫婦の経済事情や行為の目的を基準とする主観説、行為の種類・性質から客観的外形的に判断する客観説もあります。）（惣脇美奈子「離婚と債務の清算」判例タイムズ1100号54頁（2002））。

　具体的には、生活必需品の購入、電気・ガス・水道の供給契約、マンション・アパートの賃貸借契約、家族の保健医療、娯楽、未成熟子の養育に関する法律行為といわれています（棚村政行「離婚の際の財産分与と債務の取り扱い」判例タイムズ1269号18頁（2008））。

　他方で、多額の借財（東京地判昭55・3・10判時980・83）、高額の太陽温水器（門司簡判昭61・3・28判タ612・57）、布団購入のクレジット契約（大阪簡判昭61・8・26判タ626・173）、総額70万円の学習用教材のクレジット契約（八女簡判平12・10・12判タ1073・192）は日常家事に関する行為には当たらないとされています。

　日常家事債務に該当すると、夫婦双方に連帯責任が生じますので、離婚によってもその責任が変更されることなく、離婚後も債権者に対して夫婦が連帯して債務を負うことになります。

このような連帯債務を婚姻中に夫婦の一方が弁済した場合、離婚時の財産分与においては、内部負担の取決めがなければ2分の1ずつとして清算の対象となりますが、夫婦ごとに債務を負った事情を考慮し、別途負担割合を設定して財産分与を認める場合もあります（惣脇・前掲54頁）。判例では、妻が夫に無断で生活費の不足を補うためにサラ金から借金をし、そのため負担した債務について夫3割、妻7割の責任があるとして、これを考慮に入れて財産分与の清算をしたものがあります（東京家審昭61・6・13家月38・10・33）。

◆夫婦共同生活のために生じた債務

判例・通説である折衷説によると、何が日常家事の範囲とされるのかの判断においては、夫婦の社会的地位や職業、資産、収入、地域社会の慣習等の具体的な事実関係が重要となってきますが、これらの事実関係をもとに客観的に判断される点では、ある程度限定された概念となります。

そこで、このような日常家事債務とまではいえないものの、婚姻期間中に夫婦の共同生活で生じた債務についても、夫婦共有財産の清算という財産分与制度の趣旨からすると、財産分与に算入すべきではないのかという問題が生じます。

この点、本来、夫婦は、その資産、収入、その他一切の事情を考慮して婚姻から生じる費用を負担する義務を負っていることから（民760）、現在の実務における取扱一般は、夫婦共同生活のために生じた債務については、婚姻生活を維持するために発生したものとして、離婚時に清算すべきとしています（松谷・前掲7頁）。

具体的には、医療費、生活費の不足を補うための借入れや夫婦間の子の教育ローンについては、たとえ日常家事債務に該当しない場合であっても、財産分与においてその債務額を考慮してよいとされています（東京弁護士会弁護士研修センター運営委員会・前掲215頁、松谷・前掲7頁、山本・前掲14頁）。

◆婚姻後の資産形成に関連して生じた債務

婚姻後の資産形成に関連して発生した債務であっても、夫婦の一方のみの資産形成のために負った債務は、清算的財産分与において考慮されないのが原則です（東京弁護士会弁護士研修センター運営委員会・前掲215頁）。例えば、夫婦の一方に隠れて自己の財産形成のみのために行った投資の失敗による債務があっても、財産分与において清算の対象とはなりません。

しかしながら、財産取得のための債務であっても、夫婦共有財産形成を目的として負ったものであれば、当該財産の名義が夫婦の一方のみのものであったとしても、清

算的財産分与において考慮されます（東京弁護士会弁護士研修センター運営委員会・前掲215頁）。それゆえ、夫婦の居住用不動産の取得にかかる住宅ローン債務や夫婦の資産の増殖を目的として行われた株式購入資金のための債務、投資の失敗による負債、先物取引による損失も財産分与の対象財産として算入されます（居住用マンション、投資用のホテル居室、ゴルフ会員権購入のための夫名義の債務について、債務発生に対する寄与の程度に応じて負担させるべきであるとした判例として東京地裁平成11年9月3日判決（判時1700・79）があります。）。

　この点、問題となるのが夫婦の一方が自営業者の場合の、事業関連債務です。特に個人事業者の場合、営業利益が収入に直ちに結びつき、営業財産が夫婦共有財産と判断される一面があるため、その営業財産形成のための債務についても公平上財産分与において考慮されるべきではないのかという問題を生じます。

　大阪家裁昭和41年4月12日審判（家月18・11・60）は、夫婦共有財産として自営業の財産しかない事案において、事業用財産から事業用の債務を控除した残額を清算の対象とする旨判断しています。

　もっとも、この方法によると、債務超過の場合に資産がゼロとなってしまうという問題を生じますので、一般化して全ての自営業債務に適用できるかどうかは疑問です。そのため、積極財産を分与対象財産として計上する場合には債務も含めて清算すべきであるが、積極財産を計算に含めない場合には債務も除外するという方法が実務上とられることが多いとの指摘もあります（東京弁護士会弁護士研修センター運営委員会・前掲193頁）。

2　財産分与における債務の考慮方法

> (1)　資産総額＞債務総額の場合
> (2)　債務総額＞資産総額の場合

(1)　資産総額＞債務総額の場合

夫婦共有財産中に資産と負債がある場合、積極・消極財産形成に対する双方の寄与

が均等とみられる事案においては、「積極財産の総額−消極財産の総額」を分与対象財産として、双方がその2分の1ずつを取得できるよう、具体的な取得額・分与方法を調整するのが一般的です（山本拓「清算的財産分与に関する実務上の諸問題」家庭裁判月報62巻3号15頁（2010）、分与対象財産の算出方法について、積極財産の総額から消極財産の総額を控除して算出した判例として名古屋家審平10・6・26判タ1009・241）。

　ところで、消極財産の寄与の程度をどのように考慮するかについて、東京地裁平成11年9月3日判決（判時1700・79）は、「債務についても夫婦共同生活の中で生じたものについては、財産分与に当たりその債務発生に対する寄与の程度（受けた利益の程度）に応じてこれを負担させることができる」と判示し、その負担割合については、「財産形成に対する寄与の場合と同様、特段の事情のない限り、平等と解すべき」として、債務総額の半分の負担を夫婦それぞれが負うべきであると判断しています。

　もっとも、債務について独自に夫婦の責任割合を決めた上で、分与すべき積極財産から責任割合の債務を引いた額の分与を命じるものもあります。東京家裁昭和61年6月13日審判（家月38・10・33）は、妻がサラ金から借りた債務の残額があり、その債務の中には夫名義で借りたものと妻名義で借りたものが混在している事案において、妻と夫両方合わせて財産分与の対象となる債務を585万円と認定した上で、夫の収入が当時の標準生計費と比較してもサラ金等から借金をしなければ生計が成り立たないほど低いものではなく、妻が夫に無断で漫然とサラ金等から借金を重ねていたことなどの事情をもとに、妻にその債務の7割の責任負担があると判断し、最終的な分与対象となる積極財産から妻の債務負担額を控除した残額のみの財産分与を認めています。

(2)　債務総額＞資産総額の場合

　離婚時において夫婦共同の財産としての債務総額が資産総額を上回っている場合、本来、財産分与における財産の清算は積極財産の清算を予定しており、せいぜい積極財産を分与するに当たって債務の存在を考慮して清算の割合や方法を形成することができるにすぎないとして、債務の財産分与を否定するのが実務一般の取扱いです（惣脇美奈子「離婚と債務の清算」判例タイムズ1100号54頁（2002）、松谷佳樹「財産分与と債務」判例タイムズ1269号10頁（2008））。

　これに対して、財産分与が婚姻中の財産関係の清算であるという面からすれば、消極財産についても債務負担に関して寄与がある場合には、同様に財産分与の対象として把握し、清算をするのが公平であるという考え方があります。

　また、基準時において夫婦共有財産は形成できなかったが、夫婦の一方の個人的借

第5章　財産別の評価・具体的分与方法の検討　　249

金を夫婦が協力して返済した場合には、清算的要素の対象として財産分与を認めるべきであるとの指摘もあります（大津千明『離婚給付に関する実証的研究』120頁（日本評論社、1990）、渡邊雅道「財産分与の対象財産の範囲と判断の基準時」判例タイムズ1100号51頁（2002））。

　具体的には、例えば、積極財産が全くなく、逆に夫婦連帯債務として生活費や教育費のための借金が500万円ある事案において、離婚に際し、妻に債務の内部的な負担割合を定めて履行引受けを命じることや、妻から夫に債務の負担割合に応じた金銭給付を命じることができるのかという問題です。

　この点、債務は、裁判の当事者ではない第三者（債権者）に対するものであるから、裁判によって、一方の債務を他方が免責的に履行引受けすることを命じることはできないと考えられていますし、仮に妻の連帯債務者たる地位を消滅させるための手続を債権者との間で行えと命じたとしても、債権者に対しては当然には効力を及ぼさないと解されていますから、当然に債務引受けの効果が生じるわけでもありません（二宮周平＝榊原富士子『離婚判例ガイド〔第3版〕』125頁（有斐閣、2015））。

　また、夫婦の一方に金銭給付を命じる方法についても、特に長期分割の約定がある債務の場合に他方配偶者に一括払を命じることは公平を欠くのではないかと指摘されています。すなわち、債務の多くが分割払となっており、債務者たる配偶者は離婚後もその分割払を続けるはずで、このような分割払の債務について、主文で一括払を命じることは分割の利益を無視することになるし、他方で分割の利益を考慮すると、一体いくらを財産分与として支払うべきなのか確定することが困難です（惣脇・前掲55頁）。

　さらに、より多くの債務を負担している配偶者は、収入もより多く得ているのが通常であり、そのような場合に他方配偶者に債務を均等に負担させることはむしろ不公平であるとの指摘もあります（山本・前掲16頁）。

　以上のような問題が指摘されていることから、判例においては、債務のみの財産分与を認めたものはほとんどありません（松谷・前掲10頁）。

　なお、東京地裁平成11年9月3日判決（判時1700・79）は、主文で債務を夫に負担させる旨を命じていることから、債務の分担を認めた事例と紹介されることがあります。しかしながら、同判決は、各自が取得すべき積極財産から各自が負担すべき債務を控除して取得分額を計算することにより給付命令の内容を特定しているのであって、清算の方法自体は東京家裁昭和61年6月13日審判（家月38・10・33）と同様ですし、上記の主文はもともと夫名義の債務を夫に負担させる旨の形成処分であり、債務の帰属や内部分担に何ら影響するものではないことから、債務しかない場合の清算的財産分与を認めた判例とはいえないと解されています（山本・前掲16頁・24頁）。

　この点、当事者双方の積極財産と債務とが複雑に絡みあっているなど、債務の返済

状況等を見なければ財産分与の判断自体が困難な場合には、財産分与の問題を離婚自体と切り離しての他の審判手続等に委ねる方が望ましいとして、そのような処理をした判例もあります（東京高判平7・3・13判タ891・233）。

しかし、財産分与には離婚後2年の除斥期間が定められており（民768②ただし書）、判断を先送りするにも時間的限界がありますし、当事者の同時解決の利益（人訴32①・37①ただし書参照）の観点からは、適法な申立てがあるにもかかわらず、具体的な権利内容を形成する裁判を拒絶することには問題があると指摘されています（山本・前掲16頁）。

それゆえ、上記判例の方法を一般化して用いることは困難であるといわれています（松谷・前掲8頁）。

アドバイス

○住宅ローンの残額が当該不動産の時価を上回るオーバーローン状態の場合

債務の中でも住宅ローンについては留意の必要があります。すなわち、住宅ローンの残額が当該不動産の時価を上回るオーバーローン状態の場合には、住宅ローンを被担保債権とする抵当権が設定されている限り、当該不動産は無価値であって、これを清算の対象とすることはできないといわれています（東京高決平10・3・13家月50・11・81）。

この場合、不動産が無価値である以上、それまでの住宅ローン返済の累積額も積極財産として存在せず、一方配偶者から他方に対して、当該累積額に対する寄与の割合に応じた相当額の分与を求めることはできないとされています（山本・前掲18頁）。

ケーススタディ

Ｑ 居住用の不動産として5,000万円のマンションを購入しました。その際、夫婦が協力して築いた貯金から1,000万円を頭金として出し、残りは夫名義の4,000万円の住宅ローンを組みました。離婚時のマンションの時価額は3,000万円で、残ローンは2,000万円です。夫婦にはマンション以外に財産がありません。マンションのローン返済や頭金として使った貯金に対する夫婦の寄与度が同じであった場合、具体的な財産分与はどうなるのでしょうか。

Ａ まず、夫婦の全体財産を算出します。

債務がある場合の原則的な計算方法は、

夫婦共有財産 ＝ （夫の資産 − 夫の負債） ＋ （妻の資産 − 妻の負債）

です（なお、ここで算入されるべき負債は財産分与で考慮されるべき負債となりますので、個人的な債務等は含みません。）。

このケースでは｜（夫の資産3,000万円）－（夫の残ローン2,000万円）｜＋｜（妻の資産0円）－（妻の負債0円）｜　＝　1,000万円となります。

次に取得すべき財産分与額がいくらなのかを算出しますが、上記の式で算出された額に分与割合を乗ずれば算定できます。

このケースでは、寄与度が平等ですので0.5を乗じて500万円となります。

これを前提に、夫婦のいずれが離婚後に実際の資産を取得し、あるいは負債を負うのかを考慮して、最終的に離婚後の資産額が均等になるように清算的財産分与することになります。

例えば、このケースにおいて夫がマンションを取得し、残ローンも夫が返済する場合には、離婚後の夫の純資産（マンション時価額から残ローンを控除した額）が1,000万円となりますので、妻に対して500万円を金銭で分与することで調整します。

反対に妻が離婚後にマンションを取得し、残ローンも負担する場合には、妻の純資産額が1,000万円となりますので、500万円を金銭で夫に分与することで調整します。

妻がマンションを取得するものの、残ローンは夫の負担のままとする場合（妻の純資産は3,000万円、夫の純資産は－2,000万円）には、妻から夫に金銭で2,500万円を分与することになります。

第4　離婚時年金分割制度

＜フローチャート～離婚時年金分割制度＞

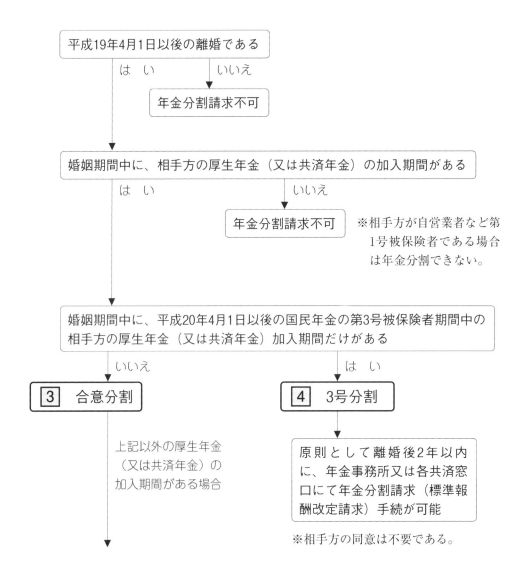

第5章　財産別の評価・具体的分与方法の検討　　253

```
┌─────────────────────────────────────┐
│ 当事者間に年金分割割合の合意はあるか      │
└─────────────────────────────────────┘
      いいえ          は　い
                       │
                       ▼
           ┌───────────────────────────────────┐
           │ 原則として離婚後2年以内に、年金事務所又は各共済窓 │
           │ 口にて年金分割請求（標準報酬改定請求）手続が可能 │
           └───────────────────────────────────┘
      │
      ▼
┌─────────────────────────────────────────┐
│ 裁判手続（調停、審判又は按分割合に関する附帯処分）を申し立て、│
│ 按分割合を決定                            │
└─────────────────────────────────────────┘
      │
      │   ※調停・審判は離婚した日の翌日から起算して2年以内に申し立
      │     てる必要がある。
      ▼
┌─────────────────────────────────────────┐
│ 原則として離婚後2年以内（※）に、年金事務所又は各共済窓口にて │
│ 年金分割請求（標準報酬改定請求）手続が可能             │
└─────────────────────────────────────────┘
```

　　　　※裁判手続を経た場合は、調停の成立、審判の確定等の翌日から
　　　　　1か月以内となる。

1 離婚時年金分割制度の概要

> (1) 離婚時年金分割制度の創設
> (2) 離婚時年金分割制度の内容
> (3) 財産分与との関係

(1) 離婚時年金分割制度の創設

　我が国の年金制度は、全国民共通の国民年金制度と、企業、官庁等に勤めている人が加入する厚生年金保険制度の2種類（従前はこのほか公務員、私立学校教職員等のための共済年金制度がありました。）があり、日本国内に住所のある全ての人が加入を義務付けられています。

年金制度	対象者	国民年金の区分
国民年金	日本国内に住む20歳以上60歳未満の全ての人 （第2号被保険者及び第3号被保険者を除きます。）	第1号被保険者
国民年金 厚生年金	厚生年金保険の適用を受ける会社等に勤務する全ての人 （公務員・私立学校教職員など共済組合等の組合員を含みます。）	第2号被保険者
国民年金	第2号被保険者に扶養されている20歳以上60歳未満の配偶者（年収が130万円未満の人）	第3号被保険者

　このうち国民年金に加入して、20歳から60歳になるまでの40年間の全期間保険料を納めれば、65歳から老齢基礎年金（平成27年4月分からの年金額は78万100円）を受け取ることができます（平成27年12月現在）。

　これに対して、厚生年金保険に加入し、老齢基礎年金を受けるのに必要な資格期間を満たした人が65歳になったときは、老齢基礎年金に上乗せして老齢厚生年金も受け取ることができます。ただし、当分の間は、60歳以上で、①老齢基礎年金を受けるのに必要な資格期間を満たしていること、②厚生年金の被保険者期間が1年以上あることにより受給資格を満たしている人には、65歳になるまで、特別支給の老齢厚生年金が支給されます。厚生年金保険に加入していると、国民年金のみに加入している場合

第 5 章　財産別の評価・具体的分与方法の検討　　255

に比べて手厚い給付が受けられることとなっています。

　ところで、国民年金から支給される老齢基礎年金は、夫及び妻に対してそれぞれ支給されますが、夫婦の一方のみが働いて厚生年金保険の被保険者となっている場合の老齢厚生年金は、被保険者本人である夫婦の一方のみが受給権者であり、他の一方に権利はありません。

　近年増加している中高齢者の比較的婚姻期間の長い夫婦の離婚において、現役時代の男女の働き方や給与水準の違い、離婚後の就労期間の短さや低賃金などから、夫婦それぞれが受ける年金の額に大きな格差が生ずる場合がみられます。

　そこで、このような問題への対応として、離婚時年金分割制度が設けられました。

　なお、厚生年金保険制度と共済年金制度に分かれていた被用者保険は、平成27年10月から厚生年金保険制度に統一され、国家公務員、地方公務員及び私立学校教職員などにも厚生年金保険制度が適用されることとなりました（被用者年金の一元化）。

　ただし、平成27年10月以降も、共済組合員である被保険者の記録管理や標準報酬の決定・改定等は、厚生年金保険事業の実施主体としての共済組合、私学事業団などが引き続き行います。

(2)　離婚時年金分割制度の内容

　離婚時年金分割制度は、離婚をした場合に、夫婦であった者の一方の請求により、一定の分割割合（請求すべき按分割合）に基づいて、老齢厚生年金のうち報酬比例部分の年金額の算定の基礎となる標準報酬（標準報酬月額及び標準賞与額）の改定又は決定を行うものです。国民年金から支給される老齢基礎年金及び私的年金である企業年金は、離婚時年金分割制度の対象とはなりません。

　離婚時年金分割制度は、実際に将来支給される年金そのものを分割するものではありませんが、年金額算定の基礎となる対象期間の標準報酬総額の一部を多い方から少ない方に分割することによって、その分だけ将来受け取る年金額が上乗せされる結果となるのです。

　言い換えると、離婚時年金分割は、婚姻期間中の保険料納付実績を「分割」し、「分割」後の保険料納付実績に基づいて算定された額の年金受給権が、当該「分割」を受けた者自身に発生するようにするため、一定の按分割合に基づいて標準報酬の改定等を行う制度ということです。

　離婚時年金分割には、平成20年4月1日以後の国民年金の第3号被保険者（以下「被扶養配偶者」といいます。）である期間のみについて分割の請求を行う場合（3号分割）

と、それ以外の場合（合意分割）とがあります。

　3号分割とは、厚生年金保険の被保険者が被扶養配偶者を有する場合は、当該被保険者が負担した保険料は、当該被扶養配偶者と共同して負担したものであるという基本認識の下、按分割合を定める合意又は裁判を要せずに、按分割合を2分の1とする標準報酬の改定請求（年金分割請求）をすることを認めるものです（厚年3章の3：被扶養配偶者である期間についての特例）。

　これに対して、合意分割とは、年金分割請求の際の按分割合を原則として夫婦であった者の合意により定めるものです（厚年78の2①一）。合意のための協議が調わないとき又は協議をすることができないときは、家庭裁判所に申し立てて請求すべき按分割合を定めることとなります（厚年78②）。

　按分割合とは、自分が有していた標準報酬の額と、相手側の標準報酬の額から分割を受けた分とを合算した額が、当事者双方の標準報酬の額を合計した額のうちどの程度の割合となるかを示したものです。

　按分割合の範囲は、上限は50％とされ、下限は分割を受ける前の持分に当たる割合とされています。すなわち、分割を受ける側が専業主婦などで厚生年金保険保険料の納付実績がない場合は、下限は0となります。

　なお、事実婚の解消に際しても年金分割が認められますが、対象となるのは被扶養配偶者として認定されていた期間に限られます。

ケーススタディ

Ｑ　相手方は自営業者ですが、国民年金基金に加入し、高額の掛金を支払っています。年金分割請求はできるでしょうか。

Ａ　できません。

　年金分割請求の対象となるのは、厚生年金の報酬比例部分のみです。

　国民年金基金は、国民年金法の規定に基づき老齢基礎年金に上乗せする第1号被保険者のための公的年金制度ですが、離婚時年金分割制度の対象とはされていません。

　なお、離婚時年金分割制度の対象とはなりませんが、財産分与において考慮する余地はあります。

(3)　財産分与との関係

　財産分与制度は、夫婦が有する特定の財産を、一定の要件及び手続により具体的に分与すること等を内容とする制度です。

　これに対し、離婚時年金分割制度は、年金受給権の計算の基礎となる標準報酬を、一定の要件及び手続により分割することを内容とする制度です。

　つまり、財産分与と離婚時年金分割とは、分与（分割）の対象を異にする別個独立の制度として設けられています。

　よって、離婚に際して年金分割を希望する場合には、財産分与に関する処分の申立て（家事別表2④）をするだけでは足りず、別途請求すべき按分割合に関する処分の申立て（家事別表2⑮）をする必要があります。

　従前は、財産分与に際して将来当事者が受給する予定の年金を考慮することの可否が問題とされることもありましたが、離婚時年金分割制度の施行後は、同制度の対象となる年金については、財産分与によるのではなく離婚時年金分割制度によることとなります。

> ### アドバイス
>
> ○年金分割をしないことはできるか
>
> 　年金分割請求は、厚生労働大臣等に対して、標準報酬の改定を求めるものであり（厚年78の2①）、公法上の請求権です。そこで、相手方配偶者との間で、年金分割をしないという合意をしても、審判などで按分割合が決まってしまえば年金分割請求を妨げることはできません。どうしても年金分割をしたくないのであれば、按分割合を下限（分割をしないということを意味します。）で合意あるいは決定されるよう努力する必要があるということになりそうです。

2　年金の調査

> (1)　夫婦が加入している年金の把握
>
> (2)　年金分割のための情報通知書の入手

（1）　夫婦が加入している年金の把握

　前述のとおり、公的年金には国民年金と厚生年金（平成27年9月以前はこのほか共済年金）があり、このうち、離婚時年金分割制度があるのは厚生年金（及び旧共済年金）だけです。

　そこで、まず夫婦それぞれに、婚姻期間中に厚生年金保険（又は旧共済年金）の加入期間があるかを確認する必要があります。

　なお、合意分割ができるのは平成19年4月1日以後に離婚した場合、3号分割ができるのは平成20年4月1日以後に離婚した場合で、それ以前の離婚の場合は年金分割できません。

（2）　年金分割のための情報通知書の入手

　夫婦が婚姻期間中に厚生年金保険（又は旧共済年金）に加入していることがわかったら、次に年金分割のための情報通知書を入手します（厚年78の4）。

　情報通知書を入手するためには、年金分割のための情報提供請求書を作成し、年金事務所又は各共済窓口（複数の年金制度に加入していた場合でも、被用者年金の一元化により、1か所の加入機関に提出することで全ての加入機関に請求したことになります。）に提出することが必要です。当事者が2人連名で請求することも、1人で請求することも可能です。

　請求の際には、年金分割のための情報提供請求書のほか、年金手帳又は基礎年金番号通知書と婚姻期間等を明らかにすることができる戸籍謄本（全部事項証明書）・抄本（個人事項証明書）が必要となります。

　情報提供請求書を提出してからおおよそ3、4週間で情報通知書が郵送されてきます。

　当事者が2人連名で請求した場合には、情報通知書はそれぞれに交付されます。

　1人で請求した場合には、離婚等をしているときには請求した者とその相手方に交付されます。まだ離婚していないときは、請求した者のみに交付されます。

　郵送先については、離婚前に請求をした場合でまだ配偶者と同居しているときなど、自宅に郵送されると困る場合には、窓口での受取や自宅以外の場所への送付を指定することも可能です。

　なお、被用者年金の一元化に伴い、平成27年10月1日以降、厚生年金と共済年金の複数に加入期間のある被用者についてはそれらの加入期間を合わせて計算した「年金分割のための情報通知書」が発行されるようになりました。

第5章　財産別の評価・具体的分与方法の検討　　259

　よって、厚生年金又は共済年金それぞれについて平成27年9月30日以前に発行された「年金分割のための情報通知書」は現在使用できず、平成27年10月1日以降に発行された「年金分割のための情報通知書」を入手する必要があります。

アドバイス

〇年金分割のための情報提供請求書の書式

　　日本年金機構のウェブサイトから、年金分割のための情報提供請求書の書式をダウンロードすることができます。

3　合意分割

---

(1)　合意分割を行うために必要な手続

(2)　当事者間での話合い

(3)　当事者間で合意が成立しない場合

(4)　標準報酬改定請求（年金分割請求）・標準報酬改定通知

---

(1)　合意分割を行うために必要な手続

　前述のとおり、合意分割は、年金分割請求の際の按分割合（最大0.5）を夫婦であった者の合意により定めるものです（厚年78の2①一）。

　合意のための協議が調わないとき又は協議をすることができないときは、家庭裁判所に申し立てて請求すべき按分割合を定める必要があります（厚年78の2②）。

　按分割合が定まったら、原則として離婚後2年以内に、年金事務所又は共済窓口に標準報酬改定請求書を提出して、年金分割請求を行います。

(2)　当事者間での話合い

　年金分割の請求をするために、当事者間で①年金分割の請求をすること及び②その按分割合（最大0.5）を話し合います。

話合いで合意できた場合は、その話合いの内容を記した書面（合意書、公正証書又は公証人の認証を受けた私署証書）を作成します（厚年78の2③、厚年規78の4）。

合意書を作成した場合には、当事者双方又はその代理人が、標準報酬改定請求書とその同意書を窓口に直接持参しなければなりません。

公正証書又は公証人の認証を受けた私署証書を作成した場合には、当事者のいずれか一方が標準報酬改定請求書に当該証書を添付して提出すれば足ります。

(3) 当事者間で合意が成立しない場合

離婚時年金分割制度における年金の按分割合について、当事者間の話合いがまとまらない場合や話合いができない場合には、当事者の一方は家庭裁判所に申立てをし、按分割合を定めることを求めることができます。

家庭裁判所は、「対象期間における保険料納付に対する当事者の寄与の程度その他一切の事情を考慮して、請求すべき按分割合を定めることができる。」とされています（厚年78の2②）。

裁判所における手続には、①調停（家事244）、②審判（家事39・別表2⑮）及び③離婚訴訟における附帯処分の申立て（人訴32①）があります。

ただし、離婚した日の翌日から起算して2年を経過した場合には、この調停又は審判の申立てをすることはできません（厚年78の2①ただし書、厚年規78の3参照）。

◆調 停

請求すべき按分割合を定める調停を申し立てます。

離婚調停や財産分与調停と同時に申し立てることもできますが、別個の事件番号が振られます。

離婚調停において按分割合の条項も定めることを希望する場合には、財産分与のほかに、請求すべき按分割合を定めることも求める旨を明示し、年金分割のための情報通知書を提出する必要があります。

管轄は、相手方の住所地を管轄する家庭裁判所又は当事者が合意で定める家庭裁判所です（家事245①）。

申立てが受理されると、調停期日が定められ、当事者双方が呼び出されて、調停委員会が双方の意見を聞きながら話合いを進めます。

合意に達すれば、調停成立となります。

財産分与について話合いがつかなくても、年金分割についてのみ合意できれば、そ

の限りで調停成立となることもあります。

◆審　判

　初めから審判の申立てをする場合のほか、調停の話合いがまとまらず審判に移行する場合があります（家事272④）。

　申立てをする場合、管轄は、申立人又は相手方の住所地を管轄する家庭裁判所です（家事233①）。

　按分割合の条項を定めることを希望する場合には、財産分与を求める審判のほかに、請求すべき按分割合を定める審判の申立ても必要であることは、調停の場合と同様です。

　裁判官は、書面照会等により相手方の意見も聞いた上で（陳述の聴取は必ずしも審問の期日においてする必要はないこととされています（家事233③・68②）。）、按分割合を決定する審判を行います。

　では、按分割合は、事案ごとにまちまちに定められているのでしょうか。

　この点、判例では、年金分割は、被用者年金が夫婦双方の老後等のための所得保障としての社会保障的機能を有する制度であるから、対象期間中の保険料納付に対する寄与の程度は、特別の事情がない限り、互いに同等とみて、年金分割についての請求すべき按分割合を0.5と定めるのが相当であるところ、その趣旨は、夫婦の一方が被扶養配偶者である場合についての厚生年金保険法78条の13（いわゆる3号分割）に現れているのであって、そうでない場合であっても、基本的には変わるものではないと解すべきである（大阪高決平21・9・4家月62・10・54参照）などとされており、特段の事情がない限り按分割合は0.5と定められることが一般的です。

　しかし、保険料納付に対する夫婦の寄与を同等とみることが著しく不当であるような例外的な事情がある場合には上記特別の事情があるものとして、申立人に多額の借金があった等の事情を斟酌して、異なる按分割合が定められた事例もあります（按分割合0.3）（東京家審平25・10・1判時2218・69）。

　なお、按分割合は、「年金分割のための情報通知書」に記載されている下限を下回ることはできません（厚年78の3・78の4②：按分割合の範囲）。

　　　　　　　　　　　　　　　アドバイス

○迅速な決定のために

　　請求すべき按分割合を定めるためには、審尋を経る必要はなく、また、按分割合も特

段の事情がない限り0.5とされるのが実情です。

そこで、既に離婚が成立して財産分与も済んでいる場合などで按分割合だけを早急に定めたいときには、調停手続を経ずに直ちに申立人の住所地に審判を申し立てると、比較的迅速に定めてもらうことが期待できます。

ただし、場合によっては調停に付されることもあります（家事274①）。

◆離婚訴訟における附帯処分

離婚訴訟における附帯処分として、標準報酬等の按分割合に関する処分（厚年78の2②）を申し立てることもできます（人訴32①）。

裁判所は、申立事項について事実を調査し（人訴33）、離婚の訴えに係る請求を認容する判決で標準報酬等の按分割合に関する処分についての裁判もします。

なお、附帯処分について不服申立てをした場合、離婚認容部分についても確定が遮断され、附帯処分とともに控訴審に移審します。

そして、附帯処分を含む離婚判決が確定すると、離婚が成立し、同時に按分割合も定まることになります。

離婚の訴え提起後、和解離婚又は協議離婚が成立したけれども、附帯処分についての合意を含まなかった場合、裁判所は別途附帯処分についての審理及び裁判をします（人訴36）。この場合、更に附帯処分について和解をすることも可能です。

これらの場合、離婚が先に成立し、後から按分割合が定まることになります。

【参考書式24】　請求すべき按分割合の調停・審判申立書
【参考書式25】　請求すべき按分割合を合意する条項例（公正証書）

(4)　標準報酬改定請求（年金分割請求）・標準報酬改定通知

調停、審判又は離婚訴訟における附帯処分によって請求すべき按分割合が定まったら、当該家庭裁判所に対して、年金分割請求の手続用に、按分割合が記載された調停調書、審判書又は判決書の謄本又は抄本の交付を必要部数申請し、入手します。

そして、年金事務所又は共済窓口に標準報酬改定請求書とともにその謄本又は抄本を提出します。

請求期限は、原則として離婚が成立した日の翌日から起算して2年以内です（厚年78の2①ただし書、厚年規78の3①）。

第5章　財産別の評価・具体的分与方法の検討　　263

　ただし、離婚が成立した日の翌日から起算して2年を経過した日以後又は1年11か月から2年の間に、按分割合を定める調停の成立、審判の確定又は附帯処分に係る判決の確定若しくは和解の成立（以下「調停の成立等」といいます。）があったときは、調停の成立等の日の翌日から起算して1か月以内が請求期限となります（厚年78の2①ただし書、厚年規78の3②）。なお、調停又は審判の申立ては、離婚が成立した日の翌日から起算して2年以内になされていることが前提となります（厚年78の2①ただし書、厚年規78の3②参照）。

　調停、審判又は離婚訴訟における附帯処分により按分割合が決定しても、年金事務所等に対して年金分割請求（標準報酬改定請求）を行わなければ厚生年金の保険料納付記録は変更されません。

　弁護士が請求期限を認識していなかったために請求期限を徒過し、依頼者から損害賠償請求される事例も多数報告されているとのことです。按分割合が決定したら、速やかに年金事務所等で手続をするよう依頼者に十分説明することが大切です。

　年金分割請求がなされると、按分割合に基づき当事者それぞれの厚生年金の保険料納付記録の改定が行われ、改定後の保険料納付記録（標準報酬改定通知書）が当事者それぞれに通知されます。

アドバイス

○離婚が成立した日

　以上のとおり、年金分割には請求期限がありますが、その起算日に関わる「離婚が成立した日」は、離婚の方法によって異なります。

　協議離婚の場合は、届出によって離婚の効力が生ずるため、離婚の届出をした日となります（戸籍76）。

　調停離婚・和解離婚の場合は、調停・和解の成立によって離婚の効力が生ずるため、調停・和解が成立した日となります。

　審判・判決による離婚の場合は、不服申立期間が経過して確定することによって離婚の効力が生ずるため、確定の日となります。よって、年金分割請求の際には、確定証明書も添付することになります（【参考書式24】参照）。

　なお、調停離婚、和解離婚及び審判・判決による離婚の場合は、報告的届出として役所へ離婚の届出が必要です（戸籍77・63）。

○期限内に年金分割手続をしたのに年金を受けられない可能性

　年金分割の手続を完了しても、それだけで必ず年金が受けられるわけではありません。
　年金分割は、厚生年金の報酬比例部分の保険料納付実績のみを分割するものですので、

264 第5章 財産別の評価・具体的分与方法の検討

上乗せされた分も含めた年金を受け取るためには、その他の受給要件（平成27年12月現在は、国民年金の保険料納付済期間と保険料免除期間の合計が25年以上（今後10年以上に引き下げられる予定です。）であること）を満たすことが前提となります。

離婚の時点で受給要件を満たしていない方は、離婚後もきちんと年金保険料を支払い続けることが必要です。

4 3号分割

(1) 3号分割を行うために必要な手続
(2) 標準報酬改定通知
(3) 合意分割との関係

(1) 3号分割を行うために必要な手続

平成20年5月1日以後に離婚等をし、婚姻期間中に平成20年4月1日以後の国民年金の第3号被保険者（被扶養配偶者）期間中の厚生年金記録（標準報酬月額・標準賞与額）がある場合には、当該被扶養配偶者からの請求により、平成20年4月1日以後の婚姻期間中の第3号被保険者期間における相手方の厚生年金記録（標準報酬月額・標準賞与額）を2分の1ずつ、当事者間で分割することができます。

当事者双方の合意は必要ありません。

原則として、離婚等をした日の翌日から起算して2年以内に、被扶養配偶者が、年金手帳又は基礎年金番号通知書を持参し、標準報酬改定請求書と婚姻期間等がわかる戸籍謄本（全部事項証明書）・抄本（個人事項証明書）を年金事務所又は共済窓口に提出して、年金分割請求をします。

ただし、分割される者が障害厚生年金の受給権者で、この分割請求の対象となる期間を年金額の基礎としている場合は、「3号分割」請求は認められません。

(2) 標準報酬改定通知

年金分割請求がなされると、按分割合に基づき当事者それぞれの厚生年金の保険料

第5章　財産別の評価・具体的分与方法の検討　　265

納付記録の改定が行われ、改定後の保険料納付記録（標準報酬改定通知書）が当事者それぞれに通知されます。

（3）　合意分割との関係

合意分割と3号分割の違いは、次のとおりです。

	合意分割	3号分割
年金の分割対象	厚生年金のうち報酬比例部分	同左
分割対象期間	婚姻期間 （過去の婚姻期間を含む）	被扶養配偶者期間 （配偶者の第3号被保険者期間） （平成20年4月以後の期間のみ）
分割割合	上限2分の1 （当事者の合意又は裁判所が定める分割割合）	一律2分の1
対象となる離婚	平成19年4月以降の離婚	平成20年5月以降の離婚 （離婚の前月分までが分割対象）
分割の請求者	当事者の一方（夫、妻） （いずれの当事者からも可能）	被扶養配偶者（第3号被保険者）のみ
請求期限	原則、離婚後2年以内	原則、離婚後2年以内
分割の効果（分割を受けた者）	分割分を自分自身の年金として受給（増額又は新規受給）	同左

なお、按分割合が決まって合意分割の請求が行われた場合、婚姻期間中に3号分割の対象となる期間が含まれるときは、合意分割と同時に3号分割の請求があったとみなされます（厚年78の20）。

ケーススタディ

Ｑ　依頼者は、会社員の相手方と平成15年4月1日に結婚し、同日から平成24年3月31日まで専業主婦で第3号被保険者でしたが、平成24年4月1日から会社でパート勤

務を始め、自ら社会保険料も払うようになり、今日に至ります。

　今般、離婚するに当たって、年金分割の按分割合はどのように決まるのでしょうか。また、年金分割請求は、別々にする必要があるのですか。

A　依頼者が相手方の被扶養配偶者であった期間のうち、平成20年4月1日から平成24年3月31日までの期間だけが3号分割の対象となる期間で、按分割合は0.5です（相手方の同意は不要です。）。

　平成15年4月1日から平成20年3月31日までの被扶養配偶者であった期間と、自ら厚生年金に加入した平成24年4月1日から離婚までの期間は、どちらも合意分割の対象となる期間で、按分割合を相手方との合意あるいは裁判手続で決めることとなります（最大0.5）。

　合意分割の対象となる期間の按分割合が決まったら、離婚後、3号分割の期間も含めた全期間について年金事務所等で標準報酬の改定請求（年金分割請求）を行うことができます。

【参　考】

手　続	手続をする人	手続の時期	必要書類	手続後交付されるもの
年金分割のための情報提供請求	当事者が単独又は共同で行うことができる。	離婚の前でも後でもよい。	① 年金分割のための情報提供請求書 ② 請求者の年金手帳又は基礎年金番号通知書 ③ 婚姻期間等を明らかにできる戸籍謄本等	年金分割のための情報通知書
合意分割請求	原則として当事者が単独で行えるが、共同でしかできない場合がある。	離婚後	① 標準報酬改定請求書 ② 請求者の年金手帳又は基礎年金番号通知書 ③ 婚姻期間等を明らかにできる戸籍謄本等 ④ 按分割合を明らかにできる書類 　㋐ 話合いの場合 　　合意書（当事者双方又はその代理人が直接持参する。）、公正証書の謄	標準報酬改定通知書

			本若しくは抄録謄本又は公証人の認証を受けた私署証書 ④ 裁判所の手続によった場合 審判書、判決書、調停調書等の謄本又は抄本、審判・判決の確定証明書	
3号分割請求	被扶養配偶者（第3号被保険者）	離婚後	① 標準報酬改定請求書 ② 請求者の年金手帳又は基礎年金番号通知書 ③ 婚姻期間等を明らかにできる戸籍謄本等	標準報酬改定通知書

268 第5章 財産別の評価・具体的分与方法の検討

【参考書式24】 請求すべき按分割合の調停・審判申立書

この申立書の写しは，法律の定めるところにより，申立ての内容を知らせるため，相手方に送付されます。

受付印		家事	☐ 調停 ☑ 審判	申立書（請求すべき按分割合）
		（この欄に申立て1件あたり収入印紙1,200円分を貼ってください。）		
収入印紙 円 予納郵便切手 円		（貼った印紙に押印しないでください。）		

○ ○ 家庭裁判所 御中 平成 ○ 年 ○ 月 ○ 日	申 立 人 （又は法定代理人など） の 記 名 押 印	甲山 花子 ㊞

添付書類	（審理のために必要な場合は，追加書類の提出をお願いすることがあります。） ☑ 年金分割のための情報通知書	準口頭

申 立 人	住 所	〒○○○ - ○○○○ ○○県○○市○○町1−2−3 （ 方）
	フリガナ 氏 名	コウヤマ ハナコ 甲山 花子	大正 昭和 平成 ○ 年 ○ 月 ○ 日生 （ ○○ 歳）

相 手 方	住 所	〒○○○ - ○○○○ ○○県○○市○○町4−5−6 （ 方）
	フリガナ 氏 名	オツカワ イチロウ 乙川 一郎	大正 昭和 平成 ○ 年 ○ 月 ○ 日生 （ ○○ 歳）

申 立 て の 趣 旨

申立人と相手方との間の別紙（☆） 記載の情報に係る年金分割についての請求すべき
按分割合を，☑ 0.5 ☐（ ）と定めるとの（ ☐調停 ☑審判 ）を求めます。

申 立 て の 理 由

1 申立人と相手方は，共同して婚姻生活を営み夫婦として生活していたが，
 ☑ 離婚 ☐ 事実婚関係を解消 した。
2 申立人と相手方との間の（ ☑ 離婚成立日 ☐ 事実婚関係が解消したと認められる日），離婚
 時年金分割制度に係る第一号改定者及び第二号改定者の別，対象期間及び按分割合の範囲は，別紙
 のとおりである。

（注） 太枠の中だけ記入してください。 □の部分は，該当するものにチェックしてください。
☆ 年金分割のための情報通知書の写しをとり，別紙として添付してください（その写しも相手方に送付されます）。

年金分割 (1/1)

第5章　財産別の評価・具体的分与方法の検討　　　269

（注）　審判の場合，下記の審判確定証明申請書（太枠の中だけ）に記載をし，収入印紙１５０円分を貼ってください。

審 判 確 定 証 明 申 請 書

（この欄に収入印紙１５０円分を貼ってください。）

（貼った印紙に押印しないでください。）

本件に係る請求すべき按分割合を定める審判が確定したことを証明してください。

平成　○　年　○　月　○　日

申請人　　甲山　花子　　　　　　㊞

上記確定証明書を受領した。	上記確定証明書を郵送した。
平成　　年　　月　　日	平成　　年　　月　　日
申請人　　　　　　㊞	裁判所書記官　　　　　　㊞

（申立書の書式については裁判所ウェブサイトから掲載）

【参考書式25】 請求すべき按分割合を合意する条項例（公正証書）

（妻乙が専業主婦、夫甲が会社員である場合の例）

（年金分割）

第○条 甲（第1号改定者）と乙（第2号改定者）とは、本日、厚生労働大臣に対し、厚生年金保険法第78条の2第1項に基づき、対象期間に係る被保険者期間の標準報酬の改定又は決定の請求をすること及び請求すべき按分割合を0.5とすることに合意した。

  甲　○○○○（第1号改定者）

   昭和○年○月○日生まれ

   基礎年金番号　○○○○○○○○○○

  乙　○○○○（第2号改定者）

   昭和○年○月○日生まれ

   基礎年金番号　○○○○○○○○○○

第 6 章
分与に伴う税金等

272

第6章 分与に伴う税金等

第1 贈与税

＜フローチャート～贈与税＞

|1| 贈与税が課税される場合   ※原則課税されない。

・分与された財産の額が、婚姻中の夫婦の協力によって得た財産の額や、その他全ての事情を考慮してもなお多すぎる場合
・離婚が贈与税を免れるために行われたと認められる場合

|2| 税率と計算方法

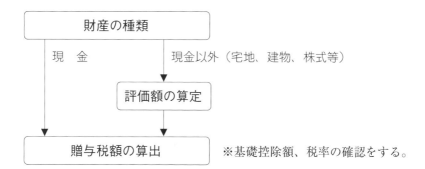

※基礎控除額、税率の確認をする。

|3| 離婚前に分与する場合

配偶者へ居住用不動産を贈与する場合

|4| 配偶者への居住用不動産の贈与の特例

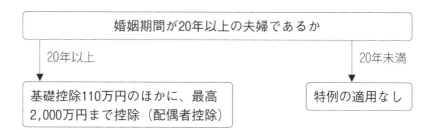

1 贈与税が課税される場合

---

(1) 財産分与により財産をもらった場合の贈与税
(2) 贈与税が課税される場合

---

(1) 財産分与により財産をもらった場合の贈与税

　財産分与により財産をもらった場合、原則として贈与税はかかりません。なぜなら財産分与は相手から贈与を受けたものではなく、夫婦の財産関係の清算や離婚後の生活保障のための財産分与請求権に基づき給付を受けたものと考えられているからです。

(2) 贈与税が課税される場合

　上記のとおり、財産分与により財産をもらった場合は原則、贈与税はかかりません（相基通9-8本文）が、次のいずれかに当てはまる場合は、贈与税が課税されます。
① 分与された財産の額が婚姻中の夫婦の協力によって得た財産の額や、その他全ての事情を考慮してもなお多すぎる場合
　例えば、婚姻期間が僅かであって、蓄積財産がほとんどないにもかかわらず、過大な分与を行う場合に、これに贈与税が全くかからないとするのは租税公平主義の原則に反することになります。婚姻中の夫婦の協力によって得た財産やその他の一切の事情を考慮してもなお多すぎると認められる場合は、その多すぎる部分に贈与税がかかることになります（相基通9-8ただし書）。
② 離婚が贈与税を免れるために行われたと認められる場合
　財産を移転させる方法として、離婚を手段にして財産分与の形式により、配偶者に財産を移転させ、しばらくしてから同一配偶者と再婚する場合や、債権者等の追及を免れるために配偶者との離婚を仮装し、財産分与によって財産を移転させ、その配偶者とは離婚前と同様に同居生活を続ける等の場合、法律上は離婚が有効に成立しているものの、当該離婚により取得した全ての財産は贈与によって取得した財産として贈与税がかかることになります（相基通9-8ただし書）。

第6章　分与に伴う税金等　　275

2　税率と計算方法

---

(1)　贈与によりもらった財産の価額の算定
(2)　贈与税の基礎控除
(3)　税　率

---

(1)　贈与によりもらった財産の価額の算定

　贈与税の計算は、まず、その年の1月1日から12月31日までの1年間に、贈与によりもらった財産の価額を算定し合計します。贈与された財産が現金であった場合は、その額がはっきりしていますが、下記のような現金以外の財産であった場合には、その価額がいくらなのか明確ではありません。そこで、現金以外の財産についていくらのものを贈与されたのか評価しなければなりません。贈与された時の財産の評価方法として、一般的には財産評価基本通達により相続税評価額を算定することになります。

① 宅地の評価額の算定

　宅地は、毎年1月1日を基準として決められる路線価を基にして計算する路線価方式、あるいは土地の固定資産税評価額に一定倍率を乗じて計算する倍率方式で評価します。貸し付けている宅地や貸家を建てている宅地には一定の減額がなされます。

② 建物の評価額の算定

　自己の居住用や業務用に使用している建物は、固定資産税評価額がその評価額となります。貸家など貸し付けている建物には一定の減額がなされます。

③ 株式の評価額の算定

　上場株式は、贈与された日の終値、贈与された月の終値の平均額、贈与された月の前月の終値の平均額、贈与された月の前々月の終値の平均額のうちもっとも低い金額が評価額となります。

　非上場株式など取引相場のない株式は、類似業種比準価額や時価純資産をもとにして評価します。

(2)　贈与税の基礎控除

　贈与税の基礎控除の金額は、110万円です（租特70の2の4）。贈与税は、1人の人が1月1

276 第6章 分与に伴う税金等

日から12月31日までの1年間にもらった財産の合計額から基礎控除額の110万円を差し引いた残りの額に対してかかるものです。したがって、1年間にもらった財産の合計額が110万円以下なら贈与税はかからず、贈与税の申告は不要となります。

(3) 税 率

贈与税の計算は、上記のとおり、贈与によりもらった財産の価額の合計額から基礎控除額110万円を差し引き、その残りの金額に税率を乗じて税額を計算します。贈与税の税率は、次のように超過累進税率となっています（相税21の7）。財産分与が贈与とされた場合に適用される税率はこちらです。

基礎控除後の課税価格	税率
200万円以下の金額の部分	10%
200万円を超え、300万円以下の金額の部分	15%
300万円を超え、400万円以下の金額の部分	20%
400万円を超え、600万円以下の金額の部分	30%
600万円を超え、1,000万円以下の金額の部分	40%
1,000万円を超え、1,500万円以下の金額の部分	45%
1,500万円を超え、3,000万円以下の金額の部分	50%
3,000万円を超える金額の部分	55%

その贈与が直系尊属からの贈与であり、贈与を受けた者が20歳以上の場合は、次の表を使うことができます（租特70の2の5）。

基礎控除後の課税価格	税率
200万円以下の金額の部分	10%
200万円を超え、400万円以下の金額の部分	15%
400万円を超え、600万円以下の金額の部分	20%
600万円を超え、1,000万円以下の金額の部分	30%
1,000万円を超え、1,500万円以下の金額の部分	40%

第6章　分与に伴う税金等　　277

1,500万円を超え、3,000万円以下の金額の部分	45%
3,000万円を超え、4,500万円以下の金額の部分	50%
4,500万円を超える金額の部分	55%

実務では、次のような速算表を使用します。

右記以外の贈与			20歳以上で直系尊属からの贈与		
基礎控除後の課税価格	税率	控除額	基礎控除後の課税価格	税率	控除額
200万円以下	10%	－	200万円以下	10%	－
300万円以下	15%	10万円			
400万円以下	20%	25万円	400万円以下	15%	10万円
600万円以下	30%	65万円	600万円以下	20%	30万円
1,000万円以下	40%	125万円	1,000万円以下	30%	90万円
1,500万円以下	45%	175万円	1,500万円以下	40%	190万円
3,000万円以下	50%	250万円	3,000万円以下	45%	265万円
3,000万円超	55%	400万円	4,500万円以下	50%	415万円
			4,500万円超	55%	640万円

ケーススタディ

Q　財産分与により、相手側から3,500万円の現金を受け取りましたが、3,000万円を超える500万円については、財産分与として多すぎる部分になるので贈与に該当すると考えています。この場合の贈与税の計算方法を教えてください。

A　贈与とされる財産の価額500万円から、下記のとおり計算します。
　　500万円（贈与額） － 110万円（基礎控除額） ＝ 390万円（課税価格）
　　基礎控除後の課税価格390万円に対し、速算表をもとに計算すると、
　　390万円（課税価格） × 20%（税率） － 25万円（控除額） ＝ 53万円（贈与税額）

となります。

アドバイス

〇分与を受けた者の所得税

　所得税は、個人の所得に対して課税される税金です。所得は、その性質によって①利子所得、②配当所得、③不動産所得、④事業所得、⑤給与所得、⑥退職所得、⑦山林所得、⑧譲渡所得、⑨一時所得、⑩雑所得の10種類に分かれており、それぞれの所得について、収入や必要経費の範囲あるいは所得の計算があります。

　財産分与は、夫婦の財産関係清算や離婚後の生活保障のためのものであり、上記に掲げる所得ではありませんので、所得税は課税されません。

3 　離婚前に分与する場合

---

(1)　離婚前に分与する場合の効果
(2)　離婚前の分与を検討する場合

---

(1)　離婚前に分与する場合の効果

　財産分与を離婚前に行うことはできません。たとえ離婚を条件とした贈与（分与）であっても、離婚前にそれを実行すれば、それは「財産分与」ではなく、あくまでも単なる「贈与」となります（平13・3・30裁決　裁決事例集61・550）。

(2)　離婚前の分与を検討する場合

　離婚前に分与すれば贈与となるにもかかわらず、財産分与と贈与とを比較し、4の贈与の特例を適用することで贈与税がかからない場合は、離婚前の贈与を検討する場合があります。

第6章　分与に伴う税金等　　279

4　配偶者への居住用不動産の贈与の特例

---

(1)　特例の概要
(2)　特例を受けるための適用要件
(3)　適用を受けるための手続

---

(1)　特例の概要

　婚姻期間が20年以上の夫婦の間で、居住用不動産又は居住用不動産を取得するための金銭の贈与が行われた場合、基礎控除110万円のほかに最高2,000万円までの控除（配偶者控除）ができるという贈与の特例があります（相税21の6）。

　婚姻期間が20年未満である場合は、この特例を適用することができません。

　何らかの事情で、離婚時ないしは離婚後の財産分与としてではなく、離婚前に夫婦の一方が他方に居住用不動産又は居住用不動産を取得するための金銭の贈与を行う場合には、この特例の適用の可否を検討するとよいでしょう。

(2)　特例を受けるための適用要件

　特例を受けるための適用要件は、次の3つの要件全てを満たす必要があります（相税21の6①）。

① 夫婦の婚姻期間が20年を過ぎた後に贈与が行われたこと
② 配偶者から贈与された財産が、自分が住むための国内の居住用不動産であること又は居住用不動産を取得するための金銭であること
③ 贈与を受けた年の翌年3月15日までに、贈与により取得した国内の居住用不動産又は贈与を受けた金銭で取得した国内の居住用不動産に、贈与を受けた者が現実に住んでおり、その後も引き続き住む見込みであること
(注)　内縁の配偶者に対する贈与は認められていません。また、配偶者控除は同じ配偶者からの贈与については一生に一度しか適用を受けることができません。

(3)　適用を受けるための手続

　贈与を受けた年の翌年3月15日までに、次の書類を添付して贈与税の申告をするこ

とが必要です（相税21の6②、相税規9）。

① 財産の贈与を受けた日から10日を経過した日以後に作成された戸籍謄本又は抄本
② 財産の贈与を受けた日から10日を経過した日以後に作成された戸籍の附票の写し
③ 居住用不動産の登記事項証明書
④ その居住用不動産に住んだ日以後に作成された住民票の写し

　ただし、戸籍の附票の写しに記載されている住所が居住用不動産の所在場所である場合には、住民票の写しの添付は不要です。

　なお、平成28年分以降の申告については、マイナンバーの記載が義務付けられるため、住民票の写しの添付は不要となります。

　上記の書類のほかに、金銭ではなく居住用不動産の贈与を受けた場合は、その居住用不動産を評価するための書類（下記「ケーススタディ」参照）が必要となります。

ケーススタディ

Ｑ　贈与を受ける場合、居住用不動産と金銭ではどちらが有利でしょうか。

Ａ　居住用不動産の贈与税における評価額は、相続税評価額となります。相続税評価額は時価よりも低くなるため、居住用不動産の方が金額的に多く贈与できることになります。

　相続税法22条は、「相続、遺贈又は贈与により取得した財産の価額は、特別の定めのあるものを除き、当該財産の取得の時における時価による」旨規定しています。この時価とは、課税時期において、それぞれの財産の現況に応じ、不特定多数の当事者間で自由な取引が行われる場合に通常成立すると認められる価額をいいます。しかし、現金や上場株式とは異なり不動産の時価を適正に把握することはなかなか容易ではありません。したがって、財産評価基本通達では原則、土地の価額は路線価方式により、建物の価額は固定資産税評価額によるものとされており、これをもって時価とすると規定されています。

　一般に路線価は公示価格の8割といわれており、路線価方式で評価した土地価額（財産評価基本通達上の時価）は公示価格を下回ることがほとんどです。

　このように、一般的には、路線価が公示価格を下回ることがほとんどですが、不動産鑑定評価を行えば路線価方式のような画一的な評価方法で求められた価格を大幅に下回ることもまれにあります。その場合は不動産鑑定評価をもって贈与税の時価とすることもできます。

第2 譲渡所得税

<フローチャート〜譲渡所得税>

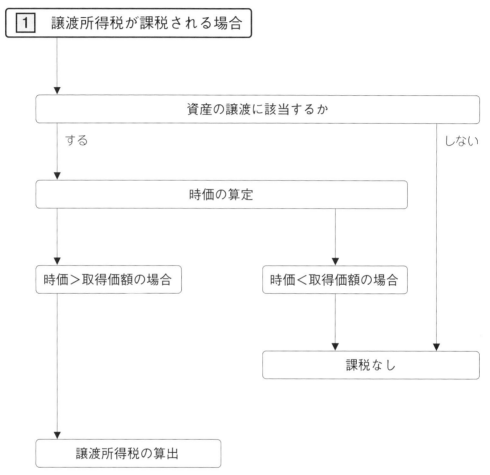

※財産の種類により計算方法が異なる。
（算出の詳細は第3以下の各財産の解説を参照）

1 譲渡所得税が課税される場合

(1) 譲渡所得税が課税される場合
(2) 所得税法の資産の譲渡として除かれる資産

(1) 譲渡所得税が課税される場合

　財産分与する資産の種類によっては、資産の譲渡として分与者に対して課税が発生する場合があります。

　所得税法33条1項にいう「資産の譲渡」とは有償無償を問わず、資産を移転させるいっさいの行為をいうものと解すべきであるとされています（最判昭50・5・27判時780・37）。この判決は、財産分与としてなされた不動産譲渡に対する譲渡所得課税を適法として是認しました。

　したがって、財産の分与をした者は、その分与した時においてその時の価額により資産を譲渡したことになります（所基通33-1の4）。財産分与による資産の移転は、財産分与義務の消滅という経済的利益を対価とする譲渡になります（所基通33-1の4注書）。

　財産分与による資産の移転が、資産の譲渡となることから、分与時の時価がその資産を取得した時の価額より高くなっていれば、譲渡所得税及び住民税が課されることになります。逆に、分与時の時価がその資産を取得した価額より下がっていれば所得税が課されることはありません。

アドバイス

○「分与した時においてその時の価額」とは

　「分与した時」とは、財産分与に関する協議・調停等が成立した日又は判決が確定した日をいいます。離婚届出前に財産分与の協議が成立した場合には、離婚届出の日が「分与した時」となります。「その時の価額」とは、分与時における時価が「その時の価額」となります。

　分与を受けた者が、その受けた財産を譲渡した場合、「その時の価額」がその資産の取得価額となります（所基通38-6）。

(2) 所得税法の資産の譲渡として除かれる資産 ■■■■■■■■■■

　なお、所得税法の資産の譲渡として対象となる資産には、不動産、書画骨董、絵画、宝石、自動車、船舶、機械器具、ゴルフ会員権、特許権、著作権等が含まれており、金銭又は貸付金や売掛金などの金銭債権は除かれています（所税33、所基通33-1）。

　したがって、金銭又は金銭債権を財産分与する場合、課税は発生しません。

　財産分与の多くは、現物分与ではなく、金銭給付で行われているのが実態ですが、これは、税金の面でも、分与者に譲渡所得税がかからないので、分与者にとって不安がない分与方法ということになります。

第3 不動産

<フローチャート〜不動産>

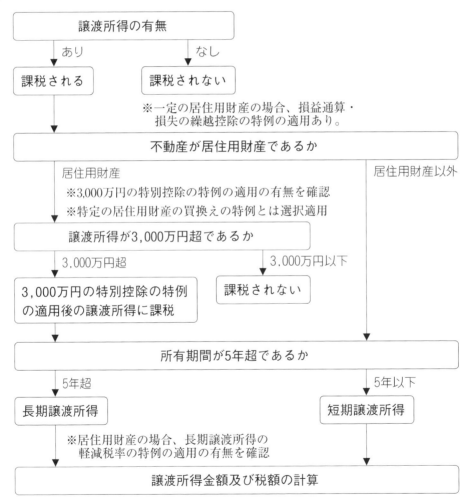

第6章　分与に伴う税金等　　285

1 時価の算定

◆時価の算定方法

　不動産の時価の算定方法として、下記のような方法が考えられます。

① 　近隣物件の売買価額を参考に算定する。

② 　不動産業者の見積価額を参考に算定する。

③ 　不動産鑑定士の鑑定評価額を参考に算定する。

④ 　公示価格や固定資産税評価額、路線価を実勢価格に割り戻した金額をもとに算定
する。

　③の方法が最も正確な評価であると考えられますが、不動産鑑定士の鑑定費用が高
額になる場合があります。

　④について、公示価格は実勢価格に近いとされていますが、乖離している場合もあ
ります。地価公示の評価時点（毎年1月1日）と財産分与の時点ではタイムラグがある
ことにも注意が必要です。また、固定資産税評価額は公示価格の70%を、路線価は公
示価格の80%を目安として設定されています。公示価格ベースに割り戻すことで、時
価とはいえませんが、評価の参考にすることはできます。

2 譲渡所得税

（1） 譲渡所得税が課税される場合

（2） 税率と計算方法

（3） 居住用財産譲渡の課税の特例（譲渡益）

（4） 居住用財産譲渡の課税の特例（譲渡損）

（5） 分与した住宅についての住宅借入金等特別控除の適用

（1） 譲渡所得税が課税される場合

　不動産による財産分与を行った場合には、分与者は、分与を受けた者に対し、その
分与をした時において、その時の不動産の価額により不動産を譲渡したことになりま

す（所税33①、所基通33-1の4）。この場合において、分与者に譲渡所得が発生するときは、所得税及び住民税が課税されます。

(2) 税率と計算方法

◆課税方法

　所得税法では、個人の1年間の所得を10種類に分類し、それぞれの所得に応じた計算方法により所得の金額を計算し、これを合算して超過累進税率により課税する総合課税（所税22・89）を原則的な課税方法としています。

　ただし、一定の所得については、ほかの所得と合算せず、異なる税率により課税することとしており、この課税方法を分離課税といいます。

　譲渡所得は、譲渡資産の種類により、総合課税の対象になるものと分離課税の対象になるものに区分して課税されます。土地や建物を譲渡したときの譲渡所得に対する所得税及び住民税は、他の所得と合算せず個別に計算する分離課税の方法によります。

◆短期譲渡所得と長期譲渡所得

　土地や建物の譲渡所得は、譲渡資産の所有期間により異なる税率が適用されます。譲渡した年の1月1日において、その資産の所有期間が5年以下である場合には短期譲渡所得、5年を超えている場合には長期譲渡所得となり、所得金額の計算を分けて行います。

◆税率と計算方法

① 所得金額の計算（所税33③、租特31・32）

　譲渡所得の金額は、その年中の資産の譲渡に係る総収入金額からその資産の取得費とその資産の譲渡に要した費用との合計額を控除し、その残額から譲渡所得の特別控除額を控除して計算します。計算式で示すと下記のとおりです。

　譲渡所得の金額 ＝ 総収入金額 － （取得費＋譲渡費用） － 特別控除額

　土地や建物の短期譲渡所得の金額の計算上生じた損失の金額がある場合には、土地や建物の長期譲渡所得の金額から控除します。また、土地や建物の長期譲渡所得の金額の計算上生じた損失の金額がある場合には、土地や建物の短期譲渡所得の金額から控除します。

　このように、その損失の金額は、他の土地又は建物の譲渡所得の金額から控除する

こと（内部通算といいます。）はできますが、控除してもなお控除しきれない場合、その控除しきれない金額は、原則として、事業所得や給与所得など他の所得から控除すること（損益通算といいます。）（所税69）はできません。

② 収入金額（所税36①②）

　財産分与をした時の土地や建物の時価が譲渡所得の収入金額となります。

③ 取得費

　㋐ 取得費とは（所税38①）

　取得費とは、資産の取得に要した金額と設備費及び改良費の合計額をいいます。

　土地や建物の取得に要した金額に含まれる主なものとして下記のものがあります。ただし、事業所得や不動産所得などの必要経費に算入されたものは含まれません。

・購入代金

・購入手数料

・購入に当たり支払った立退料

・売買契約書の印紙代

・登録免許税、登記手数料

・不動産取得税

・建物付の土地を購入し、その購入後おおむね1年以内に建物を取り壊すなど、当初から建物を取り壊して土地を利用する目的であることが明らかであると認められる場合の建物の購入代金や取壊しの費用

・その他取得のために要した費用

　㋑ 建物の取得費（所税38②、所税令85）

　建物は使用や期間の経過により価値が減少します。したがって、建物の取得費は、購入代金などの合計額から減価償却費相当額を控除した金額となります。減価償却費相当額は、その建物が事業に使われていた場合とそうでない場合とで異なります。

　事業用建物の場合は、不動産所得や事業所得の計算上必要経費に算入される償却費の累計額によります。非事業用建物の場合は、法定耐用年数の1.5倍の年数に対応する償却率により償却します。また、その建物が中古建物である場合には、別途耐用年数の計算方法が定められています。

　㋒ 取得費がわからない場合（租特31の4、措通31の4-1）

　土地や建物の取得費がわからない場合には、譲渡収入金額の5%相当額を取得費とすることができます。これを概算取得費といいます。実際の取得費が譲渡収入金額の5%を下回る場合にもこの規定を適用することができます。

④　譲渡費用（所基通33-7）

　譲渡費用とは、資産の譲渡のために直接かかった費用をいいます。

　例えば、分与者が分与した不動産の登記手数料を負担した場合には、譲渡費用に該当します。

⑤　特別控除額（租特35ほか）

　土地や建物の譲渡が一定の要件を満たす場合には、譲渡所得の金額の計算上、一定額の特別控除を受けることができます。

⑥　税額の計算

　㋐　税額の計算

税額　＝　譲渡所得の金額　×　税率

　㋑　税　率

短期譲渡所得、長期譲渡所得の区分により下記の税率が適用されます。

	所得税（注）	住民税	合計
短期譲渡所得	30％	9％	39％
長期譲渡所得	15％	5％	20％

（注）　平成25年から平成49年まで上記のほか復興特別所得税として各年分の基準所得税額の2.1％が課税されます。

ケーススタディ

Ｑ　住んでいたマンションを財産分与することになりました。財産分与の直前にマンションの固定資産税を支払いましたが、譲渡所得の金額の計算上、譲渡費用になりますか。

Ａ　譲渡費用とは、資産の譲渡のために直接かかった費用をいい、固定資産税や修繕費などその資産の維持や管理のためにかかった費用は譲渡費用にはなりません。

(3)　居住用財産譲渡の課税の特例（譲渡益）

　居住用財産の譲渡により譲渡益が発生した場合の課税の特例には、居住用財産を譲渡した場合の3,000万円の特別控除の特例、所有期間が10年超の居住用財産を譲渡し

た場合の長期譲渡所得の軽減税率の特例、特定の居住用財産の買換えの特例の3つがあります。

◆居住用財産を譲渡した場合の3,000万円の特別控除の特例（租特35）

① 制度の概要

　居住用財産の分与により生じた譲渡所得について、一定の要件を満たすときは、所有期間の長短にかかわらず、最高3,000万円まで控除を受けることができます。

② 適用要件

　㋐ 居住用財産を譲渡したこと

　居住用財産の譲渡とは次に掲げるものをいいます。

　　ⓐ 現に自分が居住している家屋を譲渡すること

　転勤、転地療養等のため他に起居している場合でも、一定の要件を満たすときは居住の用に供している家屋に該当しますが、次に掲げる家屋は居住用家屋には該当しません（措通31の3－2・35－5）。

・特例の適用を受けることのみを目的として入居したと認められる家屋

・居住用家屋を新築する期間中だけの仮住まいである家屋、その他一時的な目的で入居したと認められる家屋

・主として趣味、娯楽又は保養のために所有する家屋（別荘など）

　居住用家屋のうちに居住用以外の用に供している部分がある場合には、特例の適用は居住用部分に限ります。ただし、居住用部分がおおむね90％以上であるときは、その全部を居住の用に使っていたものとして取り扱うことができます（租特令20の3②・23①、措通31の3-7・31の3-8・35-5）。

　また、居住用家屋を2以上所有する場合には、主として居住の用に供していると認められる1つの家屋のみが特例の適用対象となります（租特令20の3②・23①）。

　　ⓑ ⓐの家屋とともにその敷地や借地権を譲渡すること

　　ⓒ 以前住んでいた家屋を譲渡する場合には、住まなくなった日から3年を経過する日の属する年の12月31日までに譲渡すること

　　ⓓ ⓒの家屋とともにその敷地や借地権を譲渡する場合には、住まなくなった日から3年を経過する日の属する年の12月31日までに譲渡すること

　　ⓔ 災害により減失した居住用家屋の敷地等を譲渡する場合には、住まなくなった日から3年を経過する年の12月31日までに譲渡すること

　　ⓕ 家屋を取り壊して敷地等を譲渡する場合にも一定の要件を満たせば適用があります（措通35-2）。

⑦　譲渡した年の前年又は前々年において、この特例又は居住用財産を譲渡等した場合の他の特例（租特36の2・36の5・41の5・41の5の2）の適用を受けていないこと

⑨　譲渡した相手が配偶者、直系血族、その他特別の関係がある者でないこと

　財産分与は離婚を条件に効力が生じることとなるため、離婚届出前に協議がなされた場合であっても、この特例の適用を受けることができます。

　また、譲渡者から受ける金銭その他の財産によって生計を維持している者は特別の関係がある者に該当しますが、それが財産分与によるものである場合は除外されています（租特令20の3①・23②、措通31の3-23・35-5）。

　⑪　その他一定の要件を満たすこと

③　適用を受けるための手続

　この特例の適用を受けるためには、翌年3月15日までに、必要書類を添えて確定申告書を提出しなければなりません（租特規18の2）。

◆所有期間が10年超の居住用財産を譲渡した場合の長期譲渡所得の軽減税率の特例（租特31の3）

①　制度の概要

　所有期間が10年を超える居住用財産を分与した場合において、一定の要件を満たすときは通常の長期譲渡所得の税率よりも低い下記の税率の適用を受けることができます。

長期譲渡所得の金額(注1)	所得税(注2)	住民税	合計
6,000万円以下の部分	10%	4%	14%
6,000万円超の部分	15%	5%	20%

（注1）　3,000万円特別控除後
（注2）　平成25年から平成49年まで上記のほか復興特別所得税として各年分の基準所得税額の2.1%が課税されます。

②　適用要件

　⑦　譲渡した年の1月1日における所有期間が10年を超える居住用財産で国内にあるものを譲渡したこと

　⑨　譲渡した年の前年又は前々年において、この特例の適用を受けていないこと

　⑨　その譲渡について、居住用財産の買換えなど他の特例の適用を受けていないこと。ただし、居住用財産を譲渡した場合の3,000万円の特別控除の特例（租特35）は重ねて受けることができます。

㋓　譲渡した相手が配偶者、直系血族、その他特別の関係がある者でないこと（租特
　　　　令20の3①、措通31の3-23）

　　㋔　その他一定の要件を満たすこと

③　適用を受けるための手続

　　この特例の適用を受けるためには、翌年3月15日までに、必要書類を添えて確定申告
書を提出しなければなりません（租特規13の4）。

◆**特定の居住用財産の買換えの特例**（租特36の2）

①　制度の概要

　　10年以上住んでいた居住用財産を分与し、新たに居住用財産を購入した場合におい
て、譲渡所得が生じたときは、一定の要件を満たすものに限り、譲渡所得に対する課
税を将来に繰り延べることができます。

　　この特例か、居住用財産を譲渡した場合の3,000万円の特別控除の特例（租特35）と
所有期間が10年超の居住用財産を譲渡した場合の長期譲渡所得の軽減税率の特例（租
特31の3）の併用か、いずれか有利な方を選択することとなります。

②　適用要件

　　㋐　譲渡した年の1月1日における所有期間が10年を超える居住用財産で国内にある
　　　　ものを譲渡したこと

　　㋑　居住用財産における居住期間が10年以上であること（租特令24の2⑥）

　　㋒　譲渡した年の前年又は前々年において、居住用財産を譲渡した場合の特例（租
　　　　特31の3・35・41の5・41の5の2）の適用を受けていないこと

　　㋓　一定期間内に一定の買換資産を取得し、一定期間内に居住すること又は居住す
　　　　る見込みであること

　　㋔　譲渡収入が1億円以下であること

　　㋕　譲渡した相手が配偶者、直系血族、その他特別の関係がある者でないこと（租特
　　　　令20の3①・24の2①、措通31の3-23・36の2-23）

　　㋖　その他一定の要件を満たすこと

③　適用を受けるための手続

　　この特例の適用を受けるためには、翌年3月15日までに、必要書類を添えて確定申告
書を提出しなければなりません（租特規18の4）。

◆**住宅借入金等特別控除との適用関係**

　　住宅借入金等特別控除の適用に当たっては、「居住の用に供した年とその前後の2年

ずつの5年間に、居住用財産を譲渡した場合の居住用財産を譲渡した場合の3,000万円の特別控除の特例等の適用を受けていないこと」という要件があります（租特41⑮⑯）。

譲渡所得の金額によっては財産分与時に譲渡所得の特別控除等の適用を受けるか、次の住宅取得時に住宅借入金等特別控除の適用を受けるか、適用に当たっては注意が必要です。

(4) 居住用財産譲渡の課税の特例（譲渡損）

土地や建物の譲渡損失は、原則として、事業所得や給与所得などの他の所得との損益通算はできません。ただし、一定の要件を満たす居住用財産の譲渡損失については、他の所得との損益通算が認められます。また、損益通算しきれなかった金額については、損失が発生した年の翌年以後3年間繰り越し、各年分の所得から控除することができます。次の2つの特例がありますが、これらの特例は住宅借入金等特別控除との併用が認められています。

◆居住用財産の買換え等の場合の譲渡損失の損益通算及び繰越控除の特例（租特41の5）

① 制度の概要

所有期間が5年を超える居住用財産を分与し、新たに居住用財産を購入した場合において、譲渡損失が生じたときは、一定の要件を満たすものに限り、その譲渡損失をその年分の他の所得と損益通算し、控除しきれなかった金額は、翌年以後3年間に繰越控除できます。

② 適用要件

　㋐ 譲渡した年の1月1日における所有期間が5年を超える居住用財産で国内にあるものを譲渡したこと

　㋑ 一定期間内に一定の買換資産を取得し、一定期間内に居住すること又は居住する見込みであること

　㋒ 買換資産を取得した年の12月31日において、買換資産に係る償還期間10年以上の金融機関等からの住宅借入金残高を有すること

　㋓ 譲渡した年の前年又は前々年において、居住用財産を譲渡した場合の特例（租特31の3・35・36の2・36の5・41の5の2）の適用を受けていないこと

　㋔ 譲渡した相手が配偶者、直系血族、その他特別の関係がある者でないこと（租特令26の7③）、措通31の3-23・41の5-18）

第6章　分与に伴う税金等　293

　　㋕　その他一定の要件を満たすこと
③　適用を受けるための手続
　この特例の適用を受けるためには、翌年3月15日までに、必要書類を添えて確定申告書を提出しなければなりません（租特規18の25）。

◆特定居住用財産の譲渡損失の損益通算及び繰越控除の特例（租特41の5の2）
①　制度の概要
　所有期間が5年を超える居住用財産で住宅借入金等のあるものを、住宅借入金等の残高を下回る価額で分与した場合において、譲渡損失が生じたときは、一定の要件を満たすものに限り、その譲渡損失をその年分の他の所得と損益通算し、控除しきれなかった金額は、翌年以後3年間に繰越控除できます。ただし、住宅借入金等残高から譲渡収入を引いた残りの金額が損益通算の限度額となります。なお、この規定は、買換資産を取得しない場合でも適用を受けることができます。
②　適用要件
　㋐　譲渡した年の1月1日における所有期間が5年を超える居住用財産で国内にあるものを譲渡したこと
　㋑　譲渡資産に係る償還期間10年以上の金融機関等からの住宅借入金残高を有すること
　㋒　譲渡した年の前年又は前々年において、居住用財産を譲渡した場合の特例（租特31の3・35・36の2・36の5・41の5）の適用を受けていないこと
　㋓　譲渡した相手が配偶者、直系血族、その他特別の関係がある者でないこと（租特令26の7の2③、措通31の3-23・41の5の2-7）
　㋔　その他一定の要件を満たすこと
③　適用を受けるための手続
　この特例の適用を受けるためには、翌年3月15日までに、必要書類を添えて確定申告書を提出しなければなりません（租特規18の26）。

⑸　分与した住宅についての住宅借入金等特別控除の適用

◆財産分与を行った者
　借入金が残ったとしても居住要件を満たさなくなりますので、住宅借入金等特別控除の適用を受けることはできなくなります。

第6章　分与に伴う税金等

◆財産分与を受けた者

　取得時において生計を一にし、その取得後も引き続き生計を一にする親族等からの居住用家屋の取得は、住宅借入金等特別控除の対象とならないこととされています（租特41①、租特令26③）。

　財産分与は生計を一にする親族等からの取得には該当しません。したがって、居住用家屋の分与を受けた者が、住宅借入金も引き継いだ場合若しくは当初の住宅借入金を返済するために金融機関等から新たに借入れを行った場合において、居住要件、築年数の要件、借入金の要件、所得要件その他の住宅借入金等特別控除の要件を満たすときは、必要書類を添えて（租特規18の21）、確定申告をすることにより、住宅借入金等特別控除の適用を受けることができます。

　また、以前から、居住用家屋の共有持分について住宅借入金等特別控除の適用を受けていた者が、財産分与により共有持分を追加取得した場合において、住宅借入金等特別控除の要件を満たすときは、新たに居住用家屋を取得したものとして、当初から保有していた共有持分と追加取得した共有持分のいずれについても、住宅借入金等特別控除の適用を受けることができます（租特41の2）。

> ### アドバイス
>
> ○共有持分追加取得時の住宅借入金等特別控除は確定申告が必要
>
> 　財産分与による居住用家屋の追加取得分についても住宅借入金等特別控除の適用を受ける場合には、住宅借入金等特別控除の額が当初確定申告で申告した内容とは異なることとなります。したがって、その年分については年末調整で控除の適用を受けることはできません。再度確定申告が必要となります。

ケーススタディ

Q　居住していた土地・建物を財産分与しました。この土地・建物は32年前に土地2,500万円、建物2,000万円で購入したものです。分与時の時価は土地・建物合計で5,000万円、分与時までの建物の償却費相当額は1,785万6,000円です。居住用財産を譲渡した場合の3,000万円の特別控除の特例の要件を満たしています。財産分与による譲渡所得の金額はいくらになりますか。

$\boxed{\text{A}}$ 　5,000万円 　－ 　(2,500万円 　＋ 　2,000万円 　－ 　1,785万6,000円)

　　　収入金額(時価)　　　土地取得価額　　　建物取得価額　　　償却費相当額

　　　－ 　2,285万6,000円(注) 　＝ 　0円

　　　　　　特別控除額

（注）　譲渡益が3,000万円に満たない場合には、特別控除額は、譲渡益の金額が限度となります。

$\boxed{3}$ 　登記関係費用

（1）　登録免許税

（2）　司法書士報酬

（1）　登録免許税

　不動産による財産分与を行った場合には、登記名義の変更が必要となります。財産分与による所有権移転登記には下記の登録免許税がかかります。法律上の納税義務者は、登記を受ける者であり、登記を受ける者が2人以上あるときは、これらの者は連帯して登録免許税を納付する義務を負います（登税2・3）。したがって、財産分与の場合には、分与を行った者と分与を受けた者が連帯して登録免許税の納税義務を負うこととなり、実際の負担については協議により決定します。

① 　課税標準（登税9）

　固定資産税評価額（千円未満切捨て）

② 　税　率（登税9・別表1①(2)ハ）

　2%

③ 　税　額

　課税標準額 × 税率 ＝ 税額（百円未満切捨て）

　また、登記名義人の住所・氏名の変更登記が必要な場合があります。この場合には、不動産1個につき1,000円の登録免許税が必要となります。

(2)　司法書士報酬

所有権移転登記を司法書士に依頼した場合には報酬が発生します。

4　財産分与を受けた者に課税される税金

> (1)　不動産取得税
> (2)　固定資産税・都市計画税

(1)　不動産取得税

不動産を取得した者に対し、不動産を取得したときに、その不動産の所在する都道府県が不動産取得税を課税します（地税73・73の2）。

ただし、財産分与により不動産を取得した場合において、その財産分与が清算的財産分与であるときは、多くの都道府県において不動産取得税を課税しない取扱いがなされています。

① 課税標準（地税73の13・73の14、地税附則11の5）

固定資産税評価額（千円未満切捨て）

なお、宅地については固定資産税評価額の2分の1とする軽減措置が設けられています。建物については新築時期に応じ一定の軽減措置が設けられています。

② 税　率（地税73の15）

土　地……3%

家　屋……住宅3%、その他4%

③ 税　額

課税標準額 × 税率 ＝ 税額（百円未満切捨て）

(2)　固定資産税・都市計画税

不動産の所有者に対し、毎年、その不動産の所在する市町村が固定資産税を課税します。その不動産が都市計画区域内の市街化区域内にある場合には都市計画税も課税されます（地税341〜343・702）。

第6章　分与に伴う税金等　　　297

　固定資産税や都市計画税は、毎年1月1日の時点で、不動産の所有者に対して納税義務が発生します（地税359・702の6）。したがって、財産分与で不動産の分与を受けた者は、財産分与を受けた翌年以降の固定資産税・都市計画税を納めなければなりません。離婚後の家計のやりくりでその支払が可能であるかをあらかじめ検討しておく必要があるでしょう。また、協議や調停で財産分与の合意ができる場合には、不動産売買での慣例と同様に、固定資産税・都市計画税の負担について日割計算し、分与後の日数に対応する税金は分与を受けた側が納めるなどの合意をしておくことも考えられます。

①　課税標準（地税349・702・702の3）

　固定資産税評価額（千円未満切捨て）

　なお、一定の調整措置や軽減の特例があります。

②　税　率（地税350・702の4）

　固定資産税……1.4%（標準税率）

　都市計画税……0.3%（制限税率）

③　税　額

　課税標準額　×　税率　＝　税額（百円未満切捨て）

第4 株式、投資信託、有価証券

<フローチャート～株式、投資信託、有価証券>

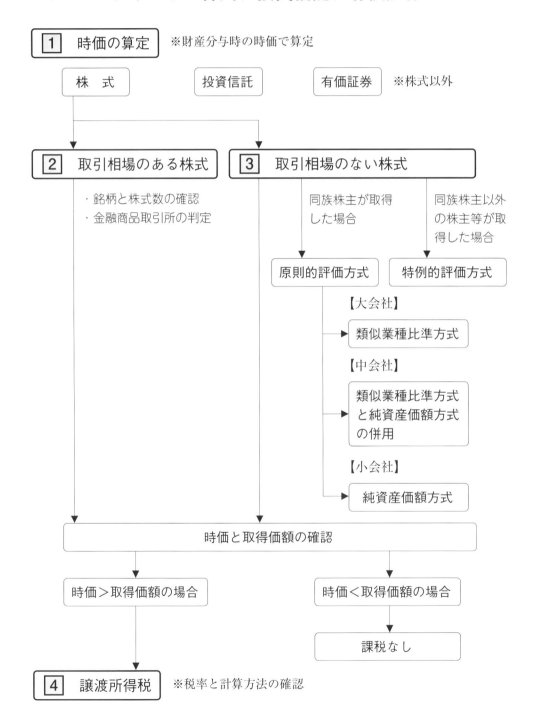

1 時価の算定

---

(1) 財産分与時の時価の算定
(2) 株式、投資信託、有価証券の種類と評価方法

---

(1) 財産分与時の時価の算定 ■■■■■■■■■■■■■■■■■■■■■■

　財産分与により株式等を相手方に分与した場合に、その株式等を取得した価額より分与時の時価が高くなっていれば、分与者に譲渡所得税及び住民税が課されます。したがって、その株式等の分与時の時価が取得価額より高くなっているか否か、分与時の時価を算定する必要があります。

(2) 株式、投資信託、有価証券の種類と評価方法 ■■■■■■■■■■■■■

　株式は、取引相場のある株式（国内にある金融商品取引所に上場している株式）か取引相場のない株式（上場していない株式）かによって評価方法が大きく異なるため、2 以下で詳述します。

　投資信託とは、販売会社（銀行、証券会社等）が多くの投資家から資金を集め、これを大きな資金（信託財産）にまとめて、投資信託会社が株式や公社債などの有価証券に投資しています。投資信託は上場株式と同様に、日々取引されるための価格（＝基準価格）を、毎日、委託会社が算出し公表しています。投資信託の場合、財産分与時の基準価格が時価となります。

　株式、投資信託以外の有価証券として公社債等があります。公社債等のうち、金融商品取引所に上場されているものについては財産分与時の最終価格が、日本証券業協会において売買参考統計値が公表されているものについては財産分与時の平均値が時価となります。

2 取引相場のある株式

(1) 銘柄と株式数の確認
(2) 金融商品取引所の判定

(1) 銘柄と株式数の確認

　取引相場のある株式とは、国内にある金融商品取引所で上場基準を満たし売買できる株式をいい、いわゆる上場株式をいいます。上場されている会社数はおおよそ3,511社（平成27年12月現在）あります。

　取引相場のある株式については、財産分与時の時価算定のため、その株式の銘柄と株数を確認します。

(2) 金融商品取引所の判定

　財産分与する株式が上場している取引所を確認します。その株式が上場している取引所が1つである場合は、その取引所での価格が財産分与時の時価となります。複数の取引所に上場している場合は、複数の取引所から自ら選択した取引所の価格を財産分与時の時価とします。

3 取引相場のない株式

(1) 原則的評価方式と特例的評価方式の確認
(2) 原則的評価方式
(3) 特例的評価方式

(1) 原則的評価方式と特例的評価方式の確認

　取引相場のない株式は、金融商品取引所に上場されておらず、取引所での価格が存

在しないため、どのように評価すべきか問題となります。財産分与を受ける者が同族株主か否かで算定方法が異なるので、財産分与時の時価を算定するためには、まず、財産分与を受ける者が、同族株主であるかどうかを確認することになります。同族株主である場合は、原則的評価方式により時価を算定することになり、同族株主以外である場合は特例的評価方式により時価を算定することになります。

評価方式の区分は下表のとおりです。

株主による評価方式の区分（評基通188）

株式の分与を受ける株主の態様				評価方式
同族株主（注1）のいる会社	同族株主	取得後の議決権割合が5％以上の株主		原則的評価方式
		取得後の議決権割合が5％未満の株主	中心的な同族株主（注2）がいない場合	
			中心的な同族株主がいる場合 中心的な同族株主	
			中心的な同族株主がいる場合 役員（注3）である株主又は役員となる株主	
			中心的な同族株主がいる場合 その他の株主	特例的評価方式
	同族株主以外の株主			
同族株主のいない会社	議決権割合の合計が15％以上の株主グループに属する株主	取得後の議決権割合が5％以上の株主		原則的評価方式
		取得後の議決権割合が5％未満の株主	中心的な株主（注4）がいない場合	
			中心的な株主がいる場合 役員である株主又は役員となる株主	
			中心的な株主がいる場合 その他の株主	特例的評価方式
	議決権割合の合計が15％未満の株主グループに属する株主			

（注1）　同族株主とは、評価会社の議決権の数を合計で30％以上所有する次の①〜③のグループ（50％超所有するグループがいる場合は、そのグループのみ）をいいます。

　　①　株主等

　　②　株主等の親族（配偶者、6親等内の血族、3親等内の姻族）等

　　③　株主等及びその同族関係者が議決権の数を50％超所有する会社

（注2）　中心的な同族株主とは、評価会社の議決権の数を合計25％以上所有する次の①〜③のグループをいいます。

① 株主等
② 株主の配偶者、直系血族、兄弟姉妹、1親等の姻族（甥、姪は対象外）
③ ①及び②の者が議決権の数を25％以上所有する会社
（注3）　役員とは、社長、副社長、代表取締役、専務取締役、常務取締役、監査役等をいい、平取締役、使用人兼務役員は除きます。
（注4）　中心的な株主とは、同族株主のいない会社で、評価会社の議決権の数を合計15％以上所有する次の①～③のグループのうち、単独で10％以上所有している株主をいいます。
① 株主等
② 株主等の親族（配偶者、6親等内の血族、3親等内の姻族）等
③ 株主等及びその同族関係者が議決権の数を50％超所有する会社

(2)　原則的評価方式

　原則的評価方式とは、その株式を発行した会社の従業員数、総資産価額及び売上高の3要素を基にして次のように区分し（評基通178）、原則として次のような方法で評価することをいいます。

規模区分	区分の内容	総資産価額（帳簿価額によって計算した金額）及び従業員数		直前期末以前1年間における取引金額
大会社	従業員数が100人以上の会社又は右のいずれかに該当する会社	卸売業	20億円以上（従業員数が50人以下の会社を除きます。）	80億円以上
		小売・サービス業	10億円以上（従業員数が50人以下の会社を除きます。）	20億円以上
		卸売業、小売・サービス業以外	10億円以上（従業員数が50人以下の会社を除きます。）	20億円以上
中会社	従業員数が100人未満の会社で右のいずれかに該当する会社（大会社に該当する場合を除きます。）	卸売業	7,000万円以上（従業員数が5人以下の会社を除きます。）	2億円以上80億円未満
		小売・サービス業	4,000万円以上（従業員数が5人以下の会社を除きます。）	6,000万円以上20億円未満
		卸売業、小売・サービス業以外	5,000万円以上（従業員数が5人以下の会社を除きます。）	8,000万円以上20億円未満

		卸売業	7,000万円未満又は従業員数が5人以下	2億円未満
小会社	従業員数が100人未満の会社で右のいずれにも該当する会社	小売・サービス業	4,000万円未満又は従業員数が5人以下	6,000万円未満
		卸売業、小売・サービス業以外	5,000万円未満又は従業員数が5人以下	8,000万円未満

◆大会社

大会社は、原則として、類似業種比準方式により評価します。類似業種比準方式は、類似業種の株価を基に、評価する会社の1株当たりの配当金額、利益金額及び簿価純資産価額の3つで比準して評価する方法です。

◆小会社

小会社は、原則として、純資産価額方式によって評価します。純資産価額方式は、会社の総資産や負債を原則として相続税の評価にし、その評価した総資産の価額から負債や評価差額に対する法人税額等相当額を差し引いた残りの金額により評価する方法です。

◆中会社

中会社は、大会社と小会社の評価方法を併用して評価します。

(3) 特例的評価方式

取引相場のない株式は、原則として、上記のように評価することになりますが、同族株主以外の株主等が取得した株式については、配当を得る程度の価値しかないことから、その株式の発行会社の規模にかかわらず、同族株主以外の株主が取得する株式については原則的評価方式に代えて、特例的評価方式の配当還元方式で評価することができます。配当還元方式は、その株式を所有することによって受け取る1年間の配当金額を、配当率を10%と仮定し、これを資本還元率として逆算して株価を算定する方法です。

第6章　分与に伴う税金等

> ## ケーススタディ

Q　財産分与により、相手側に取引相場のない株式を分与しました。取得した相手は同族株主以外の株主となります。当該株式の発行会社は私の父親が設立した会社で、父からの相続により私が100%株主の同族会社となっていました。この場合の取引相場のない株式の時価はどのように算定するのでしょうか。なお、発行会社の詳細は次のとおりです。

　　資　　本　　金：1,000万円

　　発行済株式数：200株

　　前 期 の 配当額：なし

　　前々期の配当額：なし

A　相手側が取得する株式は、同族株主以外の株主が取得することになります。したがって、時価の算定は特例的評価方式の配当還元方式を採用することになります。配当還元方式では次の計算式により計算することになります。

　　【計算式】

$$\frac{その株式に係る年配当金額（注）}{10\%} \times \frac{その株式の1株当たりの資本金等の額}{50円}$$

(注)　年配当金額は、直前期末以前の2年間の剰余金の配当金の合計の1/2相当額を直前期末における発行済株式数（直前期末における資本金等の額を50円で除して計算した数）で除して計算した金額をいいます。ただし、年配当金額が2円50銭未満又は無配当の時は年配当金額を2円50銭とします。

　　したがって、当該株式の財産分与時の時価は次のようになります。

$$\frac{2円50銭}{10\%} \times \frac{50,000円}{50円} = 25,000円$$

第6章　分与に伴う税金等　　305

4 譲渡所得税

（1）　譲渡所得税が課税される場合
（2）　株式等の譲渡所得の計算
（3）　税　率

（1）　譲渡所得税が課税される場合

　財産分与により株式等を分与した場合、当初に取得した価額より時価が高い場合には分与者に譲渡所得税及び住民税が課税されます。当初に取得した価額とは、株式等を取得したときに支払った払込代金や購入代金ですが、購入手数料（購入手数料に係る消費税も含まれます。）のほか購入時の名義書換料などその株式等を取得するために要した費用も含まれます。

　相続又は贈与で取得した場合は、被相続人又は贈与者が取得した時の価額を引き継ぐことになります。

　取得した価額が、時価より低い場合には譲渡所得税は課税されません。

（2）　株式等の譲渡所得の計算

　株式等を財産分与した場合、給与所得等と区分して「申告分離課税」により税金を計算することになります（租特37の10①）。

　財産分与時の時価から必要経費（取得価額＋委託手数料等）を差し引いて、株式等に係る譲渡所得の金額とします。

（3）　税　率

　財産分与した株式等だけでなく、1年間の株式等の売却益と売却損を通算し、利益部分に対して税金が課されることになります。

　税率は20％（所得税15％（注）、住民税5％）であり、確定申告にて納税することになります。

（注）　平成25年から平成49年まで所得税のほか復興特別所得税として各年分の基準所得税額の2.1％が課税されます。

アドバイス

○特定口座

　特定口座とは個人投資家の簡易な申告を可能とする制度で、選択によっては証券会社に源泉徴収を行ってもらい、確定申告を不要とすることもできるという制度です。特定口座を開設すると証券会社が申告用に1年分の売買損益の年間取引報告書を作成し、翌年の1月末までに郵送してくれるというものです。

　財産分与の場合は、証券会社を通じた譲渡にはならず相対取引となってしまうため、特定口座で預入れしている株式等は、通常の売買の場合と異なり、名義変更や株式移管という手続が必要となります。

　特定口座だけの売買であれば年間取引報告書のみで税金の計算をすることができ、また、特定口座内での譲渡損失のうち、その年に控除しきれない金額は、翌年以降3年間にわたり株式等の譲渡益、及び上場株式等の配当等から控除することができます。しかし、財産分与のように、個人間の相対取引による譲渡損失はその年の譲渡益との相殺はできますが、繰越しはできません。したがって、そのまま株式等を財産分与するより特定口座で株式等を売却し、金銭分与する方が手続面、税金面で容易になります。

第5 その他の財産（書画骨董、絵画、宝石、自動車）

＜フローチャート～その他の財産（書画骨董、絵画、宝石、自動車）＞

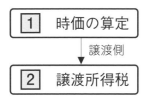

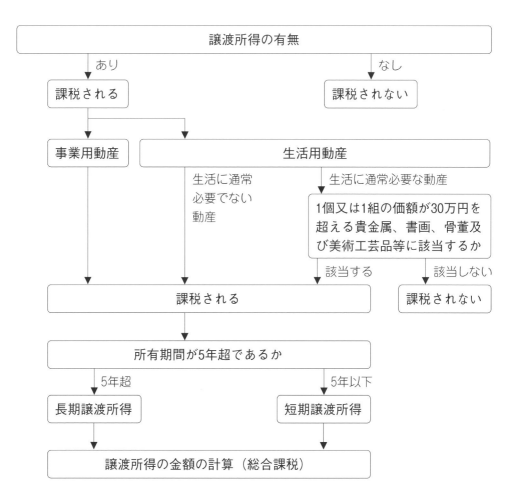

1 時価の算定

◆時価の算定方法

　書画骨董、絵画、宝石、自動車などの動産の時価は、売買実例価額、精通者意見価格等を参酌して算定します。具体的には下記のような方法によります。

① 　中古車等のように取引市場が充実している動産については、業者の査定価格を参考に算定する。

② 　インターネット等を通じて同様のものの実際の売買価額を調べ、その価額を参考に算定する。

③ 　美術商や画商等の鑑定評価額を参考に算定する。

　①、②による場合には、複数の例を参酌して時価を算定するのが望ましいでしょう。2例ですと金額が乖離する場合がありますので、少なくとも3例を調べて平均をとるなど、合理性のある方法により算定します。

　動産の時価は、時の経過により下がっていくことが多く、譲渡所得が発生することは少ないと考えられますが、高価な絵画や貴金属等である場合には、時価が上がることもあり、必要に応じて③の方法を検討します。

2 譲渡所得税

- (1) 譲渡所得税が課税される場合
- (2) 税率と計算方法

(1) 譲渡所得税が課税される場合

　動産による財産分与を行った場合には、分与者は、分与を受けた者に対し、その分与をした時において、その時の動産の価額により動産を譲渡したことになります（所税33①、所基通33-1の4）。この場合において、分与者に譲渡所得が発生するときは、所得税及び住民税が課税されます。

ただし、自己又は配偶者その他親族の生活に必要な家具、じゅう器、衣服その他の資産（貴金属、書画、骨董及び美術工芸品などで、1個又は1組の価額が30万円を超えるものを除きます。）の譲渡による所得については所得税及び住民税を課さないこととされています（所税9①九、所税令25）。

また、国税庁のウェブサイトにおいて、通勤用の自動車の譲渡についても非課税とされています。

(2) 税率と計算方法

◆課税方法

土地や建物、株式等以外の資産を譲渡したときの譲渡所得に対する所得税及び住民税は、他の所得と合算して計算する総合課税の方法によります（所税22）。

◆短期譲渡所得と長期譲渡所得

総合課税の譲渡所得は、その資産の所有期間により、課税の対象となる金額が異なります。取得日から譲渡日までの所有期間が5年以下である場合には短期譲渡所得、5年を超えている場合には長期譲渡所得となり、所得金額の計算を分けて行います。

◆税率と計算方法

① 所得金額の計算方法（所税22②二・33③〜⑤）

譲渡所得の金額は、その年中の資産の譲渡に係る総収入金額からその資産の取得費とその譲渡に要した費用との合計額を控除し、その残額から譲渡所得の特別控除額を控除して計算します。計算式で示すと下記のとおりです。

譲渡所得の金額＝総収入金額－（取得費＋譲渡費用）－特別控除額（最高50万円）

なお、短期譲渡所得の金額は全額が総合課税の対象となりますが、長期譲渡所得の金額はその2分の1が総合課税の対象となります。

短期譲渡所得の金額の計算上生じた損失の金額がある場合には、長期譲渡所得の金額から控除します。また、長期譲渡所得の金額の計算上生じた損失の金額がある場合には、短期譲渡所得の金額から控除します（内部通算）。

総合課税の譲渡所得内での通算によって控除しきれない損失の金額がある場合には、定められた順序により、他の各種所得の金額と損益通算をすることができます（所

税69①、所税令198)。

　ただし、生活に通常必要でない動産の譲渡損失は、競走馬の譲渡に係る損失で一定の場合を除き、他の各種所得の金額と損益通算することはできません（所税69②、所税令200)。

② 収入金額（所税36①②)

　財産分与をした時の動産の時価が譲渡所得の収入金額となります。

③ 取得費（所税38、所基通38-16)

　取得費とは、資産の取得に要した金額と設備費及び改良費の合計額をいいます。譲渡した動産が使用又は期間の経過により減価する資産である場合の取得費の計算については、「本章第3」の不動産の場合と同様です。

　動産の取得費がわからない場合には、譲渡収入金額の5％相当額を取得費とすることができます。これを概算取得費といいます。実際の取得費が譲渡収入金額の5％を下回る場合にもこの規定を適用することができます。

④ 譲渡費用（所基通33-7)

　譲渡費用とは、資産の譲渡のために直接かかった費用をいいます。

　例えば、分与者が分与した動産の運搬費用を負担した場合には、譲渡費用に該当します。

⑤ 特別控除額（所税33③〜⑤)

　総合課税の譲渡所得の特別控除額は、短期譲渡所得と長期譲渡所得の合計額に対して50万円です。短期・長期両方の譲渡所得がある場合には、まず短期譲渡所得から控除し、控除しきれない金額があるときは長期譲渡所得から控除します。短期・長期の譲渡所得の合計額が50万円以下のときは、その金額までしか控除することができません。

⑥ 税額の計算

　総合課税の対象となる各種所得の金額を一定の方法により合計した総所得金額（所税22・69）から、所得控除（所税72〜88）の合計額を控除し、その残額に下表の税率（所税89）を乗じて税額を計算します。

課税される所得金額	税率(注)	控除額
195万円以下	5％	0円
195万円を超え330万円以下	10％	9万7,500円
330万円を超え695万円以下	20％	42万7,500円

695万円を超え900万円以下	23%	63万6,000円
900万円を超え1,800万円以下	33%	153万6,000円
1,800万円を超え4,000万円以下	40%	279万6,000円
4,000万円超	45%	479万6,000円

（注）　平成25年から平成49年まで上記のほか復興特別所得税として各年分の基準所得税額の2.1％が課税されます。

ケーススタディ

【ケース1】

Q　3年前に80万円で購入した宝石を財産分与しました。分与時の時価は50万円でした。また、同年中に、7年前に130万円で購入した金地金を200万円で売却しました。売却の際、手数料が1万円かかりました。

この年の譲渡所得の金額は幾らになりますか。

A　総合課税の譲渡所得の計算において、譲渡損失と譲渡益は通算することができます。

短期譲渡所得　50万円 － 80万円 ＝ △30万円

長期譲渡所得　200万円 －（130万円 ＋ 1万円）＝ 69万円

69万円 － 30万円 － 39万円（注）＝ 0円

（注）　特別控除額は譲渡所得が50万円以下のときはその金額までとなります。

【ケース2】

Q　趣味で所有していたヨットを財産分与し、譲渡損失が発生しました。所得税の申告に当たり、同年中の給与所得と相殺することはできますか。

A　生活に通常必要でない動産の譲渡損失は、競走馬の譲渡に係る損失で一定の場合（所税令200）を除き、他の各種所得の金額と損益通算することはできません。

アドバイス

〇生活用動産の譲渡による損失の取扱い

　　自己又は配偶者その他親族の生活に必要な家具、じゅう器、衣服その他の資産（貴金属、書画、骨董及び美術工芸品などで、1個又は1組の価額が30万円を超えるものを除きます。）の譲渡による所得については所得税を課さないこととされていますが、譲渡損失が生じた場合においては、その損失はないものとみなされます（所税9②一）。

第6 生命保険

<フローチャート〜生命保険>

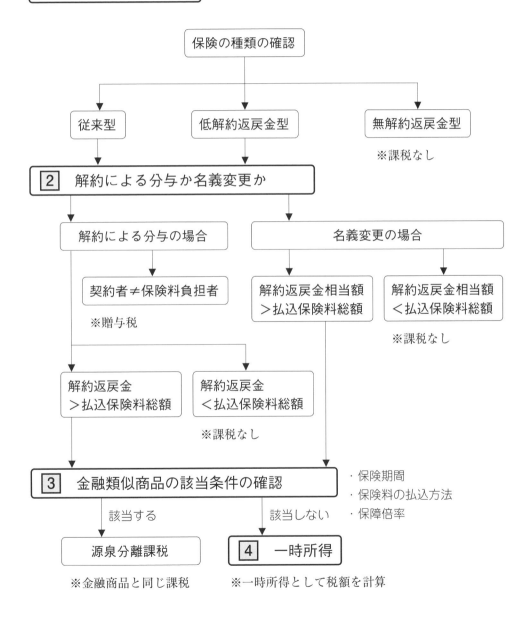

1 解約返戻金の把握

---

(1) 保険の種類の確認
(2) 解約返戻金の確認

---

(1) 保険の種類の確認

保険を契約期間の途中で解約した場合に、解約返戻金が戻ってきます。解約返戻金の有無や額によって保険の種類は3つのタイプに分けることができます。

保険の種類	返戻金の有無
① 従来型	返戻率計算によって解約返戻金が返ってくる。
② 低解約返戻金型	従来型のおよそ70％の解約返戻金が返ってくる。
③ 無解約返戻金型	解約返戻金は返ってこない。

① 従来型

養老保険や終身保険、学資保険などに多いタイプで、保険料の払込期間によって返戻率（支払済みの保険料の合計に対する解約返戻金の割合）が設定されており、払込期間が長いほど解約返戻金が大きくなっているのが特徴です。

② 低解約返戻金型

従来型よりも解約返戻金が少ないタイプで、終身保険や学資保険にみられるタイプです。従来型の保険よりも保険料が低くなっていることが特徴です。

③ 無解約返戻金型

解約返戻金がほとんど返ってこないタイプで、定期保険や収入保障保険、医療保険に多くいわゆる掛け捨てと呼ばれる保険です。

(2) 解約返戻金の確認

まずは保険証券にて記載されている解約返戻金を確認します。保険証券には、年単位の解約返戻金が記載されており、おおまかな金額を確認することができます。ある特定の時点（例えば別居時）における正確な金額を知るためには、保険会社の担当者

第6章　分与に伴う税金等　315

又は保険会社のカスタマーセンターに問い合わせることになります。

2 解約による分与か名義変更か

> (1) 名義変更の場合
> (2) 解約する場合
> (3) 契約者と保険料負担者が異なる場合

(1) 名義変更の場合

[1] (1)の①従来型の生命保険の場合、長期運用が前提となっていることから、契約締結から短期での途中解約をする場合には、払込保険料より解約返戻金が少なくなる場合があります。そこで、離婚時の判断として、生命保険を途中解約すれば損をすることになるので、途中解約せずに財産分与として名義変更をすることが考えられます。

保険料の支払継続中の生命保険については、離婚時における解約返戻金の額を保険会社に確認し、その額を財産分与の金額として評価することになります。

名義変更による分与者（元名義人）への譲渡所得税の課税については、(2)の場合と同様です。

(2) 解約する場合

生命保険を解約し、その解約返戻金を現金で分与する場合、分与を受ける側に、贈与税が課税されることは原則としてありません（「本章第1」を参照してください。）。

次に、分与する側については、現金での分与ですから譲渡所得税が課税されることはありません（「本章第2」を参照してください。）。また、解約による返戻金が支払保険料総額より少ない場合、そこに利益はないので課税はありませんが、解約返戻金が支払保険料総額より多い場合、その差額は利益になるので、保険契約者に一時所得として所得税の課税が発生します（解約した保険が金融類似商品に該当する場合は除きます。詳しくは[3]参照）。具体的な課税金額の計算については以下で解説します。

(3) 契約者と保険料負担者が異なる場合

(2)のように、生命保険を解約し、その解約返戻金を現金で分与して解決する場合、生命保険契約の契約者と保険料負担者が異なるケースでは注意が必要です。

例えば、契約者は妻だけれども保険料負担者が夫である保険契約を解約し、その解約返戻金を妻が取得して財産分与の問題を解決するケースがこれに当たります。

上記ケースでは、保険料の負担を全くしていない妻が解約返戻金を受け取ることになりますが、税務上においては、生命保険の名義上の契約者と保険料負担者が異なる場合、保険料負担者を実質的な契約者とみなし、保険料負担者である実質的な契約者から名義上の契約者への解約返戻金相当額が贈与されたとして、贈与税が課されるのが原則です。

もっとも、「本章第1」の贈与税において解説したとおり、財産分与では、原則として財産を取得した側に贈与税が課税されることはありません。

したがって、名義上の契約者と保険料負担者が異なる生命保険を解約して保険料負担者でない者（名義上の契約者）が解約返戻金を取得して財産分与の解決を図る場合、贈与税の無用な課税トラブルを回避するためには、名義上の契約者が受け取る解約返戻金が保険料負担者からの財産分与であることを協議書等に盛り込んでおくと安心です。

3 金融類似商品の該当条件の確認

> (1) 金融類似商品に該当するかどうか
> (2) 源泉分離課税

(1) 金融類似商品に該当するかどうか

解約した生命保険が金融類似商品に該当する場合、解約返戻金にかかる税金は源泉分離課税となります。解約した生命保険の「保険期間」、「保険料の払込方法」及び「保障倍率」が、以下に該当する保険の場合は金融類似商品となります（所税174八、所税令298⑤⑥、所税規72①）。

保険期間	5年以下（保険期間が5年を超える契約で、契約日から5年以内に解約されたものを含みます。）
保険料の払込方法	一時払、又は以下のいずれかに該当するもの ・契約日から1年以内に保険料総額の50％以上を払い込む方法 ・契約日から2年以内に保険料総額の75％以上を払い込む方法
保障倍率	以下の両方に該当するもの ・「災害死亡保険金」と「疾病又は傷害による入院・通院給付日額に支払限度日数を乗じた金額」の金額の合計が、満期保険金額の5倍未満 ・「普通死亡保険金額」が満期保険金額の1倍以下

　なお、上記のとおり、保険期間が5年超の契約であっても、5年以内に解約すると、税務上は保険商品というより金融類似商品に該当することになりますので、注意が必要です。

(2)　源泉分離課税

　上記のとおり、解約した生命保険が金融類似商品に該当する場合は、金融商品と同じ課税となります。すなわち、保険会社が解約返戻金より払込保険料を差し引いた差額に対して一律20％（所得税15％、住民税5％）を徴収して返戻金を契約者に支払います（租特41の10①）。源泉分離課税は、保険会社が源泉徴収し課税関係が終了するので、契約者において確定申告する必要はありません。

（注）　平成25年から平成49年まで上記のほか復興特別所得税として各年分の基準所得税額の2.1％が課税されます。

4 　一時所得

(1)　一時所得の計算

(2)　申　告

（1） 一時所得の計算

保険料の負担者本人が保険を解約した場合に得られる所得は一時所得となります。一時所得となる金額は、受け取った解約返戻金の金額から払込保険料総額を差し引き、更に一時所得の特別控除50万円を差し引いた金額です。課税の対象となるのは、この金額を更に2分の1にした金額になります（所税34）。

【計算式】

一時所得の金額 ＝ 解約返戻金 － （払込保険料総額 － 剰余金） － 特別控除50万円（50万円に満たない場合はその金額）

課税対象となる金額 ＝ 一時所得の金額 × 1/2

（2） 申　告

一時所得は、その所得の2分の1に相当する金額を給与所得などの他の所得の金額と合計して翌年3月15日までに確定申告することになります。

ケーススタディ

Q　財産分与によって生命保険を解約し、520万円を解約返戻金として受け取り、受取金額の半分を相手方に分与しました。払込保険料総額は450万円になります。この場合の一時所得の金額について教えてください。

A　一時所得は、解約返戻金520万円から払込保険料総額450万円を差し引いて計算します。したがって、一時所得の金額は以下のとおりとなります。

解約返戻金520万円 － 支払保険料総額450万円 － 特別控除50万円 ＝ 20万円

なお、課税対象となる金額は10万円（一時所得の2分の1）となります。

離婚事件
財産分与実務処理マニュアル

平成28年2月9日　初版一刷発行
平成28年9月6日　　　二刷発行

編　　集　弁護士法人エートス
発行者　新日本法規出版株式会社
代表者　服　部　昭　三

発 行 所　**新 日 本 法 規 出 版 株 式 会 社**

本　　社　(460-8455)　名古屋市中区栄1－23－20
総轄本部　　　　　　　　電話　代表　052(211)1525
東京本社　(162-8407)　東京都新宿区市谷砂土原町2－6
　　　　　　　　　　　　電話　代表　03(3269)2220
支　　社　札幌・仙台・東京・関東・名古屋・大阪・広島
　　　　　　高松・福岡
ホームページ　http://www.sn-hoki.co.jp/

※本書の無断転載・複製は、著作権法上の例外を除き禁じられています。＊
※落丁・乱丁本はお取替えします。　　　　ISBN978-4-7882-8092-2
50926　離婚財産処理　　　©弁護士法人エートス 2016 Printed in Japan